CAIO ZIP

O VIAJANTE DO TEMPO

CAIO ZIP

O VIAJANTE DO TEMPO

SANTOS DUMONT
VOAR É PARA TODOS

REGINA GONÇALVES
REGIS L. A. ROSA

2ª edição
Rio de Janeiro
2017

As fotos do interior do livro são do início do século 20 e de domínio público.
Projeto da capa e miolo: Vanessa G. A. Rosa & Rafael Nobre
Revisão e diagramação: Regis L. A. Rosa
2017 – 2ª edição

editoraviajantedotempo@gmail.com www.viajantedotempo.com

CIP-BRASIL. CATALOGAÇÃO-NA-FONTE
SINDICATO NACIONAL DOS EDITORES DE LIVROS, RJ

G629s

Gonçalves, Regina, 1963-

Santos Dumont: Voar é para todos / Regina Gonçalves & Regis L. A. Rosa - 2.ed. - Rio de Janeiro : Viajante do Tempo, 2017.

256p. il. ; 23cm (Caio Zip, o viajante do tempo)

Apêndice

ISBN 978-85-63382-54-2

1.Santos Dumont, Alberto, 1873-1932 - Ficção. 2. Inventores - Ficção. 3. Aviadores - Ficção. 4. Aeronáutica - História - Ficção. I. Rosa – Regis Lima de Almeida, 1952. II. Título. III. Série.

17-43350. CDD: 869.93
CDU: 821.134.3(81)-3

SÉRIE DE LIVROS
CAIO ZIP, O VIAJANTE DO TEMPO

O jovem Caio Zip é capturado por uma máquina do tempo que o leva a lugares inesperados em momentos decisivos da História mundial.

ESTA SÉRIE BRASILEIRA FOI PUBLICADA POR GRANDES EDITORAS NA CHINA E NA COREIA DO SUL.

CAIO ZIP, O VIAJANTE DO TEMPO

Cada livro da série será seu passaporte para que você faça uma grande viagem no tempo. Sem malas, sem documentos e com Caio Zip, você vai viver em épocas incríveis que vão desde o Antigo Egito, passando por momentos históricos decisivos com Tutancâmon, Ramsés II, Alexandre - o Grande, Aníbal de Cartago, Arquimedes, Marco Polo, Napoleão, os artistas impressionistas, D. Pedro II, Santos Dumont, Einstein, Picasso, Agatha Christie, Chaplin e mais, muito mais.

Caio Zip terá de encarar enigmas que desafiarão a sua mente. Muitas batalhas para lutar e conquistar grandes conhecimentos... Se sobreviver! Mas para sair das encrencas tem de usar o seu maior poder, que mesmo sem perceber ele usa muito bem: o poder da dedução!

Finalmente, você vai ver História, Arte, Filosofia e Ciência combinadas e integradas de uma forma nunca vista. A proposta da série é divertir, educar e atiçar a curiosidade de outro viajante do tempo: o leitor!

CAIO ZIP é um jovem, como tantos outros, que gosta de computador, jogos, séries, futebol e a sua maior paixão: o skate.

Sentindo-se sufocado com os pais cobrando o tempo todo uma melhor nota na escola, Caio foi rondar sem rumo pela internet. De repente, ouviu um *bip*. Era um *e-mail*, vindo sabe-se lá de onde. Caio abriu e leu:

Bem-vindo, caro amigo curioso.

Quem resolver este enigma salvará o ser vivo que mais precisa de ajuda para não ser extinto.

Enigma dos tempos:

De manhã sou inocente
De tarde sou caçador
No outro dia...
Abandono
Tudo e a todos a minha volta.
Quem sou eu?

Resolva o enigma o mais rápido possível!

Caio ficou olhando, olhando, pensando... E, por fim, digitou a resposta e... Zás, sumiu, tragado por uma espécie de túnel do tempo, levado em uma missão involuntária a civilizações do passado, presente, futuro e dimensões paralelas.

Assim começa a série de livros de ficção histórica Caio Zip – o Viajante do Tempo, dedicada a jovens e adultos. São histórias de mistério e suspense que combinam e integram diversos campos do saber, tais como história mundial, arte, filosofia, ciências e muito mais. A proposta da série é divertir, educar e atiçar a curiosidade de outro viajante do tempo: o leitor!

Caio Zip participa de descobertas e de momentos decisivos da História Mundial. A cada aventura vai amadurecendo e aprendendo que, para sair das encrencas, tem de usar o seu maior poder, que mesmo sem perceber ele usa muito bem: o poder da dedução!

Pelo portal do tempo, Caio Zip avança a seu destino.

Próxima aventura:

SANTOS DUMONT: VOAR É PARA TODOS

SUMÁRIO

1. O Piloto

Ban! Brum! Ban! Crash! O som assustador atraiu Caio Zip, que ainda se encontrava deitado no gramado, onde há pouco a máquina do tempo o fizera pousar. Mesmo confuso, sem ter ideia alguma de onde e quando estava, levantou-se aos tropeços e correu em direção à origem do estranho barulho.

O som havia cessado, mas agora ele avistava a sua frente um imenso campo verde muito bem cuidado e mais adiante havia um grupo de árvores de copas imensas. Um dos frondosos carvalhos estava coberto, quase que completamente, por um tecido branco que envolvia uma armação de madeira com uma hélice fincada em um dos galhos. Caio aproximou-se do local, mas ao escutar um gemido, sua curiosidade o desligou de qualquer tipo de receio. Esticou o pescoço ao máximo para ver de onde vinha aquele pedido de socorro tão vago... No meio daquele emaranhado de tecido e cordas, enrolado na densa folhagem, surgiu a silhueta de uma pessoa usando um capacete de couro que cobria toda a cabeça. Os óculos grandes presos por uma tira grossa de couro e mais uma fuligem não davam a chance de ver o rosto do acidentado.

Ei, você aí! – gritou Caio, tentando se aproximar. – Tá me escutando? Balance a mão se estiver me ouvindo!

Com muito esforço, o acidentado ergueu as mãos cobertas por uma grossa luva de couro.

– Está machucado?

Novamente a mão fraca gesticulou dando negativo para a pergunta.

– Ótimo! Consegue sair daí?

O acidentado tentou movimentar-se. Tentou mais uma vez e outra, mas o som do galho se partindo o fez parar.

– Não, não tente mais, não. – erguia Caio as mãos. – Assim vai se machucar feio. Eu vou procurar um jeito de tirá-lo daí, Ok?

– Oui!

A tensão era grande. A folhagem densa impedia qualquer chance de subida. Caio olhou ao redor para ver se achava algo que poderia ser utilizado para o salvamento... Rápido, voltou-se para uma estrada mais ao norte e viu que uma carroça vinha em sua direção. Caio sacudiu os braços e o homem que a guiava logo se pôs a agitar as rédeas para que os dois cavalos chegassem mais rápido.

– Mon Dieu! – disse o homem de cabelo e barba grisalha, reparando nos destroços. – O que houve?

– Preciso de ajuda – agitava-se Caio. – Há um piloto preso em cima da árvore.

– Piloto? – o homem olhou para o local do acidente e viu o acidentado com a cabeça encostada em um dos galhos. – Ah, não, mas que queda horrível! Ele está vivo?

– Tá meio desacordado.

– Que sorte.

– Tem alguma casa por aqui pra podermos chamar ajuda?

– Não. Toda esta propriedade pertence ao Barão Rouge.

– Em que cidade nós estamos?

– Como, não sabe?

– Eu estou meio perdido. Tem alguma vila ou algo por aqui?

– Você é um rapaz estranho. Nós estamos próximos ao campo de aviação de Issy-les-Moulineaux, perto de Paris.

O barulho do galho se rompendo assustou os dois.

– Não temos muito tempo – previu Caio. – Você tem uma escada ou qualquer coisa aí na carroça que possamos usar pra resgatá-lo?

– Não, não. Só estou com esses barris de champanhe para seguir no trem do meio-dia. Mesmo se tivesse uma escada não iria chegar até ele. Está alto demais.

– Puxa, assim não vai dar.

– Mas não se preocupe. Daqui a pouco deve aparecer o grupo de socorro.

– Grupo de socorro?

– Claro. Sempre há um socorro seguindo esses homens voadores. Ai, ai, ai! Quando é que essa gente vai parar de tentar voar? Se Deus quisesse que o homem voasse, a gente nascia com asas. Malucos, isso sim.

Soou novamente um estrondo vindo do local do acidente. Caio olhou e viu que a aeronave destroçada estava escorregando.

– Temos que fazer algo – agitou Caio. – Ele pode cair a qualquer momento.

– Mas o quê?

– Precisamos dar um jeito de subir e tirá-lo de lá... – Caio olhava a árvore, o tecido, a madeira... O tecido era leve, parecia seda, e a armação era de bambu. Por toda a parte havia cordas e também muitos pedaços longos de linhas muito finas, caídas na terra próxima a uma enorme raiz. Caio pegou uma delas e viu que eram bem resistentes. Tenso, olhou mais uma vez em volta.

– A gente poderia jogar essa linha amarrada numa pedra... – foi Caio elaborando um plano.

– E então?

– Daí, jogaríamos até ele. No final da linha, a gente poderia amarrar uma corda e assim teríamos como tirá-lo de lá...

– Não sei, não. – esfregava o homem a barba. – Como é que vamos jogar a corda até ele, rapaz? Essa folhagem é muito densa, vai enroscar.

– É, tem razão. Temos que fazer de um jeito que chegue direto até ele.

Crash! Um dos grandes galhos que sustentava a nave logo abaixo do acidentado alertou que o tempo para o resgate se extinguia.

– Ai, não! – assustou-se o homem da charrete com as mãos espalmadas no rosto. – Ele vai cair!

– Não vai, não!

– Mas, rapaz, não temos nada mais a fazer. Nem podemos dar um tiro de misericórdia.

– Tiro!

– Perdão, perdão! Isso só foi um jeito de falar, mas se não fizermos algo rápido...

– Um tiro – repetiu Caio. – É isso! É disso que precisamos.

– Rapaz, eu não trouxe meu rifle de caça senão eu dava um fim antes que ele tenha uma morte horrível. Um pescoço quebrado...

Caio não estava mais atento àquelas palavras mórbidas. Procurava mais uma vez algo que o ajudasse no socorro.

– Ágalthough... – reagiu o acidentado.

– O quê? – perguntou o homem junto a Caio.

– Água!

– Ah, senhor, eu não tenho água, só champanhe.

O acidentado sinalizou com a mão que aceitava a bebida.

– Esses malucos – aborreceu-se o homem da charrete, colocando as mãos na cintura. – Numa hora dessas, à beira da morte e está a querer tomar champanhe. Eles não têm jeito.

– Mas é claro! É disso que precisamos. – Caio correu até a carroça deu uma olhada em um dos grandes barris.

– O quê! Você também enlouqueceu?

– Me ajude aqui! Preciso levantar este barril.

– O que vai fazer?

– Precisamos colocar este barril inclinado na mira.

– Mas eu não estou entendendo.

Sem mais explicação, Caio foi colocando a carroça mais perto da árvore e montou um dos barris que estava no topo daquela carga de forma que estivesse a mirar, tal como um canhão, o ponto onde se encontrava o piloto.

– E agora? O que pretende fazer?

– Vamos sacudir bem este barril.

– Espera um pouco. Assim o champanhe vai estourar.

– Antes eu coloco esta linha amarrada aqui no batoque e... Há algum martelo aí?

– Mas você... Não pode estourar o barril. O que vou dizer ao barão Rouge?

– Ah, isso aqui serve – disse Caio, pegando um pequeno bastão de madeira no canto da carroça. – Pronto?

– Não, espera! Não faça isso!

– E lá vai! Fogo!

Num só golpe, Caio arrebentou o batoque que foi lançado com a linha amarrada na direção de um dos galhos acima do assento da aeronave.

– No alvo! – comemorava Caio, enquanto o homem ainda espantado lamentava tamanha quantidade da preciosa bebida despejada. Dando os ombros para o alto, jogou-se para o barril. Com vontade pôs-se a beber, encharcando completamente a cara.

– Pegue a linha. – Caio orientou o piloto, enquanto amarrava uma corda na ponta da linha.

O piloto mais animado puxou a linha até conseguir agarrar a corda. Deu um nó em sua cintura e puxou mais a corda conseguindo finalmente se soltar. Foi o tempo exato. A aeronave começou a escorregar destroçando-se por completo no chão junto com o motor. O piloto pendurado começou sua descida com a ajuda de Caio.

Finalmente o piloto pousou em segurança nos braços de Caio. Súbito, o acidentado sorriu e deu um beijo na boca do seu salvador.

– Ei, o que é isso! – empurrou Caio.

– Merci, mon ami!

– Mas que voz mais fina você tem. Quem é você?

– Eu é que pergunto. Qual seu nome, meu grande herói?

– Eu me chamo Caio Zip e você...

– Zip! Parece ter algo a ver com velocidade. Combina com você que foi tão rápido com a ideia do champanhe... Aliás... – Caio, ainda sem entender nada, só ficou parado enquanto o acidentado andava até o barril aberto. – Está servido, Zip?

– Não, obrigado.

A vítima da queda pediu licença ao homem de barba grisalha que ainda estava perto do barril. Com o rosto muito sorridente o homem se afastou, cambaleando. Sem demora, a vítima tirou as luvas grossas de couro. Duas mãos pequenas e delicadas surgiram e colheram um pouco da bebida que estava a se esparramar. Depois de tomar um gole, a vítima tratou de arrancar o capacete de couro e os óculos. De boca aberta, via dois olhos meigos surgirem.

– Você é linda!

– Como posso estar linda estando nada apresentável? – a jovem pegou um lenço que estava amarrado no pescoço, encharcou-o com o champanhe e pôs-se a refrescar. O rosto enegrecido com a fuligem foi sumindo dando agora a chance de Caio contemplar belas bochechas rosadas. A jovem, que aparentava ter por volta de trinta anos, continuou a limpar o rosto e com os dedos longos e finos penteou os cabelos castanhos escuros e bem curtos.

Um som de buzinas alertou os dois da chegada de uma caravana de carros em disparada, cuspindo a terra da estrada. Lá estavam carros modelos do início do século XX, trazendo entre eles um homem franzino, de bigode fino e bem tratado, com um chapéu panamá escuro de abas largas e caídas, guiando o carro que liderava a caravana.

– Mas, não pode ser – espantou-se Caio. – Aquele cara... Até parece com...

Sem demora a jovem correu até o grupo e abraçou um dos homens que vestia um elegante terno preto e que estava já saindo do assento do carona.

– Ah, meu Deus! – disse o homem, apalpando os braços da jovem. – Você está bem? Está ferida, meu bem?

– Minhas costelas doem, mas estou bem.

– Tem certeza? Não está sentindo mais nada?

– Sim, querido, estou bem e devo não estar morta graças àquele genial garoto ali.

– Genial? – interessou-se o homem usando o chapéu panamá que guiava o primeiro carro.

– Sim, Santô! Imagina que ele usou um barril de champanhe para me salvar.

– Champanhe, mas como, querida? – o homem ao lado da jovem avançou para cima de Caio. – Ele a embebedou, foi?

– Calma, Pierre! – segurou a jovem o braço do enciumado. – Foi incrível! A rolha do barril saltou, foi até onde eu estava, e nela estava amarrada uma linha. E na ponta da linha estava amarrada uma corda. E Voilà! Aqui estou eu!

– Querida Hélène, graças aos céus você está bem! – disse um homem, aproximando-se do casal. Ele usava um quepe que mais lembrava ser de um capitão de navio. Tinha uma barba e bigodes longos e espessos.

– Graças aos céus! – colocou a aeronauta as mãos na cintura. – Eu estou viva, graças àquela árvore, monsieur Clément-Bayard. Eu não consegui pilotar. Estava instável demais.

– Mas, Hélène. Isso foi o primeiro teste. Depois de alguns ajustes ficará ótimo. Bem... – deu uma pausa o insistente até reparar na aeronave praticamente destruída. – Talvez leve um tempinho a mais.

– Um tempinho! Monsieur, como pode dizer isso? O assento é muito pequeno. Não tenho mobilidade alguma. Os comandos não respondem e o motor falhou durante o voo e por pouco não caiu em cima de mim.

– Sim, cara Hélène! Depois de todos esses pormenores e mais um ajuste no seu salário tudo ficará bem. O que acha passar de 2.000 para 3.000 francos e mais algumas regalias? Que acha de mais um mecânico na sua equipe?

– Eu não sei. Preciso pensar.

– Eu disse a você para não aceitar – reclamou o homem enciumado, abraçando novamente a jovem. – Desista, por favor. É muito arriscado esse negócio de voar.

– Ah, Pierre. Voar é a coisa mais incrível que já experimentei. Senti no ar mais emoção do que em todas as minhas corridas de carro...

– Pois então, podemos continuar com os nossos testes. Minha fábrica estará em pleno vapor para fazer um novo motor e os assistentes de Santô são muito ligeiros.

– Não darei a resposta agora, monsieur Clément-Bayard. – rebateu novamente a aeronauta. – Enquanto isso, a *Demoiselle* precisa de mais alguns acertos. Assim como está não vou conseguir.

– Ela está certa, Adolphe – apoiou o homem, que agora Caio observava. Além de usar o elegante chapéu de abas largas, também trajava um terno de tecido com risca de giz e colarinho alto. – Eu preciso refazer o projeto. E depois eu mesmo o testarei, não quero mais ninguém correndo perigo além de mim.

– Mas, Santô, minha fábrica precisa de mais publicidade para conseguir novos patrocinadores. Hélène Dutrieu é notavelmente rápida. Os jornais estão à espera de um grande voo com ela, a flecha humana.

– Não, não posso mais aceitar que outra pessoa se arrisque no meu lugar. Ela não tem experiência com voos, poderia ter morrido se não fosse por esse nosso jovem. – todos olharam para Caio. Houve uma breve pausa. Só nesse instante Caio percebeu que, exceto o homem elegante, a quem chamavam de Santô, todos estavam a reparar no seu cabelo desgrenhado, sua blusa larga, no bermudão largo, e estavam muito intrigados com aquele calçado emborrachado com grandes cadarços.

– Estou curioso. – Santô aproximou-se de Caio. – Como você teve a ideia de usar champanhe para jogar uma corda?

– Eu não sei bem. Acho que me lembrei de uma cena em que um submarino estava submerso, preso no gelo. Daí, quando todos já não tinham mais esperanças, um cientista a bordo, ao abrir uma garrafa de champanhe oferecida como o último brinde pelo capitão, viu a rolha estourar, teve a ideia de usar a pressão dos lastros do submarino para escapar do gelo.

– *Vinte mil léguas submarinas*! Você tirou a ideia de Júlio Verne. Diga-me: você leu mais livros dele?

– E como. Eu adoro. Já li *A Volta ao mundo em oitenta dias, Cinco semanas num balão...*

– Ah, meu favorito. E já leu "*Viagem ao Centro da Terra*"?

– Esse eu li e assisti em 3D. Foi demais!

– 3D?

– Quis dizer cinema.

– Cinema?

– Mas vocês já têm carros e aeroplanos nesta época, então devem conhecer cinema, não?

– Nesta época?

– Ah, monsieur Santô, o garoto fez confusão – interferiu Pierre. – Ele certamente está a falar do filme que monsieur Georges Méliès fez.

– Qual? – indagou a aeronauta.

– Aquele, querida, que assistimos no ano de 1902 e não era sobre *Viagem ao Centro da Terra* e, sim, baseado em outra história de Júlio Verne, *Da Terra à Lua.*

– Ah, claro, é isso mesmo. Eu me confundi – desconversou Caio – Mas eu acho que as histórias de Júlio Verne podem virar outros ótimos filmes.

– Filmes! – o homem de chapéu de abas largas parecia desanimado. – Não sei. Acho que ler ainda é muito mais interessante. Solto muito a imaginação nas histórias de Júlio Verne como também nas histórias de H. G. Wells.

– Esse eu também conheço.

– Conhece! Que ótimo! E do que mais você gosta? A *"Guerra dos mundos" ou "A máquina do tempo"*?

– Não sou muito fã da máquina do tempo. Ela não é nada confiável.

– Sei o que quer dizer. Eu também achei muito estranho a configuração daquela máquina e queria saber mais sobre aquela teoria na qual Wells se baseou...

– Sobre o tempo ser uma quarta dimensão?

– É isso mesmo... Soube pelo jornal que existe uma nova teoria que trata desse assunto... Acho que se chama *Teoria da Relatividade*... O nome do cientista era... Como era mesmo?

– *Albert Einstein* – respondeu Caio rapidamente.

– Exato. Que maravilha, você, tão jovem, e sabe sobre este assunto!

– Ah, não é nada. Eu só tive a sorte de conhecê-lo.

– Mas que interessante. Gosta também de ler livros de física... E do que mais você gosta?

– Eu gosto de esportes.

– Que bom! Minha grande paixão é ser um esportista do ar e quebrar recordes.

– E quebrar também muitas máquinas voadoras – brincou Pierre.

– Muitas vezes, eu caio, mas isso faz parte da nossa paixão.

– É o que sempre digo – apoiou Hélène.

– E não deve ser nada fácil. – ficou Caio Zip encabulado.

– Nem imagina – disse Santô, um pouco entristecido. – Muitas vezes tenho vontade de desistir...

– Mas você não pode desistir. Você vai conseguir.

– É tão bom ouvir essas palavras, rapaz. Ei, agora que notei, eu ainda não sei o seu nome.

– Sou Caio Zip.

– Muito prazer – esticou o piloto a mão para cumprimentar. – Sou Santos Dumont, ou Santô, como os franceses pronunciam, peso 51 kg sem meus sapatos, mas com minhas luvas.

– É, eu sei – sorriu Caio, cumprimentando o piloto. – Eu já assisti filmes com você voando.

– E quem não viu o nosso famoso piloto Santô e suas maravilhosas máquinas voadoras – interferiu o senhor Clément-Bayard. – Mas, se quisermos que continue com a fama de grande piloto e inventor, sugiro retirar imediatamente a aeronave daqui antes que a imprensa chegue e faça um grande estardalhaço deste... Deste pequeno incidente.

– Incidente!

– Sim, minha cara Hélène, não precisa de mais uma notícia sobre quedas. Você sabe como a imprensa adora servir bem quente as manchetes de acidentes.

– Tem razão. Acidentes e ferimentos sempre fizeram parte da minha carreira de ciclismo e automobilismo. Até hoje fico aborrecida de quando tive aquele acidente durante uma corrida de carros em Berlim e todos os jornais estamparam fotos minhas, caída no chão. Fiquei seis meses acamada, custei muito a me recuperar, e quando finalmente tive alta não havia nenhum repórter na porta do hospital.

– Eu levei flores, querida – lembrou Pierre.

– Nossa! – disse Caio. – E depois disso, você não pensou em parar de correr?

– Claro que sim. Foi daí que decidi que era hora de voar.

– E a imprensa novamente vai atrapalhar você, mostrando esta sua primeira tentativa como um total desastre – insistiu o senhor Clément-Bayard. – Ora, nós estamos aqui investindo num invento totalmente revolucionário e o que menos precisamos agora é de uma publicidade negativa. Temos que sair logo daqui e recomeçar os trabalhos o quanto antes.

– E quanto ao meu herói? – indagou a aeronauta, apoiando os braços nos ombros de Caio – Ele não vem com a gente?

– Tem razão. Não quero ninguém além de mim falando com a imprensa – disse o investidor, mais aflito. – Onde você mora? Poderíamos te dar uma carona até sua casa.

– Só isso! – interrompeu Hélène. – O que acha de levá-lo em casa e mais tarde todos nós poderíamos jantar no Maxim's? O que acha, Zip? Poderíamos convidar seus pais também.

– Isso vai ser um pouco difícil – constrangeu-se Caio. – Neste tempo meus pais não estão vivos.

– Lamento por saber – comentou Santos Dumont. – Meus sinceros sentimentos.

– Bem, mas por certo poderemos levá-lo para sua casa – voltou Clément-Bayard à carga.

– Eu sou um viajante, acabei de chegar e não conheço ninguém.

– Você não tem onde ficar? – indagou Santos Dumont

– Não.

– Isso não será mais um problema. Eu o convido para ficar hospedado no meu apartamento. Aceita?

– Poxa, vai ser demais!

– Não, Zip, não vai ser demais. Não precisa ficar constrangido – sorriu Santos Dumont. – É o mínimo que podemos fazer por seu heroísmo.

– Claro! – apoiou Hélène – E à noite vamos ao Maxim's.

– Isso eu não garanto,

– Por que diz isso, Santô?

– Hélène, até a minha equipe rebocar todo este material e levar de volta para o meu hangar levará horas e eu preciso repensar o projeto.

– Eu apoio se estiver pensando em mudar o modelo – disse ela, reparando na aeronave tombada. – Comece trocando este motor por um com uma potência maior.

– Sim, mas o problema é o seu peso e formato. Também vou ter de refazer o sistema de correias que aciona a hélice de seda. Estou também a pensar em mudar...

– Ah, não! Não me diga que vai ter de desistir da *Demoiselle* e fazer outro projeto – adiantou-se senhor Clément-Bayard. – Já basta ter esta outra senhorita aqui na dúvida de não voar.

– Não, Adolphe. Você pode ficar tranqüilo. Vou continuar na concepção de uma aeronave leve. Eu acredito que preciso de mais tempo.

– Pode acreditar. Vai dar certo.

– É bom ouvir esse otimismo vindo de um rapaz com um futuro pela frente.

– Ah, eu ficaria mais satisfeito se eu conseguisse viver o meu presente – suspirava Caio, enquanto Santos Dumont sorria.

– Tem razão, Zip. O futuro é agora.

– E o que acham de darmos um tempo e relaxar depois deste enorme susto?

– sugeriu Pierre.

– É isso mesmo – apoiou Hélène. – E para isso basta esfriar os motores para depois voltar com força total. Recarregando hoje no Maxim's!

2. Lembranças

O grupo passou pelas ruas de Paris tomando a Avenida Champs-Élysées até a esquina da Rua Washington. Lá, deixaram Caio, Santos Dumont e mais o dono da fábrica Clément-Bayard na frente do prédio onde o famoso piloto morava.

O apartamento era luxuoso e a decoração era cheia de detalhes interessantes. A sala tinha paredes revestidas de madeira clara com detalhes em dourado e seda de cor clara. As janelas estavam abertas e uma brisa erguia as cortinas brancas. Caio foi até uma delas para apreciar a vista. O movimento nas ruas era intenso e carros passavam pela Champs-Elysées em direção ao Arco do Triunfo que estava ali bem à vista na avenida verdejante. Caio voltou-se novamente para a sala. Em cima da lareira destacava-se uma estátua de tamanho médio da figura de Ícaro com longas asas abertas. Nas paredes e em cima de alguns móveis luxuosos havia diversas lembranças da vida do piloto. Nas mesas espalhadas no local, lembranças do aviador estavam retidas nas diversas fotos de dirigíveis e aeroplanos, assim como retratos de pessoas que lhe eram caras. Caio gostou da variedade de peças como as estatuetas orientais e também dos minimodelos de aeronaves concebidas por Santos Dumont. O jovem viajou no tempo ao observar cada um daqueles retratos em preto-e-branco. Sorriu quando viu num dos retratos a imagem de um dirigível dando a volta na torre Eiffel, enquanto uma multidão ovacionava o grande feito, erguendo bengalas com chapéus-cocos pendurados no topo ou balançando lenços. Em outra foto, o famoso piloto sorria e recebia cumprimentos de uma multidão calorosa. Perto do retrato estava um exemplar de *Le Petit Journal,* do ano de 1906, de capa ilustrada com uma bela pintura colorida do 14-Bis, com os dizeres:

Uma sensacional experiência da aviação no Bois de Boulogne.

Monsieur Santos Dumont a bordo em seu aeroplano.

O "mais pesado que o ar" acaba de dar um passo de gigante, um passo de 220 metros, e é a Santos Dumont, já célebre por suas experiências de "aerostação dirigível", que a aviação deve este sucesso.

Desde o início deste ano, Santos Dumont se empenhava na construção de sua máquina voadora que acaba de experimentar, com sucesso, no Bois de Boulogne, sobre o gramado de Bagatelle.

Nossa imagem dá uma ideia exata dessa experiência sensacional. São quatro horas, diante de uma multidão considerável, que compareceu em virtude do anúncio desta experiência, o inventor vai lançar o seu grande pássaro através do espaço.

Os senhores encarregados das medições estão a seus postos, seguindo o pássaro com o automóvel. Tudo está pronto! Santos dá a partida em seu motor... Isso é os que nos conta Jacques Faure: "Eu me instalei junto aos outros no automóvel, prontos para partir ao mesmo tempo em que o avião decolava. Eu tinha uma pilha de pratos em minhas mãos. Deveria deixá-los cair um a um, nos pontos onde o avião deixasse e retornasse ao solo, de maneira a poder em seguida medir as distâncias percorridas no ar.

Santos Dumont faz um sinal e o seu aparelho parte.

Com uma admirável estabilidade e equilíbrio, Santos se eleva a uma altura que varia de 4 a 6 metros. Ele fica exatamente 21 segundos no ar, descendo e parando no meio de uma multidão que gritava entusiasmada.

Santos mal saíra de seu aparelho e diversas mãos se estenderam em sua direção. Jacques Faure, exultante, segura-o firmemente, coloca-o sobre os ombros e carrega-o em triunfo no meio de aclamações emocionadas. Acabou-se, na verdade, de medir o voo do heroico e intrépido brasileiro: 220 metros!

Em cima de alguns documentos estava outro exemplar que parecia ser o mais recente, do ano de 1909. Caio não perdeu tempo e foi lendo as manchetes principais:

Torre Eiffel continuará de pé!

A Torre Eiffel que foi erguida para servir de entrada para a Exposição Universal de Paris, realizada em 1889, em comemoração ao centenário da Revolução Francesa e reunindo os maiores inventos do mundo, conquistou seu lugar definitivamente.

Apesar de a prefeitura de Paris ter concedido o uso da estrutura por apenas 20 anos, em pouco tempo o engenheiro construtor, monsieur Alexandre Gustave Eiffel, conseguiu salvar sua obra de ser demolida. Para conquistar esta vitória quando o prazo de concessão estava para encerrar neste ano, monsieur Eiffel convenceu o governo que Paris precisava de sua obra como uma torre de comunicações, além de um gabinete meteorológico e um espaço para estudos aerodinâmicos. Para isso, monsieur Eiffel se antecipou ao fim do prazo estipulado, permitindo que fosse instalado, em 1898, um telégrafo sem fio no topo da torre e, em 1903, propôs que o Exército aproveitasse a maior torre do mundo para instalar as comunicações militares.

A polêmica torre ainda sofre com a oposição de artistas e intelectuais que reivindicam a demolição do monumento. "Um esqueleto horroroso", continuam os intelectuais a evocar as palavras do falecido escritor Guy Maupassant, que participou da petição escrita pela classe artística francesa para protestar contra a "aberração" em 1887, fase do início da construção.

Em outra parte do jornal, Caio leu:

Mais vozes ao Manifesto futurista.

Mais artistas e intelectuais estão aderindo ao que é chamado de Manifesto Futurista, que foi publicado no nosso jornal em março deste presente ano. Escrito pelo poeta italiano Filippo Marinetti com o slogan Les mots en liberté ("Liberdade para as palavras"), os adeptos do movimento rejeitam o moralismo e o passado, e suas obras baseiam-se fortemente na velocidade e nos desenvolvimentos tecnológicos. O futurismo está levantando ideias de que muitos estão a se preocupar, a partir do momento em que o novo grupo defende a destruição de museus e cidades antigas e encara a guerra como uma forma de "higienizar" o mundo.

No artigo também em destaque Caio viu a manchete que o fez esboçar um sorriso.

Flecha humana testa Demoiselle de Santos Dumont.

A famosa corredora belga de ciclismo e automobilismo, Hélène Dutrieu, conhecida como flecha humana, fará hoje o teste com o mais novo modelo de aeronave criado por Petit Santô. Apelidada de Demoiselle por sua elegância e leveza a nova aeronave, que está sendo desenvolvida desde 1907, promete desenvolver o meio de transporte tornando-se um modelo popular.

Convidada por monsieur Clément-Bayard, dono da montadora responsável pela montagem da Demoiselle, a jovem e talentosa Hélène Dutrieu pilotará o novo aparelho hoje às sete da manhã, decolando de Issy-les–Moulineaux.

– Fique à vontade, meu jovem. Eu já volto – a voz tensa de Santos Dumont fez com que Caio, distraído com o jornal, acabasse por esbarrar numa das estatuetas. Caio agarrou-a... Foi por um triz que a valiosa peça não se espatifou no chão.

– Venha comigo ao escritório, Adolphe – chamou Santos Dumont enquanto se dirigia para outro cômodo da casa. O amigo investidor, que ainda estava guardando a bengala e o chapéu na antessala, correu para seguir o piloto nervoso.

Caio, sozinho, aproveitou para descansar sentando-se num dos sofás. Sem cerimônia, ajeitou uma das almofadas bem trabalhada, apoiou a cabeça e fechou os olhos.

Não demorou a surgir uma criada para tirá-lo da soneca. A mulher, muito amável, trazia uma bandeja e, com delicadeza, colocou-a numa mesinha à frente. O viajante do tempo devorou os biscoitos como se estivesse há séculos sem comer. Serviu-se dos pequenos sanduíches até lamber todos os dedos e bebeu quase de uma só vez todo o chá que estava num bule de prata. Logo em seguida, um mordomo apareceu e o guiou até outro aposento. O empregado, com muita formalidade, abriu uma porta e pediu que o novo hóspede entrasse. O quarto exibia paredes forradas com tecidos pesados num tom azul-escuro. Em cima da cama, coberta por uma colcha de cetim branca, estava um traje completo para um jantar. Ao lado da cama havia um grande toucador com vários artigos de toalete de prata. No fundo de um corredor, surgia um belo salão de banho com uma grande banheira cheia de espuma, aguardando-o. Enquanto Caio já se preparava para se banhar, o mordomo postou-se na porta e informou:

– Monsieur Santos Dumont pediu que o avisasse que a condução que os levará até o Maxim's estará pronta daqui a duasa hora. Se precisar de alguma coisa, é só tocar. – o empregado mostrou um sino de prata em cima de uma mesinha azul e branca, deu um pequeno aceno com a cabeça e se retirou.

3. O Restaurante

Depois de um bom descanso, Caio se arrumou e em seguida foi até a sala principal. Santos Dumont já estava ali de pé, vestido com um terno escuro, ajeitando o colarinho alto de uma camisa branca bem engomada. Os dedos finos e calejados do piloto corriam entre os fios dos cabelos escuros levemente grisalhos repartidos ao meio.

– Ah, como demorou. Pensei que não fosse mais comigo ao Maxim's.

– Ah, desculpe-me, mas o sono tava tão bom.

– Não tem problema, ainda temos tempo.

– O que é isso? – estranhou Caio ao ver que o piloto segurava um objeto.

– Ora, Zip, isso é um farol! Eu preciso dele para dirigir.

– Como para dirigir. O seu carro não tem faróis?

– Claro que tem! Mas nós não iremos no meu carro.

– Não? Então como iremos ao tal Maxim's?

– Ora, como! Do jeito que sempre vou – disse o anfitrião, caminhando para a porta da rua. – Venha, Zip!

A rua naquela hora da noite estava tranquila e Caio seguia Santos Dumont, que de vez em quando era parado para ser cumprimentado. Sempre atencioso, cuidava de ser gentil e respondia perguntas sobre seus projetos com a maior paciência. Num dado momento, pediu a Caio que se aproximasse.

– Zip, precisamos sair daqui e pegar logo a nossa condução, antes que comece a se formar uma multidão.

– Mas eu não estou vendo condução nenhuma aqui.

– Você não está olhando na direção certa.

Caio olhou de um lado para o outro e também para trás. Com um jeito calmo, Santos Dumont colocou a mão no ombro do desorientado e com um leve sorriso fez sinal para que o jovem olhasse para uma corda atada a um poste de lampião a gás. Caio foi seguindo a extremidade daquela corda...

– Céus! – espantou-se, Caio. – Isso é demais!

– Espero que não. Esse é um dos meus menores modelos. Então, vamos?

O Maxim's, como em todas as noites, estava agitado. Pessoas elegantes desfilavam pela sala principal iluminada por velas que deixavam o ambiente mais sensual com os tons sempre tendendo ao carmim. O teto era um mar de vitrais coloridos tão inebriantes como os seus frequentadores. Nas mesas forradas com delicadas toalhas brancas, viam-se homens acompanhados de belas mulheres que, entre uma risada e outra, tinham suas conversas regadas por música. A orquestra era pequena, composta por três violinistas e um pianista. Naquela hora tão avançada, os garçons já estavam a servir a ceia. Entre um trago de absinto e as baforadas dos cigarros e charutos, olhos furtivos flertavam a próxima conquista. Uma loira foi atraída por um sorriso embriagante. Não levou muito tempo para que ela se dirigisse ao toalete e, discretamente, entregasse a uma senhora na frente da porta um papel dobrado. Depois dos retoques na boca carmim, retornou a sua mesa. Com uma risada falsa continuou a conversar com os amigos que ouviam as últimas proezas do marido da loira. Mais alguns segundos, o enamorado da loira levantou-se da mesa e caminhou até a entrada do toalete. Sem que ninguém percebesse, recebeu da senhora o papel dobrado que a jovem esposa deixara. Com um piscar comprometedor, ele confirmou o encontro com ardor.

Um cavalheiro acompanhado apenas por sua elegante bengala acabava de escolher uma das mesas do terraço. Aproveitava que o cardápio já estava ali e pôs-se a lê-lo com atenção. Entre os cafés e bebidas surpreendeu-se ao sentir uma corda enroscando no pé de sua cadeira. Intrigado, seguiu com os olhos a extensa corda. O susto quase o fez cair da cadeira. Ali, na ponta da corda, viu um pequeno dirigível iluminado por um possante farol fincado num cesto de vime. O invólucro de seda japonesa tinha 12 metros de comprimento e voava graças ao volume de hidrogênio. Dois garçons interromperam seus serviços e correram para o terraço. Com eficácia, pegaram a *guide rope,* como era chamada a corda guia, uma grossa corda pendente do cesto, que servia como freio. A corda serpenteava pelo chão, próxima ao homem que com o susto tinha deixado tombar o cardápio. Em poucos minutos, a máquina voadora estava estacionada com o porteiro do Maxim's a segurar a corda. Inúmeras pessoas aplaudiram ao ver que da aeronave descia Santos

Dumont acompanhado pelo seu convidado. Com um ar esportivo, o piloto dirigiu-se à mesa do homem ainda boquiaberto,

– Desculpe-me pela minha súbita aparição. Espero que não o tenha incomodado com minha *Baladeuse Aérienne (charrete aérea)* – o homem, sem ação, continuava apenas a mirar aquela figura franzina com o cabelo partido ao meio, trajando um elegante terno. – Por favor, aceite minhas desculpas.

O piloto fez sinal e logo um garçom veio com uma bandeja contendo uma garrafa e uma taça de cristal. Com simpatia, o piloto pegou a taça já cheia e a colocou diante do homem que finalmente reagiu com um sorriso.

Santos Dumont, seguido por Caio, entrou no salão do restaurante e foi direto a uma mesa na qual estavam dois homens sentados.

– Boa noite, amigos!

– Boa noite, Santô! – cumprimentou um dos homens, o mais baixo e robusto, com longos bigodes enrolados nas pontas. O outro sujeito, que estava a desenhar, só deu um pequeno aceno com a cabeça.

– Cavalheiros, quero apresentar meu convidado Caio Zip. Caio, este é Louis Blériot, um dos maiores aviadores que já conheci, e aquele outro, que não solta os seus desenhos de forma alguma, é o meu amigo, monsieur George Goursat.

– Chame-me de Sem! – pediu o desenhista sem desviar os olhos de seu tema: uma senhora a dançar em cima de uma das mesas mais adiante.

– Como foi o teste com a *Demoiselle*? – indagou Blériot.

– Ainda em fase de muitos testes.

– Soube que Hélène Dutrieu quer desistir.

– Eu não deveria ter concordado com Adolphe e deixá-la fazer o voo. Ela é uma ótima corredora, mas não gosto de ver ninguém se arriscando no meu lugar.

– Sei como se sente, meu caro. Eu também não gosto de ninguém junto às minhas paixões – ria Blériot. – Parece que a *Demoiselle* está dando muito trabalho. Que geniosa ela está se saindo.

– Ela vai ser domada, não é, Santô? – brincou Sem, retratando agora outra mulher sentada junto a um grupo numa mesa bem animada. Caio se aproximou do cartunista e viu que ele estava a acentuar as formas da mulher, dando da cintura para baixo o corpo de uma foca.

– Vocês viram mademoiselle Dutrieu? – indagou Santos Dumont.

– A última vez que a vi ela estava no bar conversando com Adolphe – respondeu Blériot.

– Vou procurá-los.

– Não precisa. Eles estão vindo para cá junto com Cartier – disse o cartunista já à caça de outro tema.

– Olá, senhores! – cumprimentou Hélène. A jovem parecia mais magra com os cabelos presos, elaborados com grandes cachos. Seus olhos estavam mais brilhantes com a maquiagem e seu corpo estava mais sedutor com as formas que o espartilho dava à cintura bem afinada, com os quadris mais volumosos envolvidos por um tecido claro e sedoso. – Ora, ora, está muito elegante, Zip.

– Você está linda.

– Agora eu acredito em você, Zip, mas hoje de manhã você foi apenas muito gentil.

– Boa noite, Santô – saudou o homem de olhos amendoados, cabelos e bigodes escuros que acompanhava senhor Clément-Bayard e Hélène. – Não o tenho visto por aqui. – o grupo aproveitou para se acomodar. Santos Dumont sentou-se de costas para a parede.

– Estou, como sempre, às voltas com meus projetos, Cartier, quase nunca tenho tempo para fazer tudo o que desejo.

– Mas, pelo menos, tem como observar melhor o tempo.

– E com elegância. Seu relógio ainda me ajuda bastante – acariciou o piloto o relógio com correia de couro escondido pela manga.

– Meu relógio, sua ideia.

– Foi você quem inventou o relógio de pulso?

– Eu? Que isso! – riu Santô. – Não fui eu, Zip. O relógio de pulso já é usado pelas damas há alguns séculos.

– Certamente, graças a Santô, agora o relógio de pulso ficou bem popular entre os homens – animou-se o senhor Clément-Bayard. – Somente quando saiu nos jornais o fato de que Santô estava usando o relógio de pulso, os homens, então, perceberam como essa forma era mais prática do que ficar tirando de dentro do bolso do colete.

– Como sempre, tudo que Santô usa, acaba por virar moda – brincou Sem, dando uma pausa nos desenhos para tomar uma taça de vinho servida pelo garçom.

– Você nunca me disse como teve essa ideia.

– O que mais poderia ser senão a pura necessidade, meu caro Blériot – tomou Santos Dumont um gole de vinho, enquanto outro garçom tomava notas dos pedidos do grupo. – Todavia, confesso que tive a ideia depois que comecei a usar a medalha de São Bento, que foi um presente da minha amiga compatriota, a princesa Isabel, ou melhor, a condessa D'Eu – o piloto mostrou a todos a medalha numa corrente de ouro presa no outro pulso. – A gentil amiga soube que eu havia caído com meu dirigível no castanheiro e enviou-me uma cesta de piquenique com o convite para visitá-la. Que boa amiga. Depois desta queda, ela me deu a medalha com a imagem e sempre está a me ver voar e a rezar.

– Mas ainda não entendi – indagou Caio. – O que a medalha que a princesa Isabel deu a você tem a ver com o relógio de pulso?

– A razão é muito simples. Eu prometi que usaria a medalha, mas não achei seguro prendê-la no pescoço e, por isso, eu a amarrei no pulso. De tanto olhar para o pulso e a pedir que o voo fosse bem sucedido notei que poderia fazer o mesmo com o relógio. Afinal, não se perde nem dois segundos para se consultar o relógio no pulso, enquanto, guardado no bolso, fazia-me até perder o controle da minha aeronave.

– Essa queda no castanheiro, não foi na propriedade de monsieur Rodilt? – comentou Blériot

– Não foi na de Rodilt. Eu caí com o dirigível n° 5 na propriedade de Edmond de Rothschild.

– Aquele seu dirigível teve muitas quedas.

– Sim, tive muitos acidentes úteis – ria Santos Dumont. – Você sabe como é.

– E como! Enquanto você estava com seu SD5, eu estava tentando meu primeiro voo com o meu ornitóptero.

– Com o quê? – Caio ficou intrigado.

– É um aparelho que bate asas. Eu o construí com base na ideia do grande aviador, monsieur Clément Ader, mas não deu certo.

– Você sempre teve minha admiração – confessou Santos Dumont. – Um autodidata em matéria de aviação: projetou seu próprio avião e aprendeu a voar sozinho.

– Por agora estou indo bem, Santô. Você foi um grande exemplo, deu-me inspiração. Você conquistou vários prêmios e todos eles foram conquistados com muita persistência. Você sofria com acidentes que quase lhe tiraram a vida e assim mesmo se reerguia como se fosse uma verdadeira Fênix, e com um grande feito em suas mãos.

– Ainda me lembro de você aqui no Maxim's comentando como se sentiu passando horas pendurado na parede do hotel Trocadero, naquele fatídico dia 8 – recordou Sem.

– Dia 8 de agosto – resmungou Santos Dumont – Nunca mais quis saber de nada que tivesse o número 8.

– Acho até que exagerou por não gostar do número 8 – comentou Cartier. – Foi estranho pular de sua aeronave SD7 para SD9.

– Na verdade, não pulei. O número 8 foi vendido para um milionário, Edward C. Boice, que mais adiante se tornou presidente do Aeroclube da América. O Nº 8 era uma réplica modificada do SD6. Enquanto o SD6 tinha 33 metros, com 622 m^3 a hidrogênio, e era equipado com motor Buchet de 20 cavalos de potência, o Nº 8 tinha 630 m^3 e agora com um Buchet de 35 cavalos. – Santos Dumont tomou outro gole de vinho e deu um pequeno suspiro. – Uma lástima o fim do Nº 8.

– O que quer dizer? – estranhou Cartier.

– Boice usou a minha máquina e fez a primeira corrida de dirigíveis com Leo Stevens, que guiava uma máquina chamada Pegasus. Os dois aeronautas sobrevoaram as praias em Manhattan e Brighton, que ficaram escuras tamanha a quantidade de pessoas assistindo. Os membros do Aeroclube, que também assistiam, ficaram extasiados com a minha máquina.

– Quando foi essa corrida? – indagou Sem.

– Se não me engano, foi em 30 de setembro de 1902.

– E qual foi o fim desse dirigível?

– O dirigível Nº 8 não durou. Foi destruído num acidente.

– E o Boice, ficou sem nada?

– Não. Para substituir o destruído eu vendi, dois anos depois, para Boice, um SD9 modificado.

– Réplica do modelo que está lá fora?

– Isso mesmo, Hélène.

– Como foi o acidente? – perguntou Caio.

– Qual? Do Nº 8?

– Não, não. Aquele que você ficou pendurado na parede do hotel.

– Estava indo bem... – relembrou Santos Dumont. – Tinha tudo para dar certo aquela nova tentativa de ganhar o prêmio Deutsch. Segui direto, "veloz como uma bala", como noticiou o correspondente do *Daily Express*.

– Havia gente por todos os cantos e até nos telhados – interferiu Sem, pegando um guardanapo.

– Como sempre, um grandioso espetáculo – comentou senhor Clément-Bayard.

– Que prêmio era esse? – interessou-se Hélène.

– Era o prêmio que o milionário Henri Deutsch oferecia, de 100.000 francos, a quem, entre 1º de maio de 1900 e 1º de outubro de 1903, partisse do campo de Saint-Cloud e, por seus próprios meios, sem tocar o solo ao longo do percurso e sem auxílio de terra, contornasse a Torre Eiffel e regressasse ao ponto de partida, em no máximo 30 minutos.

– É aquela foto que eu vi no seu apartamento, onde havia pessoas saudando o seu dirigível que voava ao redor da torre Eiffel? – comentou Caio com Santos Dumont, que confirmou com a cabeça. – Ah, então você venceu.

– E não foi nada fácil – suspirou Santos Dumont. – Depois de várias tentativas, depois de brigar com os responsáveis sobre aquelas regras tão rígidas... Aquilo me deixou muito aborrecido. Fiquei me dedicando a terminar o N° 5. Foi difícil e eu não podia mais contar com meu grande amigo Machuron.

– Machuron?

– Ele foi o amigo que me mostrou tudo sobre balonismo, que sempre me ajudava a costurar o invólucro de seda... Só um ano mais velho do que eu e morreu tão cedo. Eu queria mais do que nunca ganhar o prêmio em homenagem a ele. Consegui com a ajuda dos meus mecânicos, principalmente Chapin, a fazer o n° 5. Dormi noites no hangar, esperando um tempo bom para voar e só chovia. Finalmente, ascendi com o n° 5 pela primeira vez e consegui dar cinco voltas. Estava tão baixo que um guarda noturno gritou comigo. Cruzei no parque, *Bois de Boulogne*, e segui para a torre Eiffel. Já estava tão perto... Realmente, estava num mar de azar! Uma das cordas de manobra arrebentou. Consegui consertá-la com a ajuda de dois homens que me emprestaram uma escada.

– E aí você venceu!

– Não foi desta vez, rapaz. Era para ter feito em 30 minutos, mas por causa do problema que tive, levei uma hora e seis minutos. Comuniquei ao júri que tentaria de novo em julho.

– Aquele foi o pior verão que eu já tinha visto – comentou Blériot. – Todos estavam passando mal e Santô nem suava.

– Eu sofri também. Eu só parecia mais apresentável porque troquei o terno e camisa antes da chegada da comissão e da imprensa.

– Bem que você poderia ter adiado.

– Eu não podia, Adolphe – esclareceu o piloto num tom amargurado. – Apesar de o motor estar mostrando um engasgo por causa do calor e daquele vento ruim, eu precisava cumprir minha missão.

– Se foi como hoje, sem dúvida foi uma luta – comparou Hélène.

– Lutei, sim. Fiz repetidas tentativas contra o vento e o suprimento de petróleo foi-se em cinco minutos de luta.

– Daí ficou a mercê do vento?

– Eu tentei descer, Zip, mas o vento acabou por me arremessar sobre o rio Sena e então fui parar no castanheiro do jardim de Rothschild.

– Caiu como eu caí hoje – relembrou Hélène.

– Mas diferente de você, que foi salva por uma rolha de champanhe, fui salvo pelo jardineiro que trouxe uma escada e uma garrafa da borbulhante, mas apenas para ser saboreada enquanto esperava o resgate.

– Salva por uma rolha de champanhe? – interessou-se o cartunista.

– Nosso amigo Zip teve a ideia de estourar a rolha de um barril de champanhe com uma linha pendurada – explicou Santos Dumont. – Com a linha veio uma corda que me ajudou a sair do avião antes que ele caísse no chão.

– Que estouro de ideia! – impressionou-se Blériot. – Isso merece um brinde.

– Mas, é claro! – Hélène ergueu a taça, acompanhada por todos. – Ao jovem Zip, o meu herói!

– Ao jovem Zip! – o pessoal brindou e, por um instante, houve silêncio.

– Quando foi que conseguiu vencer o prêmio? – continuou Hélène, servindo-se de uma tábua de queijos.

– Custou mais tempo e uma tentativa aqui, outra mais... Um motor falhando, uma *guide rope* que cortou meus dedos...

– Eu me lembro desses seus passeios – falou Blériot num tom forte. – Você deixou as mulheres apavoradas quando saiu do cesto e ficou pendurado naquela fina haste do suporte do motor.

– Eu também fiquei – gesticulava senhor Clément-Bayard. – Santô estava a 100 metros de altura. Bastava um vento mais forte e adeus.

– Quantas tentativas você fez? – perguntou Caio.

– Eu teria que consultar meu diário. Mas foi o suficiente para que algumas pessoas já ficassem impacientes e quisessem me denegrir.

– É sempre uma terrível frustração ao tentar algo desafiador e sentir tamanha pressão – murmurou Hélène. – Eu, como mulher e piloto, sofro muito com isso.

– Você sabe melhor do que eu, Hélène. – Santos Dumont apertava os lábios carregados de tensão. – Ficamos querendo achar soluções e nada vem à mente por dias. É de matar a nossa determinação.

– E quase o matou – relembrou Sem, voltando a desenhar agora o próprio grupo.

– Ah, dia 8 de agosto! Estava subindo bem. Toda aquela multidão sem tirar os olhos de mim.

– Eu não conseguia olhar sem rezar – completou o senhor Clément-Bayard, servindo-se da entrada, uma salada nórdica acompanhada por um molho que o empresário derramou com prazer sobre o prato.

– Fiz o percurso até a torre num tempo recorde de nove minutos e a circunaveguei em 34 segundos. – Santos Dumont acariciava a borda da taça com as lembranças vindo à tona. – Eu já tinha percebido que perdia hidrogênio através de uma das válvulas automáticas, mas achei que podia arriscar. Eu realmente acreditei que conseguiria, mas ao retornar a Saint-Cloud, o balão começou a esvaziar e as cordas de suspensão romperam. A hélice cortava-as em pedaços e o motor morreu. Depois, foi a vez do vento que foi me jogando em direção à torre. Daquela altura de 600 metros, saí da cesta e tentei soltar as cordas de piano que prendiam o propulsor.

– As pessoas ficaram apavoradas – recordou senhor Clément-Bayard. – Eu não era o único ajoelhado, pedindo a Deus.

– Eu tinha de fazer. Tinha que tentar, mas depois vi que não tinha dado certo e voltei para o cesto.

– Parecia um navio afundando em pleno ar – disse Sem, desenhando Santos Dumont com o olhar distante. – Aquele dia, você ficou muito próximo da morte.

– E era assim que me sentia. Quando a proa mergulhou, a popa cheia de ar flutuou, e eu lutei para reaver o controle.

– Foi horrível – parou senhor Clément-Bayard de comer. – O balão rasgou e todo aquele gás escapou.

– E eu perdia o equilíbrio. – os olhos de Santos Dumont encharcavam-se com a visão do passado. – Eu não conseguia resolver o problema. O balão caía ao mesmo tempo em que estava sendo arremessado para trás. Ouvi gritos desesperados. Mulheres pediam a Deus por um milagre e eu tentava fazer um. Respirei fundo e fiquei firme. Tentei jogar a corda, mas o vento estava contra mim. Nos últimos 300 metros, eu caí feito uma pedra. Eu ainda pensei que alcançaria o Sena... Tinha ainda chance de amortecer a queda. Eu poderia, eu poderia jogar o lastro para ganhar tempo, pensei. Neste momento decisivo, a extremidade do meu balão alongado foi bater contra a parede do hotel Trocadero. O balão estourou. Foi uma terrível explosão como se eu fosse um minúsculo ser e estivesse perto de um gigantesco saco de papel a estourar em cima de mim. Foi tudo muito rápido. Quando vi que estava pendurado na parede a 15 metros de altura, deitado de bruços na quilha, a cabeça e os ombros balançando no ar. De repente, a quilha caiu alguns metros e ficou amparada num ângulo de 45 graus contra o telhado de um restaurante térreo. Eu senti que estava realmente por um fio. Era o meu fim... – o piloto calou-se. A ansiedade pairou sobre o grupo que esperava pelo desfecho. Santos Dumont tomou o último gole e voltou a narrar, mirando a taça vazia. – E malgrado o meu peso, o peso do motor e da maquinaria, malgrado o choque recebido, a quilha resistiu maravilhosamente. A travessa de pinho e as cordas de piano, que uso na armação, tinham salvado minha vida... E, por Deus, eu estava a usar pela primeira vez a medalha de São Bento.

– Bendita seja a condessa d'Eu! – desabafou Sem.

– Santô, como ficamos emocionados – lembrava Blériot. – E as mulheres! Não paravam de agarrá-lo e como o beijavam.

– Deutsch ficou tão chocado com o perigo que já preferia conceder o prêmio a vê-lo matar-se em outra tentativa – destacou senhor Clément-Bayard.

– Eu não poderia aceitar. Quando vi que tinha conseguido contornar a torre Eiffel em tão poucos segundos, eu senti que precisava apenas fazer mais alguns acertos para de fato obter a vitória. E não perdi tempo.

– Como assim? – ficou Caio impressionado. – Não me diga que tentou naquela mesma hora?

– Pedi um pouco de petróleo e pus no motor que os bombeiros haviam acabado de resgatar do telhado. Fiquei feliz ao ver que o motor ressoava com vigor.

– A multidão enlouqueceu quando viu que Santô estava determinado, apesar daquele grande acidente – sorriu Sem.

– Foi isso o que me impulsionou. – Santos Dumont respirou fundo. – Fui logo para a oficina examinar a estrutura do SD5. Ela tinha resistido bem à queda, mas sofreu quando os bombeiros a retiraram do telhado. O tecido de seda do invólucro foi totalmente danificado. Eu cheguei a pegar os pedaços espalhados, mas estavam frágeis demais para serem reutilizados. Se não fosse por esses empecilhos, eu teria voado logo, mas não houve jeito, tive de encomendar uma nova aeronave, a N° 6.

– Depois dessa bravura, surgiram muitos convites para visitar os Estados Unidos – disse senhor Clément-Bayard.

– E as mulheres, hein! – comentou Blériot. – Aquelas atrizes queriam subir nos dirigíveis a todo custo.

– Elas querem mais é alçar à fama – ironizou Sem, tomando mais uma taça. – Nunca se preocupam com uma queda a não ser de amor.

– Eu não as culpo – disse Santos. – Se o n° 5 transportasse mais do que um passageiro, eu as teria levado.

– E afinal, quando você ganhou o prêmio? – voltou Hélène à conversa.

– Mais uma vez projetando, modificando a aeronave e mais desavenças com os organizadores. Tive outros acidentes com o N° 6. A *guide rope* emaranhou-se nos cabos telegráficos. O leme quebrou e a seda rasgou-se.

– Tantos acidentes e ainda assim teimou – riu Caio. – Isso é que é garra.

– Eu encarei sempre com muita filosofia os acidentes desse gênero: vejo neles uma espécie de garantia contra outros mais terríveis. Se tivesse um conselho a dar aos que praticam o dirigível, diria: Permanecei perto da terra. Mais vale fisgar-se nos galhos das árvores que se expor aos perigos das regiões elevadas sem a menor vantagem prática!

– Quanto nós sofremos para conquistar nosso prêmio – suspirou Hélène. – E todos pensam que é num passe de mágica. Ha! Como podem pensar assim?!

– Todos, inclusive os organizadores, creio eu, pensam assim – apoiou Santos Dumont. – Depois de tantas tentativas, da construção de três balões e muita confusão com os organizadores sobre as regras a mudar mais uma vez e ficarem mais duras, mais absurdas, ainda tive muito trabalho com o novo projeto. Modifiquei o motor depois de concluir que sua instabilidade era por ser um motor de automóvel e não aguentava as oscilações no ar. Alterei a configuração do carburador, para que, em qualquer posição, o motor mantivesse o nível do petróleo e...

– E não esqueça que depois disso tudo, ainda teve de pagar o processo – ria Sem, finalizando o desenho.

– Processo? – estranhou Caio.

– Processaram Santô por causa dos danos no hotel. Foi um grande absurdo – explicou Adolphe.

– Mas foi um acidente! – irritou-se Hélène.

– E ninguém disse que não foi, minha cara – continuou Clément-Bayard. – A proprietária processou Santô, não por causa de a aeronave ter caído. Ela chegou à conclusão que nosso amigo aviador fora culpado por aquela aglomeração de espectadores no telhado do hotel, o que, em consequência, causou o desabamento.

– Eu paguei os 155 francos e fim – reagiu Santos Dumont, batendo a taça contra a mesa.

– Mas a história não acabou por aí! – aborreceu-se senhor Clément-Bayard. – Depois deste acidente, procurei todas as companhias de seguro e nenhuma quis saber de arcar com os futuros acidentes.

– É o risco da nossa paixão – ponderou Santos Dumont.

– A nossa paixão! – disse Blériot subitamente tomando um gole revigorante.

– E a vitória veio com o N° 6? – retornou Caio ao assunto.

– Ah, Zip, meus esforços sempre são seguidos por muitas tentativas. O N° 6 me deu muito trabalho, mas também momentos aprazíveis. Aterrissava com ele diante do restaurante *Cascade*, por exemplo, e almoçava com a condessa D'Eu e outros amigos. Tinha dias que tentava outras manobras para ver como se comportava e, às vezes, tinha sucesso e em outras... Numa destas, quase arrancou o cabo telegráfico. O tempo foi passando e, mais adiante, decidi tentar conquistar o prêmio novamente. Em outubro, com seus 33 metros de comprimento, 622m^3 de gás, 210 quilos e motor Buchet de quatro cilindros e 20 cavalos de potência, o N° 6 decolou de Saint-Cloud. Quando cruzei o Sena, olhei as pontes e a multidão agitada nas margens. Ouvi gritos misturados com urras e logo pensei que aquilo significava que estava dentro do tempo determinado pelas regras do prêmio. Como eu ainda não tinha o relógio de pulso para averiguar, eu achei que estava indo bem... A aeronave obedecia maravilhosamente e passei exatamente no centro do terreno do Aeroclube. Quando cruzei o ponto de partida, girei o n° 6 e os ajudantes agarraram a corda de compensação. Mais um pouco e a cesta já estava chegando a uma boa altura, então gritei: "Ganhei o prêmio?" Ah, foi lindo. Centenas de pessoas responderam que sim. Jogaram pétalas de flores e a condessa D'Eu agradecia aos céus.

– Que vitória! – emocionou-se Hélène.

– Vitória que durou pouco – completou Sem, fazendo um desenho rápido sobre a cena narrada pelo amigo piloto.

– Como assim! – estranhou Caio. – O que aconteceu?

Santos Dumont saboreou o último pedaço de queijo e, depois, se virou para Caio.

– Fiz em exatos 29 minutos e 15 segundos, mas perdi por causa de 40 segundos.

– O quê! Mas você chegou antes!

– Não, Caio Zip – esclareceu senhor Clément-Bayard. – Santô não conseguiu por causa das novas regras. O tempo final era determinado quando os ajudantes segurassem a *guide rope* e isso custou os valiosos segundos.

– Não é possível! Mas, então, quando você venceu? – disse Caio, aflito.

– Ah, meu caro. – o fabricante Bayard batia uma mão contra a outra. – A confirmação oficial da vitória só foi dada em 4 de novembro, e mesmo assim graças a muita pressão da opinião pública.

– Ganhou 100 mil francos!

– Não, Zip, eu não fiquei com o dinheiro.

– Eles não deram?

– Depois de muita confusão, deram sim, mas antes de participar do prêmio eu já havia declarado que não ficaria com o dinheiro.

– Não?

– Não, Zip. Eu peguei o cheque, descontei no banco e com as notas de 100 francos reparti o valor, 50 mil francos entre os meus mecânicos e auxiliares e 50 mil para os pobres.

– Que incrível!

– Incrível e notável – exaltou senhor Clément-Bayard. – Depois de ganhar o prêmio, Santô recebeu milhares de cartas de congratulações. Ganhou o reconhecimento de chefes de Estado que lhe concederam medalhas. Foi a partir desse evento que comecei a fornecer motores para Santô.

– Isso tudo foi muito bom, mas... – Santos Dumont tinha os olhos vagando pelas imagens do passado. – O que mais me emocionou, além de receber telegramas de Julio Verne e de H. G.Wells, foi receber a carta de um amigo de infância. A carta me lembrou como ele e os outros garotos zombavam de mim, quando brincávamos de um jogo onde se dizia qual animal conseguia voar e eu... – riu Santos Dumont com o olhar nostálgico. – Quando lançavam a pergunta: "Homem voa?", sempre eu erguia a mão e dizia que sim, o homem pode voar. Como estas coisas nos marcam para sempre. Foi por isso que fiquei feliz ao ler na carta que meu amigo finalmente me parabenizava e dizia que, de agora em diante, quem não erguesse o dedo quando se indagasse se o homem voa, tinha de pagar prenda.

– São essas coisas que dão mais valor a nossa vitória – comentou Blériot.

– Mais do que vitórias. São essas coisas que nos fazem lembrar por que estamos aqui a nos arriscar, amigo.

– Nossos sonhos, nossos destinos – louvou Hélène.

– Espero que eu esteja em seus sonhos. – Hélène virou-se para trás e sorriu ao ver quem estava ali de pé.

– Pierre! – beijou a jovem o rosto do noivo. – Por que demorou a chegar?

– Negócios, meu amor, mas agora sou todo seu.

– Então, aproveitem o final da noite. Eu já vou indo – disse Santos Dumont, levantando-se. – Daqui a pouco, terei de ver minha amada *Demoiselle*.

– Está de carro? – riu com ironia Blériot.

– Estou com minha *Baladeuse* e usando o novo farol que você me deu.

– É bom saber que meu invento dá chance a você de apreciar os voos noturnos.

– Deve ser um sonho poder voar à noite – supôs Hélène, sob o olhar do noivo preocupado.

– Quando você quiser – disse Santos Dumont, beijando a mão da jovem. – Será o meu maior prazer.

– Mas não será hoje, minha amada. – o noivo envolveu a jovem com os braços.

– Ah, Pierre, às vezes você me irrita.

– *Oh, L'*amour – interferiu Blériot. – Não seja tão severa com o seu amorzinho, minha querida. Afinal, nem todos sonham com grandes conquistas.

– Tenho sonhos, sim – reagiu Pierre, levantando-se. – E eles estão aqui mesmo em terra firme.

– Se chama sonho de obter um cargo na empresa de seu pai... – desafiou Blériot com um olhar.

– Cada um sonha como deseja – disse Santos, colocando-se entre os dois homens, que já deixavam um ar tenso sobre o grupo. Com simpatia, o brasileiro afastou Blériot e prosseguiu. – Suponho que um dos seus sonhos é atravessar o Canal da Mancha.

– É claro! – sorriu Blériot. – Você vai participar da competição?

– Seria bom tentar ganhar este prêmio, mas eu ainda não sei. Tenho dúvidas se a *Demoiselle* estará em condições.

– Eu espero que sim. Ainda quero ter a minha revanche por não ter conseguido vencer o seu 14-Bis com o meu Blériot IV.

– Eu dei a chance para que sua máquina decolasse antes do 14-Bis.

– Como grande cavalheiro e amigo que é, mas minha máquina não quis cooperar. Eu ainda fico triste por não ter tido êxito e ao mesmo tempo contente por pelo menos ter sido você a mostrar que decolar é um sonho possível.

– A conquista do ar é para todos.

– Para todos! Ha, ha! Só para os corajosos, meu caro Santô.

– A todos os corajosos sonhadores – cortou Sem, erguendo uma taça de vinho seguido por todos na mesa, apesar de quase não restar mais bebida nos copos.

– E a mim, o mais desperto! – exaltou um homem baixo, magro que estava chegando naquele momento à mesa.

– Voisin! – saudou Santos Dumont.

– Como vai, meu amigo!

– Como sempre com muitos projetos. E você?

– Ah, digo o mesmo, inclusive aquele que já tinha comentado.

– Está ainda com o hidrodeslizador?

– Esse mesmo – riu Voisin, pegando uma taça de vinho da bandeja servida pelo garçom. – Nós não paramos nunca, não é? Como foi hoje com a *Demoiselle*?

– Não foi nada bem. Hélène caiu em cima de uma árvore e se não fosse por este amigo ela teria se machucado.

– Ah! – arregalou Voisin os olhos ao reparar em Caio. – Tão jovem e já salvando duas *demoiselles*. Que feito!

– Ah, fico feliz por ter ajudado – disse Caio, recebendo um aperto de mão bem forte de Voisin.

– Ele é meu herói! – completou Hélène.

– Você deve ser Hélène. – Voisin aproximou-se, largou a taça na mesa e, com um olhar voraz, beijou a mão demoradamente da jovem. – *Enchanté*, Gabriel Voisin ao seu dispor!

– Eu já conheço sua fama – deu Hélène um sorriso com os olhos.

– Espero que esteja a se referir a minha fama de piloto.

– Também, mas agora vejo que é verdadeira a sua fama de galanteador. – Hélène mirava o rosto do piloto enaltecido sem se incomodar com a expressão do noivo enciumado.

– É um vencedor – emendou Santos Dumont, num tom que parecia ter um vestígio amargo. – Ainda estou a parabenizá-lo de forma adequada, oferecendo-lhe um jantar em minha casa.

– Sempre gosto muito de seus jantares. É o ponto alto de qualquer voador.

– É o mínimo que posso fazer para homenageá-lo por seu grande feito. Eu tenho de admitir que eu queria muito ser o primeiro a realizá-lo.

– Eu que o diga. – a voz forte de Blériot fez com que muitos frequentadores virassem para ver a animada mesa.

– Qual foi o grande feito? – indagou Caio.

– Eu digo – interferiu senhor Clément-Bayard. – Este homem aqui, tão franzino quanto o nosso Santô, conseguiu fazer um biplano, com Farman pilotando, e realizou o primeiro voo de um quilômetro em circuito fechado.

– Que incrível! – admirou-se Caio. – E quando foi isso?

– Foi em janeiro do ano passado – respondeu Santos Dumont.

– E depois deste feito eu e Farman não paramos mais de quebrar novos recordes. – acrescentou Voisin.

– Demais! – empolgou-se Caio.

– Tem razão, rapaz – sorria Voisin. – Ganhei muito e minha fábrica está cada vez com mais projetos.

– E como está Charles? – indagou Santos Dumont.

– Está como sempre. Meu irmão não para de trabalhar na fábrica, mas continua sem pilotar. Eu ainda que consegui dar uma escapada para vir aqui e rever os amigos.

– Faz muito bem – disse Blériot, colocando a mão no ombro do projetista. – Venha! Vamos nos sentar e você tem que nos contar sobre seus novos projetos.

– Ah, não! – afastou-se Voisin. – Preciso desligar um pouco o meu motor e além do mais não vou contar nada para o meu concorrente – riu Voisin.

– Ora, Voisin, já fomos sócios.

– Isso foi em outros tempos e, mesmo assim, amigo, hoje só quero me divertir. Não estou certo, Santô?

– Creio que eu já estava de saída. Preciso acordar cedo para ver minha *Demoiselle.*

– Que seja – sorriu Voisin, olhando para Hélène que conversava de forma distraída com o noivo. – Você fica com a sua *Demoiselle* e eu vou à caça da minha.

– E como vai Lola? – Santos Dumont lançou um olhar matreiro. Blériot deu um leve sorriso que logo disfarçou.

– Sim, Santô. – o tom de voz de Voisin parecia mais desanimado. – Ela vai bem.

– Cuidando de Janine?

– Sim, eu deixei Lola e Janine para me divertir um pouco. Algum problema?

– Nenhum. Eu só quis ser gentil em perguntar como estava passando sua família.

– Sei muito bem o que você queria. Eu já o conheço há tempos para saber o que você pretendia.

– Voisin, só quero o seu bem.

– Se quer meu bem, então me deixe aproveitar a noite. Tenho dado muito duro no trabalho e em casa.

– Que seja! Espero que amanhã esteja bem disposto para continuar seu novo projeto.

– Uma máquina que me fará bater novos recordes.

– Que vença o melhor – disse Santos Dumont, esticando a mão.

– Que eu vença o melhor. – Voisin esticou o braço e apertou com determinação a mão do oponente.

Naquela madrugada fria, as ruas vazias eram preenchidas com a súbita aparição do dirigível sobrevoando os telhados. Caio observava as manobras executadas por Santos Dumont que parecia um grande maestro, conduzindo a sexta sinfonia de Beethoven, a "Pastoral". O dirigível parecia haver se transformado num cavalo alado e estava a saltar sobre os prédios. Saltava aqueles telhados como se estivesse em câmera lenta. No primeiro movimento, a máquina voadora mostrava-se tranquila, a reinar sobre o *Champs-Élysées.* Os grandes galhos dançavam sob a regência do maestro. As nuvens pesadas reuniam-se anunciando uma tempestade. Aqueles movimentos bruscos causados por uma corrente térmica eram amainados pelo mestre dos ares. Rajadas de vento, trovões e relâmpagos estavam sob o seu comando. Como na sinfonia, a natureza estava ali, ora zangada ora convidativa, e Santos Dumont conduzia com firmeza. O espírito daquele voador não refletia nenhum vestígio de temor. Nos primeiros raios de sol, o vento já havia varrido a tempestade dali.

Caio observava os procedimentos, tais como atirar fora o lastro para fazer a aeronave subir, mover os pesos e acionar os propulsores. Tudo isso era realizado de forma sincronizada. Havia uma alavanca que controlava três engrenagens para a mudança de velocidade. Num certo momento, Santos Dumont passou o controle da aeronave para o jovem. O piloto amarrou uma corda conectada à válvula de gás no pulso do aluno e mostrou como puxar a corda para deixar o gás escapar quando o dirigível estivesse alto demais. Enquanto Caio guiava, Santos Dumont saiu da larga cesta onde estavam acomodados e, como se fosse um acrobata, andou pela estreita quilha principal. Com a mão na roda do leme, Caio navegava e apreciava o voo noturno envolvente que só tinha o barulho do motor a fazê-lo lembrar da realidade ainda a despertar sobre seus pés.

– Uau! Não pensei que algum dia fosse pilotar uma máquina dessas. Eu sou o primeiro garoto a pilotar.

– Não, Zip, já houve um garoto que pilotou.

– Sério! Ah, que pena e como ele se chamava?

– Seu nome era Clarkson Potter e tinha apenas sete anos quando voou comigo. Mas você pode ficar feliz por ser o primeiro jovem a fazer um voo noturno no *Baladeuse.*

– Ah, agora gostei.

Com o cabo pendente arrastando-se sobre as ruas, Santos Dumont estacionou o *Baladeuse* em frente ao seu apartamento com a ajuda do porteiro.

– Cuidado ao descer – disse Santos Dumont já desenrolando a escada de corda.

– É uma pena não ter uma rampa saindo da janela do seu apartamento. Estou morrendo de sono.

– Algum dia, eu ainda terei a permissão da prefeitura – disse Santos Dumont, olhando para o alto em direção à janela de seu apartamento.

– Já imaginou se todos pudessem ter este luxo?

– Este é o meu grande sonho, Zip. No futuro todos terão uma máquina voadora em sua garagem. Assim como Henry Ford está inovando com a linha de montagem de carros nos Estados-Unidos, tornando o modelo T popular, eu acredito que isso também será possível com um modelo voador. Não é mais absurdo imaginar que as máquinas voadoras poderão competir com carros elétricos e metrôs para aliviar o tráfego das grandes cidades. As pessoas nervosas irão naturalmente pensar nos possíveis desastres e colisões no ar, mas a necessidade de progresso é o impulso para deixarmos nossos temores na terra e alcançarmos finalmente o grande sonho do homem, a conquista do ar. – o piloto deu uma pausa ao reparar em Caio, que parecia contemplativo, como se estivesse a imaginar o futuro que, na verdade, era o presente tão saudoso do viajante do tempo.

4. Demoiselle

Não durou muito o sono de Caio Zip que às quatro e meia da manhã foi chamado pela criada para tomar um breve café da manhã. Ainda com sono, foi para a copa e encontrou o piloto já servido de uma xícara de café.

– Bom dia, Zip. Dormiu bem?

– Ah, dormi, mas acho que ainda estou um pouco zonzo com a viagem. – a cozinheira servia rapidamente a Caio uma xícara de café com leite e um pedaço de pão com manteiga e queijo.

– Isto logo vai passar quando chegarmos em Saint-Cyr.

– E o quc tem lá?

– A *Demoiselle* nos espera no Aeródromo militar.

– Já foi consertada?

– Estou usando outro modelo.

– Ah, que bom, assim não vai perder tempo. E Saint-Cyr é longe daqui?

– Não, fica a uns vinte quilômetros de Paris, mas primeiro vamos passar em Neuilly Saint-James – falou Santos Dumont pronto para sair. – Então, podemos ir?

– Ah, claro, só vou pegar o meu boné.

– Você não prefere usar uma das minhas roupas?

– Qual o problema com a minha roupa?

– Nada. Só pensei que você sendo quase um homem feito não gostaria de usar calças ao invés dessa calça curta.

– Este bermudão é bem confortável e eu me sinto melhor e assim eu já estou pronto para viajar.

– Pretende ir embora?

– Na verdade, eu nunca sei quando vou partir.

– É interessante esta sua maneira que se deixa levar pelo destino.

– Eu não acho. Eu gostaria de ter mais controle sobre pra onde e quando vou. Então, posso dirigir de novo?

– Nós não iremos no *Baladeuse*, vamos no meu carrinho elétrico.

– Por que não?

– Prometi à polícia que não causaria mais transtornos no trânsito. Da última vez que tentei voar bem cedo, a *guide rope* tocou no dorso de um cavalo e a charrete na qual ele estava atrelado disparou, para o susto de duas babás que estavam empurrando carrinhos de bebês.

– Só isso? – disse Caio, rindo, terminando o café.

– Bom, na verdade teve aquela outra vez... – ecoou a voz do piloto, enquanto saía pela porta, seguido por Caio.

As ruas do centro de Paris estavam convidativas com toda aquela tranquilidade a se espalhar por cada canto, tão diferente durante o fervilhante dia. Alguns passantes transitavam sem pressa, sem tempo a pesar nas costas. O cheiro de pão quente guiava os passantes até uma *Boulangerie* que despertava naquela madrugada. Uma fornalha de doces coloridos era disposta na vitrine como se cada um daqueles confeitos fosse uma joia sem igual a satisfazer os sentidos. Uma ou outra carroça descarregava alguns caixotes nas ruas laterais e um homem uniformizado de branco passava pela calçada trocando as garrafas vazias por um lote novo cheio de leite fresco. Garotos carregavam pilhas de jornais para as bancas e algumas mulheres com um lenço na cabeça e cobertas por um longo xale carregavam cestas de frutas e outras levavam grandes cestas de roupas sujas.

Chegando em Neuilly, Caio deparou-se logo com um grande campo com vários hangares. O hangar de Santos Dumont tinha 50 metros de comprimento e 13 de largura com portas deslizantes. Aquele hangar era considerado a primeira estação de aeronaves e lá estavam, atrás das enormes portas de correr, os modelos do aviador brasileiro como um dirigível e mais uma aeronave que lembrava o famoso 14-Bis, que naquele ano não existia mais. Santos Dumont deu apenas algumas orientações e logo em seguida voltou para o carro com Caio.

A estrada de terra batida estava quase deserta, e apenas três carros passavam vindos da direção oposta. Havia uma cerca viva de folhagem fechada alinhada nas margens e árvores com folhagens douradas e azuis ofereciam uma bem-vinda sensação de frescor com seu forte cheiro de alfazema. Santos Dumont guiava em pleno silêncio e somente uma grande nuvem acobreada pelos raios da manhã parecia despertar sua atenção. Enquanto rodavam, seguindo sempre com a mesma velocidade, podiam observar os últimos vestígios da escuridão, sendo abafados pelas cores a nascer como em um clarão de um incêndio. Sob essa luz, a mente de Santos Dumont vagava impulsionada pelas ideias de novos projetos que transpiravam pelo brilhante olhar. Finalmente, avistaram o aeródromo e o movimento alucinante tomou conta da paisagem.

Caio admirava as casas de madeira e os diversos hangares espalhados no campo de aviação de Saint-Cyr, que desde 1907 dava espaço aos homens voadores em busca de novos rumos ao futuro. Havia alguns dirigíveis estacionados em frente aos seus respectivos hangares e também havia novos modelos de aeroplanos a transitar pela pista. Uma torre exibia uma sinalização com relação às condições do vento. Curiosos já perambulavam por entre a última geração de máquinas voadoras, ávidos por conseguir informações, atrapalhando, assim, a rotina dos pilotos e mecânicos.

Santos Dumont estacionou diante de hangar do mesmo estilo que o hangar que Caio vira no outro campo de aviação, diferenciando-se apenas por ser de porte menor. Os dois desceram do carro e logo se depararam com um forte som metálico vindo do interior do hangar. Ao entrar, Caio viu três homens trabalhando freneticamente num modelo que logo chamou a atenção do jovem. Era um aeroplano que tinha um pouco mais de oito metros de comprimento com uma hélice. Atraído pela luz que iluminava as asas transparentes, Caio aproximou-se cautelosamente como se tivesse medo de quebrar o encantamento daquela visão. O toque da seda japonesa dava a ideia de que aquele aparelho era frágil, mas isso logo espaireceu quando Caio sentiu a estrutura forte por debaixo, que esticava o tecido resistente. A fuselagem era apenas uma longa haste de bambu com 6 metros de comprimento com conexões e juntas de metal. Na cauda, via-se o leme e o estabilizador de contorno poliédrico, montados em uma estrutura em forma perpendicular e ligados à fuselagem por meio de uma junta.

– Então, Zip – disse Santos Dumont –, o que está achando desta minha *Demoiselle*?

– Ela é linda! Parece uma libélula!

– *Demoiselle:* a leveza de uma libélula e a graciosidade de uma donzela. Minha amiga estava inspirada quando sugeriu esse apelido.

– É tão pequena. Tem tão pouco espaço para o piloto. – agachou-se Caio para observar melhor os detalhes: o assento do piloto ficava colocado entre as duas rodas do trem de pouso e, a sua frente, ficavam o manche e os pedais de controle.

– É perfeita para pessoas com o meu tipo físico.

– Quanto ela pesa?

– Por volta de 115 kg com um piloto magro como eu . Tem envergadura de 5,50 m e comprimento de 5,55 m.

– E quanto ao motor?

– Este é o nosso maior problema. Estamos testando vários tipos.

– É uma verdadeira ultraleve.

– Ultraleve, que estranho. Mas até que é uma ótima forma de defini-la. Realmente, é a minha aeronave mais leve e com mais chances de ser produzida em série.

– Então ela deve ser barata para construir.

– Barata e muito rápida de ser produzida. O primeiro modelo não levou 15 dias para ser feito, não foi Chapin?

– Isso mesmo.

– Zip, quero apresentar os meus escudeiros que estão sempre a me apoiar. Este é Albert Chapin, meu mecânico e estes são os auxiliares, André Gasteau e Jerome Dozon.

– Esse é o rapaz do qual você comentou no telefone?

– Ele mesmo, Chapin, ele é o salvador de *mademoiselle* Dutrieu.

– Soube de sua ideia do champanhe, meus parabéns! – felicitou o mecânico. – Você é bem criativo.

– E rápido – elogiou o piloto. – Se Zip não tivesse agido logo eu estaria hoje a não me perdoar pelo que poderia ter acontecido.

– São coisas que temos de enfrentar – comentou Dozon. – Também ficamos preocupados quando o senhor sofre um acidente.

– Sei que vocês se preocupam, mas no caso de Hélène... Eu não suportaria ver alguém ferido em meu lugar.

– Tanto ela como o senhor sabem que não temos escolha a não ser arriscar a vida para conseguir testar um novo modelo.

– Eu agora entendo a preocupação de Hélène – disse Caio já sentado no assento da aeronave. – Eu não imaginava que fosse possível fazer a fuselagem de um avião apenas com uma única haste. Esse tanque de combustível atrás do piloto e esse motorzão bem na frente do piloto... Isto dá medo.

– O motor está nesta posição porque está ligado direto à hélice – explicou

Chapin. – Mas ele ainda não é o ideal. Vamos conseguir um bem menor e mais leve.

– Também precisamos rever a asas – destacou Dozon. – Elas precisam ficar mais arqueadas.

– Acho que não – opinou Santos. – Todavia, vamos ver como elas se comportam no teste de hoje.

– E para controlar o voo, como se faz? – indagou Caio.

– É bem prático, Zip – mostrou o piloto. – Este manche aqui está ligado aos cabos que movimentam o estabilizador na frente e embaixo do avião. Tem também estes dois lemes laterais situados aqui, abaixo das asas. Todos os cabos de sustentação e reforço da estrutura são feitos de cordas de piano que são altamente resistentes.

– Uau! Mal posso esperar para vê-la voar.

– Que seja, Zip! – apoiou Santos Dumont, saindo do hangar.

– Mas, aonde vai?

– Eu vou trocar de roupa. Fique aqui com o meu pessoal. Chapin, mostre a Zip no que ele pode ajudar.

– Sim, Santô, pode deixar.

Enquanto esperava o piloto retornar, Caio aproveitou para saber mais sobre o aeroplano e aos poucos foi se envolvendo no trabalho, ajudando Chapin a ajustar os cabos ligados ao leme e a verificar o nível de combustível.

Santos Dumont retornou, usando um macacão azul escuro e óculos presos a uma tira de couro. Sentou-se no assento da máquina posicionada ao longo da pista. Chapin tratou de ajudar o piloto a vestir um colete conectado a um sistema de cabos. O motor foi acionando e, devagar, Santos Dumont manejou o leme, puxando-o para trás. A nave agiu como se fosse um cavalo selvagem sendo montado pela primeira vez, parecia ansiosa em disparar pelo campo. Chapin, Caio Zip e os outros dois auxiliares seguravam a cauda, enquanto o motor rugia cada vez mais forte. Num dado momento, o piloto deu o comando para que todos soltassem a cauda. A aeronave corria com desenvoltura e, com vontade, alçou voo para conquistar o espaço. As asas de seda brilhavam e aos poucos o cavalo mecânico alado foi tomando o céu. Santos Dumont procurava empurrar a alavanca à frente para descer e estabilizar. Para realizar as curvas, além de virar o leme para o lado desejado, tinha de balançar o corpo para que as cordas ligadas ao colete dessem uma pequena torção em uma das asas fazendo-a inclinar. Já tinha feito um percurso de dois mil e quinhentos metros, a vinte metros de altura, quando o aeroplano começou a se desequilibrar. Com dificuldade, Santos Dumont tentava manter o controle, mas a selvagem máquina insistia em seguir rumo ao chão. Antes do choque, ele tentou frear usando as mãos cobertas por luvas grossas. A *Demoiselle* não obedecia. Sua rebeldia fez Santos Dumont perder o controle, caindo no lado da pista. Todos que estavam assistindo o voo correram para o local da queda. Santos Dumont, com muito esforço, saiu do aparelho.

– Santô, Santô – gritava Chapin. – Você está ferido?

– Não. – respondeu o piloto, um pouco atordoado. – Essa aterrissagem não foi das piores. – Santos Dumont retomou fôlego e olhou o estado do aeroplano que estava cercado por alguns curiosos. – Ah, que bom. Ficou só com uma roda danificada.

– Mas o que houve? – perguntou Caio.

– Estava tudo indo bem, mas no meio do voo senti que o motor estava com problemas.

– Eu também notei que as asas não estavam alinhadas – comentou Chapin.

– Eu sei – disse o piloto. – Precisamos ver o que podemos fazer. Por hora, devemos tirar a *Demoiselle* daqui antes que alguém a danifique.

– Eu não imaginei que fosse tão arriscado testar uma aeronave – observou Caio.

– É assim mesmo – murmurou Dozon. – As pessoas acham que é só fazer e pronto. Mal sabem o quanto, mas o quanto a gente trabalha para conseguir fazer as coisas funcionarem.

– Estamos indo bem – comentou Chapin. – Outro dia voamos sem problemas e a imprensa elogiou. Mas, mesmo assim, ainda precisamos fazer com que a *Demoiselle* fique mais veloz e mais estável.

– Então, mãos à obra!

– É assim que se fala, garoto! – alegrou-se Chapin, socando o ar com as mãos cerradas.

Santos Dumont e os outros voltaram para o hangar, carregando a pequena aeronave na parte de trás do carro elétrico. As horas foram passando e Caio e os outros foram se empenhando em ajudar nos reparos. Trabalharam na troca de alguns cabos e ajustes das juntas metálicas. Chapin e os auxiliares trouxeram dois motores que estavam reservados numa área mais protegida da oficina. Havia alguns motores reservados que tinham sido projetados por Santos Dumont. Como tudo ainda estava em fase experimental, várias vezes, Santos Dumont fazia alterações tanto nas dimensões quanto na potência. As asas tinham sido retiradas para não serem danificadas, enquanto Chapin experimentava reposicionar o motor, instalando-o debaixo do assento. Depois de tanta energia gasta no trabalho e sem nenhum intervalo, pairou uma pequena tensão no ar.

– Isso ainda não está bom – reclamou Santos Dumont, enxugando o suor na testa suja de óleo. – Se eu conseguisse fazer um motor pequeno e leve, mas com uma potência maior, eu não teria mais problemas durante o voo.

– Esse é um dos problemas, Santô, mas ainda precisamos resolver os lemes laterais.

– O que têm eles, Chapin?

– Eu acho que eles não contribuem em nada para aumentar a estabilidade do voo.

– Temos que fazer uma mudança de cada vez – frisou Santos Dumont. – Vamos trabalhar primeiro com o motor na nova posição e depois...

– Estamos trabalhando demais. Precisamos descansar, principalmente você, Santô. Parece que está com o ombro dolorido depois da queda e nem parou para ver como está.

– Eu estou bem. Vamos parar só quando for a hora de almoçar.

– Mas já passa das três.

– Então vamos ficar mais meia hora.

– Que seja, mas, pelo menos, deixe-me dar uma olhada nesse seu ombro.

– Não precisa. – rejeitou Santos Dumont com a voz já alterada. – Vamos dar mais uma olhada neste carburador e ver...

A conversa entre os dois homens foi interrompida com o barulho de cavalos. Caio e os outros saíram do hangar no momento em que uma carruagem parava diante da entrada do hangar. O condutor abriu a porta da carruagem para uma senhora de cabelos grisalhos e presos, trajando um vestido negro coberto por um pequeno xale de lã. Com a mão um pouco trêmula, a recém-chegada pediu ajuda ao condutor para descer. Atrás daquela senhora surgiram dois garotos usando blusas claras com abas no estilo marinheiro e calças curtas. As boinas pretas mal colocadas sobre as pequenas cabeças davam aos dois meninos um aspecto de peraltas.

– Boa tarde, madame – cumprimentou Chapin, tirando a boina. – Em que posso servi-la?

– Boa tarde! – cumprimentou com uma voz rouca. – Meu nome é Alice de

Fonscolombe, baronesa de La Môle. Eu vim aqui a convite de monsieur *Santô.*

A senhora apoiava as duas mãos cobertas por finas luvas rendadas pretas sobre uma bengala com o cabo dourado na forma de uma cabeça de leão. Caio reparou que o xale estava prestes a cair dos ombros da dama. Antes que ele pudesse ajudá-la, um dos garotos, o mais jovem, cuidou de pegar o agasalho ainda no ar. A senhora sorriu e, apesar de estar com dificuldades de mover as mãos, acariciou os cabelos loiros e despenteados do neto que se distraía coçando o nariz arrebitado. O momento doce só foi quebrado pelos relinchos dos impacientes cavalos.

– E então – voltou-se a senhora para Chapin. –, onde está Santô?

– Bem – Chapin virou-se para os lados à procura do chefe. –, ele ainda deve estar lá dentro. A senhora não gostaria de se sentar, enquanto eu o chamo? – sugeriu Chapin, sinalizando para os auxiliares que trouxessem um banco que estava próximo à entrada do hangar.

– Obrigada, mas não será necessário.

– Cadê Santô? – perguntou o neto, balançando a mantilha. – Eu quero ver Santô voar.

– Estou bem aqui. – Santos Dumont surgiu na frente da porta do hangar com os cabelos bem penteados e trajando um elegante terno de risca de giz.

– É ele, é ele! Santô! – gritavam os meninos.

– Baronesa, é uma honra tê-la aqui.

– Monsieur Santô – esticou a senhora a mão para que o piloto pudesse cumprimentá-la com um suave beijo na mão. – Como é bom revê-lo.

– Como está, madame?

– Indo bem, pela graça de Deus. Espero que não esteja a incomodá-lo, mas aproveitei o dia lindo de hoje em vista de aceitar seu amável convite.

– Sim, sim. Lembro-me bem que a senhora contou-me sobre seus netos quererem conhecer-me.

– E também o 14-Bisss – pulava o menino quase deixando a mantilha cair no chão. – Cadê o avião?

– Você deve ser Tonio – agachou-se o piloto ao lado do garoto. – Sua avó me disse que você é o meu maior fã.

– Eu também quero ser piloto – balançava o menino a cabeça, deixando a boina escorregar, a esconder o rosto.

– E você já tem uma aeronave? – sorriu o piloto, ajeitando a boina do menino.

– Eu tenho minha Biavion.

– É como meu neto chama a bicicleta.

– Não, vó, ela não é mais uma bicicleta. Eu coloquei asas nela e com ajuda de mecânicos eu fiz um motor.

– E graças a esse motor que você projetou você feriu seu irmão. Foi bem feio.

– Bolas! Já disse que foi sem querer.

– Pelo jeito você é tão curioso quanto eu – sorriu o piloto. – Na sua idade, eu também já exercitava minha imaginação construindo pequenas aeronaves de bambu movidas por uma hélice acionada por molas de borracha torcidas. Eu também fazia balões de papel de seda. Fazia tudo isso para poder voar junto com o meu amigo tico-tico.

– Tico-tico – ria o menino. – Quem é?

– É esse o nome dos passarinhos que eu brincava lá na minha fazenda de café em São Paulo.

– Onde fica isso?

– Fica no Brasil.

– Você é do Brasil?

– Sou sim.

– Você mora numa selva! Eu quero conhecer!

– O que é isso, Tonio! – repreendeu a avó.

– Não tem problema, madame. Já estou acostumado a ouvir europeus imaginando as terras brasileiras como pitorescas colônias primitivas, perdidas na imensidade do sertão, mal conhecendo a carreta e o carrinho de mão, quanto mais a luz elétrica e o telefone.

– Seu pai era dono de uma fazenda de café?

– Sim, uma das maiores.

– Ele era francês?

– Não, madame. Meu avô era francês, mas meu pai nasceu em Diamantina, cidade brasileira.

– E ele sempre foi fazendeiro?

– Não. Ele era um engenheiro, formado em Paris. Ele fora contratado pelo imperador D. Pedro II para construir uma extensão da estrada de ferro até a região de Minas Gerais. Quando o trabalho terminou meu pai mudou-se com a minha mãe, eu e meus irmãos para as terras férteis do estado de São Paulo, e daí comprou uma fazenda de café.

– Deve ser uma vida dura.

– Em verdade, madame, não tanto como imagina. Meu pai usou todo seu conhecimento para tornar a fazenda uma das mais modernas do mundo. Como a propriedade era extensa, ele comprou máquinas agrícolas e construiu a própria estrada de ferro.

– Que maravilha! – disse a baronesa, retirando um leque de uma pequena bolsa de renda preta. – Eu não fazia ideia.

– Aqui não se faz qualquer ideia do método todo científico que preside a exploração de uma fazenda de café no Brasil. Desde o momento em que os grãos trazidos num trem chegam à usina, até a hora em que, pronto para o consumo e classificado, o produto é embarcado nos navios, nenhuma mão humana nele toca. São máquinas maravilhosas que aguçaram minha curiosidade de desmontar para ver como funcionavam.

– E foi assim que virou inventor, foi?

– Isso ajudou muito, Tonio. Sabe, quando eu tinha a sua idade meu pai me deixava conduzir os carrinhos locomoveis nas estradas de ferro e quando fiquei um pouquinho mais velho já dirigia as enormes locomotivas, mas minha brincadeira favorita continuava a ser a de empinar papagaios.

– Eu também gosto – brilhava os olhos do menino. – Eu brinco muito no jardim antes de ouvir a minha mãe contar histórias.

– E que histórias você mais gosta de ouvir?

– Eu gosto de Júlio Verne. Mamãe sempre me deixa ler para meus irmãos e meus primos.

– Veja só, mais um rapaz que gosta de Júlio Verne! – sorriu Santos Dumont, mirando o rosto de Caio Zip.

– Você gosta, Santô?

– As histórias de Verne me deram asas. Eu li tanto que senti uma vontade imensa de querer construir minha própria máquina de voar.

– Você é Robur! Você é Robur!

– Ah, também é fã de Robur? – riu o piloto ao ver a animação do menino. – Robur e o capitão Nemo sempre foram meus personagens favoritos. Julio Verne os criou muito bem. Eu ainda não sou o conquistador do ar como Robur, mas pretendo fazer uma máquina voadora melhor do que a dele.

– Você me leva pra voar?

– Numa outra hora posso levá-lo para voar.

– Você leva eu e meu irmão?

Santos Dumont virou-se para a carruagem, assim como o menino e a velha senhora à procura do outro menino.

– François! – assustou-se a baronesa. – Onde ele está?

– Ele estava aqui, senhora – respondeu o cocheiro, olhando para todos os cantos, até mesmo embaixo da condução.

Todos se voltaram para olhar os arredores e num certo momento Santos Dumont avistou o menino correndo em uma das pistas de voo. Mais na ponta da cabeceira da pista estava um piloto preparando-se para decolar em um aeroplano.

– François! – chamava a avó. O menino de braços abertos prosseguia em seu voo imaginário. Santos Dumont e seus funcionários corriam, tentavam sinalizar para o piloto e seus ajudantes, mas o grupo estava de costas e com o barulho do motor as vozes de alerta eram perdidas ao vento.

– Ahhhh, meu netinho. – foram as últimas palavras antes que a baronesa tombasse, mas graças ao atento condutor não chegou ao chão.

Santos Dumont insistiu desesperadamente no salvamento, com o coração a esperar pelo pior, principalmente quando ouviu o sinal para que liberassem o aeroplano. Foi neste instante que o milagre os alcançou. Vindo em grande velocidade, Caio Zip deslizava de pé, em cima do assento da *Demoiselle*. Sem asas, a armação de bambu tomava rumo em direção ao salvamento impulsionada pela hélice. Caio ultrapassava os amigos esbaforidos e tomava posição. Santos Dumont, Chapin, Gasteau e Dozon pararam de correr e assistiram ao show improvisado.

Caio foi tomando mais e mais velocidade e numa arrancada subiu numa rampa mais à frente. Numa manobra radical, conseguiu decolar para o espanto dos espectadores. Como uma ave de rapina, dominou o voo e mais uns segundos lançou-se ao ataque. Foi preparando um voo rasante e num só golpe agarrou o menino sonhador. Todos ficaram paralisados, menos o menino que, com o susto, se pôs a se agitar tal com uma presa tentando soltar-se das garras de seu predador. Caio tentou acalmá-lo, mas com tanta agitação acabou por perder o controle indo na direção do avião. Assustados, Caio e o piloto tentaram desviar do trajeto fatal. Caio pegou o menino e os dois caíram para a direita. O avião girou no seu próprio eixo e saiu da pista pela esquerda.

– Zip! – clamava Santos Dumont assim que alcançou os dois caídos no gramado ao lado da pista.

– Eles estão bem? – perguntou Chapin, recuperando o fôlego. – Veja se eles têm algum ferimento.

Santos Dumont apalpava o braço de Caio, ainda desacordado, e viu que estava contorcido com a queda, mas não havia fraturas. Checou também ao pescoço, mas não encontrou nenhuma lesão.

– Zip! François! Respondam, respondam! – com a insistência de Santos Dumont, Caio e François foram recobrando a consciência.

– Eu, eu... Eu estou bem – respondeu Caio, esfregando a cabeça.

– Aiiiii! – chorava François.

– O que foi?

– Aiii, tá doendo! – gritava o menino, encharcado em lágrimas.

– Está quebrada, Santô – concluiu Chapin ao examinar a perna direita.

– Deixe-me ver. – Santos Dumont examinou com cuidado. – Parece que fraturou a tíbia.

– Vamos levá-lo para a tenda de socorro, chefe.

– Não, Gasteau! Não devemos movê-lo, pode piorar.

– Eu quero minha mãe!

– Calma, menino! Assim só vai se machucar ainda mais – pediu Santos Dumont. O menino tentava a todo custo se levantar e com os movimentos bruscos acabou por acertar um soco no ombro dolorido do piloto.

– Santô! – preocupou-se Chapin.

– Eu estou bem. Vá logo, procure o médico e traga o carro.

– Pode deixar.

– Gasteau, cuide de Zip. Ele parece que ainda está zonzo.

– Eu quero minha mãe!

– Quer ajuda com esse chorão, chefe? Ele vai machucar o senhor de novo.

– Não se preocupe, Dozon.

– Mas...

– Cuide de afastar os curiosos das asas da *Demoiselle*.

– Tem certeza?

– Claro! Vai logo!

Enquanto os assistentes tratavam de arranjar ajuda, o menino mais uma vez jogou-se contra o piloto, mas desta vez o golpe só acertou o ar. Depois daquela ameaça, Santos Dumont tirou um lenço do bolso e amarrou as mãos do agitado.

5. Infância

– Ao nosso herói de ontem e hoje, Caio Zip!

– Caio Zip! – repetiram todos, para a alegria de Caio.

O brinde feito por Santos Dumont deixou a todos mais animados. Sentados ao redor da mesa longa, todos se serviam dos quitutes há pouco servido pelos empregados de Santos Dumont. O afoito era sem dúvida o aviador Blériot que num de seus movimentos desajeitados quase derramou a jarra cheia em cima de Caio. A baronesa tentava apreciar o almoço ao mesmo tempo em que saboreava a música tocada por um jovem pianista, mas a todo o momento necessitava repreender o neto.

– Abaixe esses braços, Tonio, antes que se machuque. Já basta François acamado.

– Vó, eu estou voando.

– Ah, eu não estou gostando disso – disse ela virando-se para o anfitrião. – Monsieur Santô, eu não quero ser rude, mas... – a baronesa ficou silenciosa.

– O que foi, madame? Fiz algo que a incomodasse?

– Não é bem isso, mas é que... Essas cadeiras.

– Não se preocupe, baronesa. Eu providenciei travas nas cadeiras e até nas pernas da mesa.

– Eu sei, mas mesmo assim. Será que é seguro?

– Sempre me preocupo com a segurança de minha pessoa e de meus convidados.

– É verdade. O senhor já me mostrou o quanto é meticuloso e não me canso de agradecer por ter socorrido o meu neto.

– O mérito é do nosso jovem Zip que mais uma vez mostrou-se criativo em momentos tão críticos. – Caio retribuiu o elogio com um olhar tímido.

– Sim, sim. – prosseguiu a baronesa num tom ansioso. – Eu realmente estou em dívida com o senhor e o jovem, mas estas cadeiras...

– Madame, desculpe-me a intromissão. Sei que estas acomodações são um pouco estranhas, mas devo admitir que, a cada vez que venho aqui, sinto mais vontade em adquiri-las.

– Eu imagino, monsieur Blériot. Como piloto deve se sentir muito à vontade com esta altura.

– E como. Será que algum dia, Santô, você faria umas cadeiras assim para mim?

– Agora eu entendi o que Voisin quis dizer quando comentou que jantar na casa de Santos Dumont é o ponto alto de qualquer aviador. – recordou Caio.

– Foi o senhor mesmo quem fez estas cadeiras, monsieur Santô?

– Sim, baronesa. Esta madeira veio da minha terra.

– Ah! Eu não poderia imaginar que além de grande piloto é um exímio artesão. É uma verdadeira arte esses seus móveis, mas realmente estou um pouco apreensiva.

– Baronesa, esta é minha forma de mostrar aos meus convidados como é a sensação de voar.

– Na verdade, a senhora ficaria mais impressionada com a antiga mesa de Santô.

– Como poderia ser mais impressionante, monsieur Blériot?

– Antigamente, ficava pendurada por arames presos no teto.

– Uau! – animou-se Caio, servindo-se de um suco oferecido por um empregado. – E por que não estão mais penduradas?

– O reboco do teto não aguentou – riu Santos Dumont.

– *Mon Dieu*! – a senhora colocou as duas mãos sobre os lábios. – Monsieur Santô, eu admiro sua engenhosidade, mas, depois de ter François com a perna engessada, preferiria ter meu outro neto com os pés no chão.

– Eu gostei muito – disse Tonio, balançando o corpo com os braços a imitar asas. – Bem que a gente também poderia ter uns móveis assim lá em casa.

– Ah não! Para mim já basta de voos. Eu não tenho mais idade.

– Ora, baronesa, a condessa D'Eu já esteve aqui em várias ocasiões e gostou da experiência.

– Sim, sim. Minha nobre amiga é mais jovem do que eu. Quanto a mim... – colocou a senhora a mão no peito, carregada de angústia.

– Se não se sente bem, madame, que seja feita a vossa vontade. Podemos tomar o licor e o café na outra sala.

– Agradeço muito sua atenção.

Com a ajuda dos empregados a velha senhora desceu pela pequena escada de três degraus. Os outros convidados assim como Caio não tiveram dificuldades de deixar as cadeiras que, como a mesa, tinham os pés com cerca de dois metros de altura.

O grupo reuniu-se na sala e aos poucos todos foram se acomodando, enquanto Tonio corria para perto de uma das janelas. Com os olhos arregalados pôs-se a gritar.

– Um balão! Olha, vó! Tem alguém estacionando um balão na rua!

– Não é um balão, Tonio. É o meu dirigível *Baladeuse*. Eu pedi para Chapin trazê-lo.

– Podemos voar? Podemos?

– Eu acho que não é o momento certo – disse Santos Dumont, encarando o rosto assustado da baronesa.

– Então, quando vamos voar?

– Mais tarde, bem mais tarde.

– Mas, por que não agora?

– Não pode, meu netinho.

– Por que não, vó?

– Já basta de voos por hoje.

– Mas, a gente veio pra voar e eu ainda não voei.

– Tonio, comporte-se – aborreceu-se a avó.

– Afinal, como começou esse seu interesse por fazer dirigíveis, Santos Dumont? – interrompeu Caio Zip para a felicidade da baronesa.

– Eu, na verdade, comecei com balões quando eu tinha uns 15 anos.

– E como foi essa história?

– Bem, já faz tanto tempo.

– Conta, conta – pediu o menino, sentando-se ao lado do piloto.

– Bem, se querem mesmo saber, foi quando assisti um aeronauta profissional realizando uma ascensão de um balão esférico preso por uma corda.

– Só isso. Parece tão sem graça.

– Não, Tonio, O balão subia sem nenhuma barquinha e só havia um homem amarrado por uma corda nos pés, voando de cabeça para baixo.

– Que loucura! – reagiu a baronesa.

– Ah, vó, não é loucura, não. É só um jeito diferente de ver o mundo.

– E o que houve então?

– Foi assustador, Zip – prosseguiu Santos Dumont. – Num outro momento ele se soltou e caiu.

– Oh, não! – surpreendeu-se a senhora.

– Calma, madame – pediu Santos Dumont. – Não houve nada.

– Mas como não, monsieur Santô?

– Durante a queda, o homem abriu um paraquedas e ele pousou tranquilamente.

– Eu nunca vou me acostumar com essas coisas – disse a senhora, abanando o rosto com o leque.

– Ora, eu nunca mais quis me acostumar a ter os pés no chão – riu Santos Dumont, servindo-se de um licor trazido pelo mordomo

– Naquele dia, decidi que eu queria construir balões. Afinal, eu sonhava voar desde menino.

– Como eu? – disse Tonio. – Eu fico muito tempo no jardim da casa da vovó voando.

– E eu também ficava – sorria o piloto. – Nas longas e ensolaradas tardes na fazenda, quando me acalentava o zunido dos insetos, pontuados pelos gritos distantes de alguma ave, eu ficava deitado à sombra da varanda, contemplava o belo céu brasileiro, onde as aves voam tão alto e planam tão desembaraçadas com suas grandes asas abertas, onde as nuvens se elevam tão alegremente à luz pura do dia e precisamos apenas erguer os olhos para nos apaixonarmos pelo espaço e pela liberdade. Assim, ponderando a exploração do oceano aéreo, também eu criei dirigíveis e máquinas voadoras em minha imaginação.

– Puxa, isso é lindo! – admirou-se Caio.

– Gostou? Eu escrevi isso em meu livro *Dans L'Air* (No Ar), publicado em 1904. Esteve na lista dos mais vendidos nos Estados Unidos por vários meses.

– Eu imagino que seus pais ficaram bem assustados quando souberam que se tornou um piloto – ponderou a baronesa.

– Minha mãe ficou, mas meu pai... – Santos Dumont calou-se e olhou pela janela com os olhos fixos ao céu. Ele respirou fundo e continuou. – Saudades, pai. Você que me dera tão bons conselhos e os meios de realizar o meu sonho, não mais está neste mundo para ver o que conseguimos. Pai, devo tudo a você.

– Seu pai morreu? – perguntou o menino. O piloto balançou a cabeça, confirmando a tristeza. O menino, cabisbaixo, comentou: O meu pai também morreu...

– Eu tinha dezenove anos – disse o piloto.

– Eu tinha quatro – balbuciou o menino.

– Tão novo. – o piloto olhou para a senhora.

– Foi uma perda tão repentina – lamentava a baronesa. – Minha filha só tinha sete anos de casada.

– É sempre muito duro.

– Sim. Minha filha teve de vir morar conosco para podermos ajudá-la com as cinco crianças.

– Que idade elas têm?

– Marie-Madeleine está com 11, Simone com 10, a mais nova, Gabrielle, está com cinco anos...

– Eu vou fazer nove anos em junho – cortou o menino afoito. – François vai fazer sete. Você tem irmãos?

– Eu tenho dois irmãos, Henrique e Luiz, e cinco irmãs.

– Seus irmãos também voam, Santô?

– Ah, nem em sonhos. Eles tomaram outros rumos.

– E como então você veio parar aqui? – indagou Caio.

– Meu pai sofreu um acidente na fazenda. Ele bateu a cabeça, caindo do cavalo, e ficou com uma parte do corpo paralisada. Meu pai decidiu viajar. Ele tinha grande esperança de achar a cura com os grandes avanços conquistados aqui, como os do médico Louis Pasteur.

– E seus irmãos, não vieram?

– Não, senhora. Meus irmãos estavam casados. Três das minhas irmãs já estavam morando em Portugal, casadas com rapazes da mesma família, os Vilares. Eu e meus pais as visitamos antes de vir a Paris.

– Mas, afinal, o que aconteceu quando chegaram aqui?

– Se não fossem as circunstâncias que nos trouxeram, Zip, teria sido perfeito. Para mim, um rapazinho de apenas dezoito, conhecer Paris era o máximo. Eu fiquei maravilhado ao ver as ruas movimentadas. Adorei ao ver as novas bicicletas com pneus com câmara de ar, bem melhor do que as que eu tinha. E os carros, então... A única coisa que me decepcionou foi não encontrar o céu povoado de aeronaves, tal como no romance de Júlio Verne.

– Mas já havia algumas demonstrações.

– Sim, baronesa, algumas. Só que os balões eram sem motor e ficavam amarrados ao solo. Quando tentei fazer uma ascensão, os balonistas me pediram muito dinheiro. Como se não bastasse, eu deveria assinar um contrato declarando ser o responsável por qualquer acidente e pagar as passagens de trem para retornar a Paris, tanto a minha como a do balonista, fora os encargos do transporte do balão.

– Você pagou tudo isso?

– Ah, de jeito nenhum. Era demais para se gastar numa única tarde. Eu não queria só passear, queria aprender, coisa que os balonistas estavam decididos a não fazer. Em vez disso, eu e meu pai fomos visitar uma exposição de máquinas no Palácio da Indústria. Qual não foi o meu espanto quando vi, pela primeira vez, um motor a petróleo, da força de um cavalo, muito compacto e leve, em comparação aos que eu conhecia e... Funcionando! Parei diante dele como que pregado pelo destino. Estava completamente fascinado. Diante do motor a petróleo, tinha sentido a possibilidade de tornar reais as fantasias de Júlio Verne. Meu pai, distraído, continuou a andar até que, depois de alguns passos, dando pela minha falta, voltou e perguntou-me o que havia. Contei-lhe da minha admiração de ver funcionar aquele motor, e ele me respondeu: "Por hoje basta". Aproveitando-me dessas palavras, pedi-lhe licença para fazer meus estudos em Paris. Continuamos o passeio, e meu pai ficou sem dar uma só palavra. No jantar de despedida, pois estávamos para retornar ao Brasil, entre nós estavam presentes dois primos de meu pai, franceses e seus antigos companheiros de escola. Sem qualquer aviso, ele se levantou e pediu-lhes que me protegessem.

– Proteger! – estranhou Tonio. – De quê?

– Eu também não estava entendendo até que, para o meu espanto, meu pai falou que havia decidido que eu regressaria a Paris, o quanto antes, para terminar meus estudos. Eu fiquei tão feliz que na mesma hora abracei meu pai e corri para vários livreiros.

– Livreiros?

– Sim, madame. Comprei todos os livros que encontrei sobre balões e viagens aéreas.

– Que máximo! – admirou-se Caio. – Puxa! Meu pai nunca foi de apoiar os meus sonhos.

– Vai ver que ele só não teve chance, Zip – disse Santos Dumont. – Você ficou pouco tempo com ele.

– É, tem razão. Sempre tenho problemas com o tempo.

– Ele morreu, não foi?

– Bem – desconversou Caio. – Sinto muita falta dele.

– E depois – insistiu o menino, pulando na frente do piloto. – O que aconteceu depois dos livreiros?

– Ah! Também comprei o meu primeiro cupê Peugeot de 35 HP. Foi nele que comecei a desvendar os mistérios da máquina à explosão.

– Carro, ham! – aborreceu-se Tonio. – Eu não quero saber de carros. Quero saber quando você voou!

– Como sempre, tudo foi devagar. Passei um curto tempo no Brasil. Uma manhã, em São Paulo, meu pai convidou-me à cidade e, dirigindo-se a um cartório de tabelião, mandou lavrar a escritura de minha emancipação. Como disse, tinha eu dezoito anos. De volta a casa, chamou-me ao escritório e disse-me: "*Já lhe dei hoje a liberdade, aqui está mais este capital*", e entregou-me títulos no valor de muitas centenas de contos. "*Tenho ainda alguns anos de vida; quero ver como você se conduz: vai para Paris, o lugar mais perigoso para um rapaz. Vamos ver se você se faz um homem; prefiro que não se faça doutor; em Paris, com o auxílio de nossos primos, você procurará um especialista em física, química, mecânica, eletricidade, etc., estude essas matérias e não se esqueça que o futuro do mundo está na mecânica. Você não precisa pensar em ganhar a vida; eu lhe deixarei o necessário para viver.*" Foi então que vim para cá e só cinco anos mais tarde, depois de estudar e pesquisar muito, finalmente, fiz a minha primeira ascensão.

– Que coisa esquisita! – interrompeu Tonio. – Por que seu pai achava Paris perigosa?

– Muita liberdade.

– Liberdade. Ahahaha! Seu pai não conheceu minha avó.

– Você não pode reclamar – ralhou a avó. – Sua mãe dá muita liberdade.

– Você vai me deixar voar, vó?

– Um dia. Quando estiver mais quieto.

– Se eu ficar quieto eu não vou conseguir voar.

– Como não? – interrompeu Santos Dumont. – Eu comecei a voar justamente na companhia do silêncio. – Santos Dumont riu ao ver que todos estavam intrigados com seu comentário. – Tive muito silêncio enquanto lia os livros que me fizeram voar.

– Júlio Verne?

– Não, Zip. Dessa vez, dei com uma obra de Lachambre e Machuron, que acabava de aparecer: "*Andrée — Au pôle Nord en Ballon.*".

– Que livro é esse?

– Não era só um livro, Zip. Para mim foi uma verdadeira revelação. O livro descreve um grande balão, o Águia, que os dois autores, na verdade, construtores, fizeram para um cientista sueco chamado Salomon August Andrée, que planejava há dez anos a primeira expedição de balão ao polo Norte. Acabei decorando-o como se fosse um manual escolar. Imagine! Tinha detalhes de construção de tudo que eu precisava saber! Enfim, eu chegava a ver bem claro o enorme balão de Andrée. De tanto imaginar, decidi deixar de lado os aeronautas profissionais que cobravam fortunas para levar uma pessoa para um simples voo e dirigi-me aos construtores. Meu empenho particular era justamente conhecer monsieur Lachambre e seu associado e sobrinho, monsieur Machuron.

– E conseguiu, não é?

– E foi maravilhoso, Tonio. Digo com toda a sinceridade que encontrei neles o acolhimento que desejava. Quando perguntei ao Sr. Lachambre o preço de um ligeiro passeio de balão, fiquei tão surpreso com a resposta que lhe pedi que repetisse: Uma ascensão de três ou quatro horas, com todas as despesas pagas, incluindo o transporte de volta do balão em caminho de ferro, só custava 250 francos! Fechei imediatamente o negócio. E combinamos tudo para a manhã do outro dia.

– E como foi? Diga, diga, diga!

– Ah, como poderia ser? Fiquei estupefato diante do panorama de Paris visto de grande altura. Nos arredores, campos cobertos de neve... E que ilusão mais encantadora.

– Como ilusão? Você voou ou não?

– Voei, sim, Tonio, com Machuron comandando, mas você nem acredita. Sabe, quando se está no balão, a gente tem a impressão de que não é o balão que se move, e, sim, que é a terra que foge de nós e se abaixa. No fundo do abismo que se cavava sob nós, a 1.500 metros, a terra, em lugar de parecer redonda como uma bola, apresentava a forma côncava de uma tigela.

– E por que isso acontece? – perguntou Caio.

– Por efeito de um fenômeno chamado refração. Isso faz o círculo do horizonte elevar-se continuamente aos olhos do aeronauta.

– E o que você viu lá de cima?

– Vi pela primeira vez o mundo, Tonio. Eu vi aldeias e bosques, tudo tão bonito... Prados e castelos desfilavam como quadros movediços, em cima dos quais os apitos das locomotivas desferiam notas agudas e longínquas. Os latidos dos cães eram os únicos sons que chegavam ao alto. A voz humana não se faz ouvir lá de cima e as pessoas parecem formigas caminhando sobre linhas brancas, que de perto se vê que são as estradas. As fileiras de casas eram como se fossem de brinquedo. Meu olhar sentia ainda a fascinação do espetáculo em todo o meu redor.

– E não ficou com medo?

– Não naquele momento, baronesa. Abri até uma garrafa de champanhe que havia levado numa cesta com uma refeição substancial. Eu só tive medo quando estávamos a brindar e uma nuvem passou diante do sol. A sombra assim produzida provocou um esfriamento do gás do balão, que, murchando, começou a descer, a princípio, lentamente, depois com velocidade cada vez maior.

– Ah, que terrível! – a nobre senhora apertava uma mão contra a outra. – Vocês se machucaram?

– Não, não. Para reagir, deitamos lastro fora. Com alguns quilos de areia jogados fora, conseguimos o domínio da altitude. Logo em seguida, planamos por volta de 3.000 metros.

– Eu não sei o que é pior, a queda ou essa altura imensa.

– Se a senhora estivesse ali para ver. É tudo tão maravilhoso que não há espaço para o medo. Até a sombra do balão é fantasticamente aumentada... Estávamos como que fazendo uma lanterna mágica com nossas silhuetas projetadas na terra. Não temos noção nenhuma se estamos nos movendo. Poderíamos avançar com a velocidade de um furacão sem percebermos.

– Como perceberam que estavam caindo?

– Ah, Zip. Só percebemos porque estávamos usando um aparelho que nos dava ideia da altitude.

– E depois? – empolgou-se Tonio. – Onde vocês foram parar?

– Nós pousamos sem mais problemas. Usamos a *guide rope,* uma corda de 100 metros que, sendo arrastada pelo chão, fazia com que a nossa velocidade fosse sendo gradativamente reduzida. Um bom freio, posso dizer. Sofremos umas sacudidas, mas no fim descemos e fiquei vendo o balão esvaziar. Alongado no chão, ele esvaía-se do gás restante em estremecimentos convulsivos, como um grande pássaro batendo as asas até morrer. Não podíamos ter achado local melhor para o pouso. Descemos no parque de um castelo e tivemos que pegar um trem de volta, a quase 100 quilômetros de Paris. – Santos Dumont tomava fôlego para retornar à realidade.

– Você nasceu para voar como eu – sorria Tonio.

– Somos pássaros em busca de asas, não é, meu amiguinho? Toda essa aventura só me deu a certeza de que eu queria ter o meu próprio balão. Não perdi tempo. Durante a volta de trem contei a Machuron o meu desejo de que ele construísse para mim um pequeno balão.

– E ele concordou?

– Ele disse que eu teria de esperar meses. Eles estavam cheios de encomendas e também tinham que fazer várias ascensões em feiras, casamentos...

– Eu não aguentaria esperar.

– E nem eu, Tonio. Foi daí que tive a ideia de fazer as ascensões nos eventos para que eles tivessem mais tempo na oficina.

– Então você aproveitou bem – comentou Caio.

– E como! Antes que meu balão, meu *Brazil,* ficasse pronto, acabei fazendo mais de 20 voos.

– E todos correram bem?

– Bom, madame...

– Ah claro. Vejo que teve mais dias com mais situações perigosas.

– Alguns arranhões aqui, outros ali. Nada que um bom médico não resolvesse com uma boa costura.

– O senhor se lembra do número de suas desventuras? – o aviador pôs-se a contar nos dedos.

– Certamente que não! – disse ele. – A todas as minhas quedas, escapei, com efeito, sem problemas.

– Mas foram assustadoras, não foram?

– Que eu me lembre, Tonio, teve a vez que vim a encalhar na propriedade do Barão de Rothschild; na ascensão no *Bois de Boulogne* quando caí sobre os telhados de Passy, no Hotel Trocadero. Teve a outra vez que caí sobre as árvores de Saint-Cloud, quando o vento me empurrou em direção ao aqueduto do Avre, e, enfim, em Monte Carlo quando naufraguei no porto e quase me afoguei...

A velha senhora fazia o sinal da cruz diante dos três que estavam a rir daquelas aventuras.

– O que o senhor fazia antes de voar? – prosseguiu a baronesa.

– Eu esquiava, fazia alpinismo... Fiz uma vez uma viagem até a Suíça, ao topo do *Mont Blanc,* subi 5 mil metros de altura. Eu também participei e promovi corridas de automóvel.

– Entendo, tudo relacionado a velocidade ou altura.

– Madame, é bem certo que se eu não tivesse me dedicado ao aeróstato, eu teria me tornado um corredor de automóveis, procurando mais e mais velocidades até conseguir voar.

– Sempre com a cabeça no céu – resmungou a senhora.

– Não, madame, não é bem assim. Para ser aviador me foi necessário estudar, pensar, inventar, construir e só depois voar!

– Para mim, o senhor brinca demais com o perigo.

– Não brinco jamais, minha senhora, não é a minha intenção. Como explicar? Lá em cima seja num dia claro ou tempestuoso, sinto-me a flutuar, fora do mundo. Deixo de ter a visão de uma formiga para finalmente avistar a Terra tal como uma águia. Parece um grande perigo, por exemplo, voar à noite, mas sinto que faço parte de toda aquela natureza. Plana-se num lugar deserto... Estamos ali sozinhos, a nos encontrar, a escutar nossa alma. Quando a lua cheia se levanta, percebe-se o seu rastro de luz no mar ou num campo, está ali a grande amiga a me acompanhar. Quando estou sem lua, nada para me guiar, nada nos liga mais ao mundo. Estou apenas suspenso pelo motor e pela mão de Deus. Ah, se estivesse a sentir o que é voar... Sou, acima de tudo, aquele mesmo garoto curioso, deitado no chão, sonhando com o céu, a contar com o inesperado. Sou um explorador, um aventureiro da ciência, tal como os que vão gelar nos "icebergs" da Groenlândia ou fundir de calor nos rios de coral da Índia. E tudo isso porque não vivo sem voar. – o aviador se levantou e foi novamente para perto da janela. Os olhos brilhantes de Tonio seguiam atentamente as imagens vivas do aviador. – Veja o céu, baronesa! – prosseguiu Santos Dumont. – Será que os pássaros permanecem no ninho quando o céu está contra eles? É o instinto deles que os fazem voar. Quanto a nós aviadores, somos guiados por nosso espírito desbravador. Somos pássaros nascidos sem asas, com almas livres para voar.

6. Um Grande Amor

A noite estava quente e uma pequena brisa fazia as cortinas do quarto de Caio flutuarem, tirando a sensação de sufocamento. Sempre era difícil acostumar-se com o novo travesseiro e ainda mais com a época em que a máquina do tempo sempre estava a enviá-lo sem se importar em consultá-lo antes. Uma vez a máquina o levou a uma época em que teve uma cama improvisada feita de palha dentro de um estábulo cheio de elefantes. Outra vez, calhou de ter uma cama flutuante numa estação orbital... Já havia experimentado tantas situações, durante suas viagens no tempo, que seu corpo já estava sem saber qual era sua melhor posição para dormir. Aquela noite estava a rolar e seus pensamentos misturavam as épocas durante a vaga tentativa de pegar num bom sono. Apesar de cansado e com o corpo um pouco doído, não conseguia desligar-se. Aborrecido, decidiu ir até a cozinha e fazer um pequeno lanche.

O apartamento estava apenas a ressoar alguns barulhos vindos da rua. Caio vagava como uma alma perdida dentro de um pijama que lhe era bem folgado nas mangas e tornozelos. Por pouco não acordou alguém ao pisar no assoalho da sala que fazia questão de ranger para denunciar a sua furtiva presença. Quando chegou na cozinha, viu apenas uma mesa enfeitada com uma toalha branca com uma cesta de frutas ao centro. Foi preciso vasculhar mais um pouco, dentro de um móvel de carvalho com grandes trancas de metal nas pequena portas. Sorriu quando viu algumas compotas de goiabada e em outra prateleira algumas fatias de presunto. Numa outra, serviu-se de uma boa fatia da torta de frango que tinha sido servida no almoço. Caio deu mais uma olhada e viu que a gaveta no topo continha um grande bloco de gelo. Era interessante ver que aquela geladeira antiga funcionava bem, circulando o ar frio por entre as paredes ocas. Caio depositava as guloseimas na mesa quando um som chamou-lhe a atenção.

Com cuidado, aproximou-se da entrada da sala. O som, que parecia de batidas de algum aparelho, persistia. Foi seguindo o estranho ruído por um dos corredores escuros até ver um pequeno feixe de luz vindo de uma porta entreaberta.

Uma lâmpada refletia o rosto tenso de Santos Dumont de pé diante de uma longa mesa amontoada de livros e folhas. No meio daquelas folhas, via-se um barômetro e uma caixa de mogno aberta, onde repousava um microscópio de última geração. Como se houvesse um refletor oculto, grandes sombras iam se retorcendo, dando a ideia de que ali estava prestes a se iniciar um grande ritual.

O piloto mordia os lábios enquanto seus olhos, um pouco avermelhados, esforçavam-se para ver os detalhes de uma planta esticada sobre um extenso quadro negro que tomava toda a parede. No meio da sala, um pequeno modelo da *Demoiselle* voava com a ajuda de um fio amarrado no lustre. Santos Dumont estava agitado e ao pegar um livro quase esbarrou num vaso. Foi nesse momento que Caio reparou em um porta-retrato ao lado do vaso, ostentando a figura de uma bela jovem. Santos Dumont sentou-se e ajeitou a cadeira provocando um horrível rangido, mas nem se incomodou. Esfregou a testa como se estivesse a arrancar uma resposta. Rabiscou algo e depois rasgou a folha em pedacinhos. Voltou para perto do modelo e mediu as asas. Novos cálculos foram sendo evocados no quadro negro. Caio continuava a observar, mas, no meio de toda aquela agitação, Santos Dumont, como se estivesse se sentindo sufocado, subitamente, dirigiu-se à porta.

– O que você está fazendo aqui?

– Nada. – respondeu Caio, assustado. – Eu só vim por causa do barulho... Foi mal. Vou deixá-lo aí com o seu projeto.

– É – suspirou o piloto. – Meu projeto.

– Algum problema?

– Vários, mas tudo bem. É assim mesmo – disse o inventor num tom desanimado.

– Talvez... Talvez se você desse um tempo – sugeriu Caio.

– Ha! Talvez seja este o meu problema: estou sempre a buscar respostas.

– Bom, é melhor eu deixá-lo em paz. Eu vou lá fazer meu leite quente.

– Espera – respirou fundo o piloto. – Acho que estou mesmo precisando de um intervalo. Eu vou com você.

– Quer este último pedaço de queijo?

– Não, não – afastou Caio o prato. – Já estou satisfeito.

– Comer a esta hora da noite tem um sabor especial, não acha?

– Você sempre dorme pouco?

– Sempre, Zip. Se durmo demais, acabo por não realizar nada.

– Mas a *Demoiselle* tem deixado você com menos vontade de dormir.

– Não é ela que me tira o sono. Sempre em toda a minha vida estou envolvido com projetos. Simplesmente, à noite fico com mais vontade de me dedicar a estudar e de verificar as plantas.

– É, eu também acho que a noite é melhor para estudar. Era a única hora que minha casa estava sossegada.

– Acho que de tanto ver meu pai trabalhando até tarde, acabei também por querer ficar ali com ele, lendo algum livro da biblioteca. Minha mãe tinha mais trabalho comigo para me fazer ir para o quarto do que com os meus irmãos. De qualquer forma, eu dava um jeito de ler mais um pouco nem que fosse debaixo da cama segurando uma vela. Ah! Bons tempos!

– E agora não é bom?

– Quando comecei com os meus projetos, Zip, eu estava à frente de qualquer concorrente. Os jornais sempre destacavam minhas proezas, considerando-me um herói. Em Ohio, nos EUA, a *Columbus Motor Vehicle* lançou o automóvel modelo Santos Dumont. Fabricantes vendiam brinquedos na forma do meu SD6 e venderam milhares em apenas três meses. As crianças pediam os doces que tinham minha imagem... Como as coisas mudaram.

– Tudo muda, não é?

– Muito rápido. É uma experiência penosa ver, depois me dedicar anos e anos, com todo o meu trabalho com dirigíveis e máquinas, a ingratidão daqueles que há pouco tempo me glorificavam. É claro que não obtive vitórias todas as vezes que tentei. Esse tipo de coisa faz parte, se queremos experimentar mais e mais. Sempre estamos a aprender com os erros e assim conseguimos ultrapassar os nossos limites...

– E o tempo voa.

– Verdade. O tempo está voando e hoje já tenho muito mais competidores. Novas tendências estão surgindo na Europa e preciso conquistar meu espaço definitivamente. – Santos Dumont deu uma pausa e ficou a contemplar o vazio. – Todo dia uma luta. Todo dia luto contra o pior dos meus inimigos que está sempre querendo me fazer desistir. Sim! Eu sou o meu pior obstáculo. Como é difícil parar de escutar as minhas incertezas. Mas eu vou conseguir. Eu não posso desistir. Não! Eu não quero mais estas mágoas me atrapalhando. Preciso de toda minha força para prosseguir. Minha amada *Demoiselle* merece.

– Amada?

– Meus balões dirigíveis, meus aviões, minha família.

– Mas você nunca quis ter uma família de verdade?

– Você se lembra que falei sobre o livro da expedição de Andrée ao polo Norte?

– Sim. O que tem isso?

– Bom, o próprio Andrée deduziu que no casamento lida-se com muitos fatores inesperados. Sinto que tendo me dedicado a esta vida, não ouso pensar que poderia deixar meu coração preso a uma pessoa aqui na terra.

– E quem é aquela garota?

– Que garota?

– Aquela que está no porta-retrato no seu escritório.

– Rapaz atento que você é – sorriu o piloto, afastando a taça vazia. – Aquela foi a mulher que, se não levou meu coração, certamente, tem toda a minha admiração.

– Como ela se chama?

– Aida D'Acosta – disse o piloto com uma voz doce.

– E o que ela fez para provocar tanta admiração?

– Ah, Aida! Certa vez, um amigo meu levou Aida para me conhecer. A princípio, eu só achei que seria mais uma jovem bonita, curiosa com o meu dirigível, mas bastou alguns minutos com ela, ouvindo-a manifestar um grande desejo de voar, para me ver perdido. Eu sorri e perguntei se ela teria coragem de voar sem o dirigível estar preso na terra. Ela disse que sim. Então, eu lhe disse como estava feliz pela confiança que ela me depositava por querer voar comigo. Qual não foi a minha surpresa quando ela se virou com aquele olhar firme e com uma voz decidida disse-me que não queria ser conduzida. Ela estava a querer voar sozinha!

– E o que você fez?

– Eu? Eu fiquei impressionado com tanta determinação. Ela era tão jovem, só tinha 19 anos.

– E ela voou?

– Depois de umas poucas lições e a espera de um dia com todas as condições para o voo, ela me encontrou no meu hangar em Neuily Saint-James. Com muito entusiasmo, ela se preparou. Entrou na cesta do *Baladeuse*, ligou o motor e, com a mão no leme e olhos no mostrador, deixou o hangar. Como uma grande aeronauta, ela dominou os ares.

– E correu tudo bem?

– Magistral. Todo o tempo, eu a segui na minha bicicleta para que ela observasse os meus sinais de lenço que nós tínhamos combinado. Quando eu, por exemplo, girava o lenço, era o comando para que ela deixasse o propulsor girar mais rápido... As pessoas que assistiam gritavam: Santô! Quando repararam melhor na silhueta, começaram a gritar: *É uma mademoseille*!

– E daí, o que aconteceu?

– Quando ela pousou eu tive muito trabalho para atravessar a multidão e chegar até Aída. Quando a vi, disse a ela, emocionado: Aida, você é primeira mulher do mundo a pilotar uma aeronave motorizada!

– Mas, espera ai. Eu nunca ouvi o nome dela antes.

– Ninguém pôde dizer nada, Zip. O pai de Aida é um executivo cubano muito conservador. Ele exigiu que nada fosse relatado.

– Tá brincando! Por quê?

– Para o pai, uma mulher, se quisesse conseguir um bom casamento, não poderia envolver-se com este tipo de aventura. Para ele, uma mulher só poderia sair como notícia num jornal somente em dois casos: quando estava para se casar ou quando falecida. Ele chegou a ameaçar deserdá-la, caso ela insistisse em outro voo.

– Que mal!

– Nem tanto, eu compreendo bem a posição de um pai. Mas foi realmente triste não poder contar a todos aquela bela proeza. Fiquei impressionado ao ver como ela se manteve tranquila durante todo o voo sobre o campo de Bagatelle. – ria o piloto. – Ela só ficou nervosa no momento do pouso.

– O que houve? Ela se machucou?

– Ah! Não foi isso. Aida estava usando um típico vestido vitoriano, com a saia muito volumosa e isto tornou-se um problema no momento de saltar da cesta. Afinal, é embaraçoso uma dama mostrar o tornozelo. Tivemos que diminuir o peso do balão e inclinar a cesta para ela sair. – o piloto ria com as lembranças. – Que dama! Depois disso tudo, ela ainda teve fôlego de voltar ao dirigível. Ascendeu novamente e retornou para o hangar, sem problemas.

– Que incrível! Você viu Aida novamente?

– Não, Zip! Eu bem que queria manter alguma correspondência, mas isso me foi negado pelos pais.

– E não teve queda por mais nenhuma?

– Queda – riu o piloto. – Essa é a palavra certa, Zip. É claro que tive e tenho sempre uma "queda". Uma delas, a bela mademoiselle Spreckels, mas a mãe dela disse que era muito perigoso ter um compromisso com um homem que voa.

– Então, nada de casamento.

– Você está parecendo com aqueles irritantes jornalistas que vivem a me arranjar noivas. Isso já chegou a me deixar muito zangado. Por que eles nunca arranjam noivas para aqueles solteirões esquisitos, que nunca foram vistos em companhia feminina, os irmãos Wright?

Um silêncio carregado de lembranças pesou nos ombros do aeronauta que não suportando mais levantou-se.

– É muito tarde – disse ele, consultando o relógio de pulso. – É melhor descansarmos. Tenho muito a fazer pela frente.

7. 14-Bis

As idas e vindas de Paris até o aeródromo tornavam-se frequentes e Caio estava cada vez mais conhecedor do projeto *Demoiselle*. Todo aquele trabalho de montagens e testes de motores o deixavam mais contaminado pelo vírus da aviação. Observar os voos dos outros pilotos também era uma incessante novidade. A cada erro ou acerto mais domínio sobre as indomáveis máquinas era conquistado. Os curiosos permaneciam atentos aos movimentos e muitos membros do Aeroclube procuravam promover mais e mais os avanços tecnológicos por meio de mais premiações.

Na hora do almoço Santos Dumont reuniu seus assistentes, incluindo Caio, para irem a um elegante restaurante da região. O garçom já estava a servir as bebidas quando um homem de meia idade de cabelos aloirados aproximou-se.

– Desculpe-me a intromissão, mas... – o homem, com um pouco de tensão, ergueu a mão segurando um bloquinho e uma caneta em direção ao piloto brasileiro. – Poderia dar o seu autógrafo, senhor Santos Dumont?

– Com prazer – pegou o piloto o bloco e a caneta. – Em nome de quem devo dedicar?

– Ao meu filho, Leandro de Warlock. – o homem fez sinal à outra mesa onde estavam reunidos dois senhores e um menino magro, baixo, com uma franja cobrindo uma testa curta que estava ao lado de uma senhora. Meio acanhado a criança foi para perto da mesa de Santos Dumont. – Este é o meu filho – o homem colocou as duas mãos nas costas do tímido menino. – Fala com ele, filho!

– Olá, Leandro, como vai?

– Eu vou indo.

– Você parece ser da minha terra, o Brasil, acertei?

– Sim, sim, nós somos – respondeu o garoto acenando agitadamente a cabeça.

– De onde você é, Leandro?

– Sou de São Paulo.

– Ah, estudei por muitos anos lá. Quantos anos você tem?

– Eu tenho 12 anos.

– Nós estávamos lá quando fez a apresentação no Campo de Bagatelle, no maravilhoso dia 12 de novembro de 1906. Foi uma proeza e tanto e ainda vencer aqueles grandes pilotos como o capitão Ferber e Blériot – acrescentou o pai.

– É verdade, nessa época Blériot estava com o seu aeroplano Blériot IV.

– E como era o nome daquele romeno que também dizem que tentou competir no início daquele ano?

– Trajan Vuia, um grande piloto.

– Eu quero voar no pato – cortou o menino.

– No pato?

– Ué, você não é o piloto que voa num avião chamado pato?

– Pato? – deu o piloto uma pequena risada. Você está falando do 14-Bis, o avião com o qual ganhei o prêmio Archdeacon? – indagou o piloto ao menino.

– Esse mesmo.

– Mas ele não sc chama pato.

– Mas eu ouvi gente dizendo que ele é um pato – insistiu o menino.

– Ah, mas aí está a grande confusão. O nome pato, na verdade, *canard* em francês, refere-se à configuração.

– E qual é a diferença?

– Uma grande diferença. Uma configuração *canard* ocorre quando o avião tem o leme de profundidade, chamado de profundor, que são pequenas asas móveis, na frente das asas principais, em vez de atrás, junto com o leme de direção, como na maioria dos aviões. O meu avião 14-Bis tinha uma configuração *canard* bastante pronunciada, com o leme de direção totalmente à frente, junto com o profundor, e as asas principais totalmente atrás. Sabia que até os planadores e os aviões dos Wright sempre foram *canard*, com o profundor muito à frente das asas principais?

– Mas por que eles têm a forma de pato? – teimou o menino. Santos Dumont olhou para Chapin e, com um sorriso, pediu para que respondesse.

– Santô somente adotou essa forma porque parecia facilitar a decolagem. Assim, o 14-Bis poderia decolar com menos potência de motor. – explicou o mecânico.

– Quando participei do prêmio – emendou o piloto –, estava também querendo evitar a tendência da aeronave estolar, como aconteceu no planador do pai do voo planado, Otto Lilienthal.

– Estolar? – indagou o pai.

– Quer dizer perder a sustentação, entrar em parafuso e cair – explicou Caio Zip, deixando em seguida Chapin prosseguir.

– Depois Santô abandonou a configuração canard, pois percebeu que ela tornava o avião muito instável e perigoso, tendo que mexer nos controles a todo o momento para manter a estabilidade.

– E esse Otto Lilienthal, o que aconteceu com ele? – indagou o pai.

– Ah, senhor...

– Ah, perdão! Estava tão nervoso em pedir um autógrafo que não me apresentei. Sou o doutor Eugênio de Warlock.

– Pois bem, doutor Eugênio, como estava a dizer, Otto foi o que mais voou com planador. Ele fez cerca de 2.500 voos bem-sucedidos e foi o primeiro homem a ser fotografado em pleno voo de planador. Infelizmente, em seu último voo, veio uma forte corrente de ar e isso fez com que uma das asas do planador ficasse danificada.

– Ah, que perda. Ele estava muito alto?

– Ele caiu de uma altura de 17 metros, quebrando a espinha dorsal e morrendo no dia seguinte, em Berlim – Santos Dumont deu uma pausa e depois retornou a conversar. – Ah, Otto, suas últimas palavras não poderiam ser mais verdadeiras: *Opfer mussen gebracht werden* (Sacrifícios precisam ser feitos).

– Pelo jeito foi um homem e tanto – comoveu-se o doutor.

– Como muitos homens, deu a sua vida para realizar um sonho.

– Por certo, o senhor realizou um grande sonho. Deixou a todos nós muito emocionados. Eu fiquei sem voz ao ver aquela multidão carregando-o nos ombros... Como foi incrível ver a decolagem!

– Era o principal requisito para se conquistar o prêmio. O meu 14-Bis conseguiu sair do chão sozinho e sustentar-se no ar por 220 metros.

– O 14-Bis deu um pulinho. – zombou o menino.

– Pulinho, não! – corrigiu Chapin num tom áspero. – Foi o primeiro voo homologado da História, registrado nos anais da Federação Aeronáutica Internacional. Como os jornais no mundo expressaram: “*Sensacional momento da aviação*”.

– Não fique aborrecido, Chapin. É certo que consegui mostrar diante de fotógrafos e especialistas que era possível a realização de um voo completo.

– Não foi a primeira vez. Os irmãos Wright foram os primeiros – disse o garoto.

– Meu garoto, até aquele momento, muitos inventores em vários lugares do mundo diziam que eles já tinham voado distâncias de centenas de metros com seus aeroplanos e alguns falavam em distânicas de muitos quilômetros, como os 11 km de Whitehead, em 1902, e os 39 km dos irmãos Wright, em 1905. Mas ninguém levou a sério o que eles diziam. Os irmãos Wright recusavam fazer demonstrações; a única que eles fizeram para jornalistas convidados, em 1904, foi uma vergonha, porque seu aeroplano, o Flyer I, durante dois dias de teste somente conseguiu dar um pulo de 7 metros. Esses pilotos exageravam seus feitos e certamente precisavam de um dia com bons ventos para manter suas máquinas no ar por alguns segundos. É como eu disse em 1902 para o Presidente dos Estados Unidos da América, Theodore Roosevelt, quando ele me perguntou por que eu não estava tentando desenvolver um aeroplano com motor naquela época, e eu respondi que eu faria isso quando um motor a petróleo com a adequada relação peso-potência estivesse disponível. E esse motor ficou disponível primeiro na França, e meu aeroplano 14-Bis fez uso dele em 1906.

– Senhor, por que não prolongou o voo? – insistiu Leandro.

– Como, se eu não sei pilotar! – riram todos. – Só não foi mais longo por conta da multidão que, ovacionando-me, correu perigosamente para perto do aparelho, obrigando-me a reduzir o motor e ao rápido pouso. A aterrissagem ocorreu com a asa direita tocando levemente o solo antes de o trem de pouso tocá-lo, sem maiores danos para o avião.

– Então abandonou o 14-Bis?

– Não foi fácil. Eu cheguei a insistir com este tipo de configuração por alguns meses, mas, por fim, concluí que precisava criar algo mais estável e que fornecesse mais autonomia de voo, tal como o meu dirigível Baladeuse, no qual consigo locomover-me pela cidade inteira ou mesmo estacionar perto de meu apartamento. Agora, quero dar força ao novo projeto: um avião pequeno, de fácil construção e que todos possam ter um em suas garagens.

Chapin, muito animado, aproveitou para completar a resposta.

– Com o novo projeto, a *Demoiselle*, estamos a conseguir uma aeronave não só mais rápida e de fácil manobrabilidade, como também leve e portátil. Santô até mesmo conseguiu carregar sua Demoiselle desmontada em seu carro.

– Mas, não é o aeroplano dos irmãos Wright o melhor do mundo? – perguntou Leandro.

– De jeito nenhum, meu jovem! Você pode apostar que será o modelo francês de avião, com as contribuições de Esnault-Pelterie, Voisin, Blériot e a preciosa contribuição de Santô, que dominará a aviação – respondeu Chapin com muito orgulho.

– O aeroplano dos irmãos Wright tem sérias falhas – ressaltou Santos Dumont –. Os irmãos Wright não deixaram de usar a configuração *canard* e, além disso, são os únicos que insistem em utilizar catapulta para a decolagem e, para o controle no eixo longitudinal, torção de asas nos dois bordos das asas ao mesmo tempo, assim dando a capacidade de mudar de direção rapidamente, porém levando muita turbulência à frente das asas e até comprometendo sua estrutura – explicou Santô.

– Mesmo assim as pessoas estavam muito encantadas com o avião dos Wright no ano passado, não é verdade? – disse Leandro.

– Sim, as demonstrações públicas de Wilbur Wright na França, em 8 de agosto de 1908, foi um tremendo sucesso e os irmãos Wright tiveram a glória por um ano. Lamentavelmente, o público e a imprensa acharam aquele voo com performance muito superior aos voos dos aviadores franceses, mesmo sendo feito em um circuito fechado e precisando de catapulta para decolar. Parecia que tinha ocorrido uma mudança de paradigma no voo. Os aviadores franceses subitamente viram a estabilidade, a habilidade de decolar sem ajuda externa, o voo entre cidades e a aterrissagem em qualquer lugar, condições consideradas fundamentais por eles, ficarem em segundo plano, e o foco passar a ser o tempo de permanência no ar em um circuito fechado e a habilidade de fazer voltas rápidas. Isso aconteceu porque poderosos interesses de grupos franceses e estadunidenses apoiavam e divulgavam na imprensa que o projeto dos irmãos Wright era o melhor e dominaria a aviação; entre esses apoiadores estavam o megaempresário estadounidense Charles R. Flint, seu agente na Europa, Hart O. Berg, e também um sindicato dos mais ricos empresários franceses, incluindo o magnata do petróleo Henry Deutsch de La Meurthe. O sindicato patronal tinha um contrato com os Wright, assinado em março de 1908, para produzir seus aviões na França. Mas nos dias seguintes ao primeiro voo de Wilbur Wright na França houve resistência e importantes opiniões defendendo os projetos dos inventores franceses – explicou Santô.

– É verdade. Eu me lembro que Ernest Archdeacon declarou que o avião dos Wrights tinha sérias desvantagens, pois se esse aparelho cair em um ponto que não fosse o ponto de partida ele não poderia mais sair, a não ser que esteja sendo seguido por uma carroça com trilhos para montar uma pista decolagem, o que é um absurdo - ressaltou – Chapin.

– E Blériot disse que o controle de wing warping deforma as asas e que ele prefere usar ailerons, mais fácil de manejar e muito mais seguro – acrescentou Santô.

– Lamentavelmente, 4 dias depois os jornais noticiavam a apressada declaração de Léon Delagrange, um francês que pilotava aviões Voisin, certamente influenciado pelo clima de entusiasmo gerado pela primeira demonstração de Wilbur Wright: *Nous sommes battus* (nós fomos batdidos). Essa frase de Delagrange foi amplamente usada pelos partidários dos Wright para marcar uma suposta supremacia dos irmãos na aviação – disse Chapin.

– Mas a história não é bem assim. Eu acho, como Voisin, que o modelo de avião concebido pelos Wright é uma bomba voadora, que vai matar muito piloto – emendou Santô.

– Lembro-me que Voisin falou sobre isso na época que o Wilbur Wright fez sua primeira demonstração mundial, na França – emendou Chapin.

– Isso mesmo! Vejam esse recorte que guardo comigo – Santos Dumont tirou do bolso do seu paletó um recorte de jornal. – A equipe do *Le Matin* foi visitar a fábrica de Gabriel Voisin, a primeira fábrica de aviões do mundo, no momento em que nela se construía um aparelho triplano, e encontrou Voisin bastante zangado com a situação em que toda a atenção estava sendo dirigida a Wilbur Wright, enquanto os aparelhos franceses eram relegados a segundo plano. Gabriel Voisin deu a seguinte opinião, incrivelmente esclarecedora, publicada na edição de 19 de agosto de 1908:

> *Quanto à aviação propriamente dita, eis aqui minhas ideias sobre esta matéria: Ela não tem razão de existir a não ser à condição de ser prática, isto é, utilizável por todo o mundo. Tenho minha admiração pelos irmãos Wright, vós não duvidais disso, eu suponho? Mas é preciso, contudo, dizer as coisas como elas são. Seu pássaro, mesmo conseguindo atingir seus objetivos, não é e não será jamais utilizável. Um engenho de esporte, talvez, um produto industrial, jamais. E eis aqui por quê: Veja, permita-me uma comparação. Em matéria de velocipedia, há três degraus. O triciclo que todo mundo pode manobrar em uma meia hora, basta se exercitar nas viradas, a bicicleta, que se aprende em algumas horas, e, enfim, o monociclo, que é preciso um longo estu-*

do e uma vocação de acrobata. E bem! O aeroplano dos Wright é o monociclo da aviação, ele não será nada mais que um pássaro de amador, de esportista. (...) E, depois, tanto vale o condutor, tanto vale o instrumento. Um mau reflexo do homem... patatras, o pássaro está por terra, ferido. Nossos triplanos, ao contrário, encontram sua segurança na estabilidade.

– Puxa, e eu que pensei que Gabriel Voisin fosse só piloto – surpreendeu-se o doutor.

– Ele é piloto, um ótimo inventor e um grande amigo. Ele me ajudou no 14-Bis, pois foi na oficina dele que foram fabricadas as asas, segundo o meu projeto, enquanto meus mecânicos ficaram encarregados de construir a fuselagem. Nessa época, Voisin ainda era sócio de Blériot e os dois faziam projetos juntos, como o biplano Blériot IV que competiu contra o meu 14-Bis. No ano retrasado, Blériot saiu vendendo a participação na sociedade.

– Por que Blériot saiu? – interessou-se Caio.

– Certamente, foi por conflitos de ideias. Voisin queria continuar na sua concepção de construção de biplanos, enquanto Blériot queria fazer monoplanos.

– O que é biplano? – interrompeu Leandro.

– É uma aeronave que usa uma estrutura com duas asas sobrepostas de cada lado do avião. Essa configuração foi proposta por ingleses há dezenas de anos e foi bastante aperfeiçoada nos EUA por Octave Chanute, nos anos 1890. Chanute desenvolveu asas biplanas reforçadas por uma estrutura em treliça. Ele ajudou muito os outros inventores, como os irmãos Wright, que adotaram suas asas com treliça, e ajudou até um francês que vivia no Egito, Louis Pierre Mouillard, pois com sua ajuda o francês foi o primeiro a patentear nos Estados Unidos um mecanismo de controle de rolagem por torção de asas para planadores. Este tipo de mecanismo de controle permite fazer curvas mais fechadas do que com o leme de direção tradicional. Pena que Mouillard faleceu no ano em que obteve a patente, em 1897, e não pode contestar a patente genérica dos Wright, obtida nove anos depois.

– Santô, explique esse negócio da patente genérica dos irmãos Wright, por favor – pediu Caio.

– Para a surpresa dos especialistas em aviação, nos Estados Unidos os irmãos Wright conseguiram uma patente para a idéia genérica de controle de direção no eixo de rolagem. Isso é um absurdo! Eles deveriam ter o direito a uma patente de um mecanismo específico para controle de rolagem, que eles chamavam controle de *wing warping* ou "torção de asas", mas nunca deveriam ter obtido a patente para a idéia genérica de controle de rolagem, até porque essa ideia já era conhecida pelos especialistas há décadas. Eles não criaram a ideia, eles leram livros sobre isso, e sua grande inspiração, Octave Chanute, mostrou-lhes a patente do francês Mouillard antes de os irmãos Wright solicitarem a sua patente. Chanute ficou muito desapontado com o comportamento exageradamente ambicioso dos irmãos e cortou relações com eles.

– Agora, eles ameaçam processar quem se recusar a pagar uma taxa de licença colossal para usar o controle de rolagem, mesmo se for um mecanismo completamente diferente do deles, como o controle de voo por superfícies móveis atrás das asas, chamadas de ailerons, invenção de nosso compatriota Esnault-Pelterie, em 1904 – comentou Chapin.

– Acho que, na Europa, eles perderão as ações judiciais, apesar da pressão dos empresários importantes que estão do lado deles. Mas nos Estados Unidos, receio que a história será diferente. Acho que lá, como eles são considerados heróis nacionais, ninguém será capaz de enfrentá-los nos tribunais, não importa o quanto é abusiva a sua patente. Dessa forma, eles vão atrasar o avanço da aviação nos Estados Unidos por anos.

– Muito espertos esses irmãos! O Senhor quer dizer que os irmãos fazem um avião inseguro, que vai matar muita gente, impedem o desenvolvimento da aviação nos Estados Unidos e ainda são considerados heróis? – observou o Dr. Warlock, olhos arregalados.

– Para os franceses, ao contrário dos irmãos Wright, o importante é a segurança de voo, a estabilidade e o voo em condições reais, conectando cidades, em vez de grandes distâncias em campos protegidos, e também a decolagem sem ajuda externa – acrescentou Chapin, orgulhosamente.

– O projeto dos irmãos Wright está destinado ao fracasso. Imagine o que pode acontecer com um avião que usa a configuração canard e a torsão em ambas as extremidades das asas em velocidades mais altas. A turbulência na frente das asas criará tanta instabilidade que a máquina vai despencar lá de cima – previu Santos Dumont.

– Então, essa máquina dos irmãos Wright só faz sentido com velocidade muito baixa, compatível com a dos dirigíveis – deduziu Caio.

– É isso mesmo. Você sabia que os irmãos Wright seriam praticamente desconhecidos se não fosse pela ajuda de um empresário chamado Charles R. Flint, o "pai dos Cartéis", um dos homens mais ricos e mais poderosos do mundo? Bem, foi o homem que, em 1907, depois de testemunhar o sucesso do 14-Bis de Santos Dumont, tornou-se tão interessado em aviação que assinou um contrato de representação com os irmãos Wright e decidiu pagar o desenvolvimento, na França, de um motor potente para seu avião, visto que, até então, os irmãos não tinham sido capazes de fazer seu avião voar sem a ajuda de ventos favoráveis, o que configura um planador, em vez de um avião. Foi Charles Flint quem armou uma combinação de grandes empresas, contando com a cobertura ampla e favorável de uma grande imprensa alinhada aos seus interesses, para que o avião dos irmãos Wright pudesse dominar a aviação mundial, mas você pode ter certeza de que seus esforços redundarão em fracasso, devido às enormes deficiências desse modelo de avião. Também acho, como disse Voisin, que o modelo projetado pelos irmãos Wright é uma bomba voadora, que vai matar muitos pilotos – concluiu categoricamente Santos Dumont.

– Pardon, monsieur Santô – interrompeu um garçom. – Isso aqui acabou de chegar.

– Obrigado, Filipe – agradeceu Santos Dumont, pegando um papel lacrado.

– Eu ainda tenho uma dúvida – voltou à carga o menino ao lado do pai.

– Oh, meu filho, não! Já tomamos muito o tempo do senhor Santos Dumont.

– Problema algum, doutor, estou aqui para esclarecer, principalmente aos leigos – sorriu Santos Dumont, voltando para o menino. – Pode perguntar.

– Eu só queria saber por que você chama de 14-Bis?

– O nome surgiu quando a aeronave foi acoplada ao balão nº 14 nas experiências pré-voo. O pessoal da imprensa viu a aeronave e ficou a reparar que a armação longitudinal lembrava um longo pescoço erguido, a ponta parecia um bico, e na outra extremidade eu estava de pé numa cesta a dominar a ave, com as asas arqueadas em forma de V, prontas para voar. Foi daí que batizaram a aeronave de *Oiseau de Proie* (Ave de rapina).

– Uma verdadeira ave que se lança no ar! – sorriu o pai.

– E o sonho de voar finalmente decolou – ergueu Chapin uma taça.

8. Eiffel e o Túnel de Vento

Caio Zip conversava com Chapin que estava sentado ao lado dos dois assistentes no banco de trás do carro, mas logo interrompeu quando percebeu que Santos Dumont tomava uma direção oposta ao campo da escola militar de Saint-Cyr.

– Aonde estamos indo?

– Vamos ver um velho amigo, Zip – respondeu o piloto.

– Pensei que não tivesse tempo pra mais nada.

– E não tenho. Esta visita não é apenas social.

– Não?

– Você lembra do telegrama há pouco?

– Sim, claro.

– Pois então. Era desse meu amigo. Ele pediu para que o encontrasse em seu escritório ainda hoje.

– Ah, não! – os olhos de Chapin pareciam tensos. – É quem estou pensando, Santô? – o brasileiro confirmou com um aceno de cabeça. – Ah, mon Dieu! Logo hoje que não trouxe meu casaco.

– Não se preocupe, Chapin. Você e os rapazes ficarão no térreo. Eu só levarei Zip para conhecer o escritório.

– Mas o que tem de especial nesse escritório? – perguntou Caio, olhando para todos sem obter qualquer resposta, a não ser sorrisos conspiradores.

A fisionomia de Caio Zip revelava o seu grande assombro ao se deparar com nada mais nada menos que a própria torre Eiffel. Santos Dumont estacionou o carro, desceu e pediu ao jovem que o seguisse e recomendou aos assistentes e

Chapin que se dirigissem a uma área próxima à base da torre. Caio e o piloto tomaram um dos elevadores da torre que estava cercada por uma grande multidão. Alguns curiosos queriam o autógrafo do prestigiado brasileiro, mas os soldados impediram a confusão. Durante a subida, Caio apreciava a vista, mas não pôde deixar de perceber a angústia do piloto por não ter vindo à torre guiando seu dirigível. Do último andar, os dois tomaram uma longa escada em espiral e chegaram ao topo. A visão estonteante da cidade só foi barrada por um vento forte. Caio encolhia-se por causa do frio. Ao lado dele, dois militares mantinham-se firmes, observando o horizonte com seus binóculos. Santos Dumont pediu a Caio que o seguisse. Os dois se dirigiram a uma espécie de cabana feita de ripas de madeira situada bem ao centro daquela área de segurança. O piloto bateu na porta envidraçada e logo um homem de cabelos e barba grisalha, vestido com um elegante terno de colete escuro os atendeu.

– Santô! – cumprimentou o homem, dando um forte aperto de mão. – Que bom que você veio.

– Vim assim que recebi seu telegrama, meu caro amigo. É verdade? Podemos finalmente fazer os testes?

– Sim, sim, mas ainda temos tempo.

– Mal posso esperar.

– Santô, uma das suas grandes virtudes é ser paciente.

– Nem sempre, Gustave, nem sempre.

– E, enquanto esperamos, fiquem à vontade aqui no meu escritório – sorriu o engenheiro, guiando os convidados para dentro. – Aliás, não vai me apresentar ao rapaz?

– Ah, perdão. Este é Caio Zip, o rapaz que ajudou Hélène Dutrieu quando ela caiu com minha Demoiselle. Zip, este aqui, como já deve imaginar, é o meu amigo, Gustave Eiffel.

– Olá! – cumprimentou Caio.

– Ah, é você! Já soube do caso. Você é o herói que vi usando o "canhão champanhe" para salvar as duas demoiselles.

– Você me viu?

Eiffel deu uma risada.

– Ora, rapaz, eu vi a caricatura que Sem fez de você.

– Puxa! Eu não sabia que ele tinha me desenhado.

– É o que acontece quando se fica perto daquele jornalista, sempre se vira notícia.

– Eu que o diga – brincou Santos Dumont. – Sou o alvo favorito de Sem.

Os três foram se acomodando. Caio quase bateu numa viga da torre que perfurava o teto e estava fincada num ângulo oblíquo no chão atapetado do pequeno e aconchegante escritório. Nas paredes forradas de um sóbrio e elegante papel de parede, Caio reparou nas fotos de várias construções, como as de pontes e de um observatório. Também estavam lá os desenhos da estrutura da estátua da Liberdade. Numa ala especial havia várias fotos em sequência, mostrando as fases da construção da torre Eiffel. Mais adiante, Caio viu em cima de uma mesa um porta-retrato, cuja foto lhe fez sorrir.

Ah! – aproximou-se Eiffel. – Gostou da foto de Santô voando ao redor da minha torre?

– Que foto! – disse Caio, pegando o porta-retrato. – Essa é diferente das que eu já vi do SD6.

– Esta foi tirada por um dos meus convidados, enquanto apreciávamos o grande feito.

– Foi a partir dessa época que você e Santô se tornaram amigos?

– Não. Somos amigos antes disso. Creio que foi quando Santô começou a frequentar o Aeroclube.

– Do Aeroclube?

– Sim, sou um dos fundadores. A partir daí trocamos muitas ideias.

– Se não me engano, nos conhecemos no fatídico dia 13 de novembro de 1899 quando marquei o primeiro voo do SD3.

– Um dia que todos queriam que desmarcasse – recordou Eiffel, passando a mão sobre os bigodes.

– Por ser sexta-feira 13?

– O número 13 já é ruim. Sexta-feira 13 é horrível! Mas não era sexta-feira 13. O que estava dando medo era o fato de vários astrólogos anunciarem que o mundo iria acabar naquele dia.

– Tá brincando? – ironizou Caio. – Só por isso?

– A sorte é que estavam errados – sorriu o piloto. – E o que eu tinha a perder, não é verdade? Se o mundo estava para acabar, então eu tinha mais que me apressar a fazer o voo.

– Não se deve brincar com superstições.

– Você sabe muito bem, Gustave, que não ligo para isso.

– Mas você também tem suas superstições – observou Caio.

– Do que você está falando?

– Bom, você subiu a escada daqui da torre com o pé direito.

– Mas que bobagem. Eu nem notei. Se fiz isso foi porque tenho mais equilíbrio com o pé direito, só isso.

– Quer dizer que não tem nenhuma superstição?

– Bom, se você considera superstição nunca dizer adeus antes de voar, então, sim. Como muitos, eu não gosto de me despedir. Muitos repórteres também já disseram que sou supersticioso por gostar de voar em dia com tempo ruim para desafiar a morte, mas, como sempre, a imprensa gosta de exagerar.

– Poxa! Então não é verdade?

– Claro que não! Eu dava azar. No instante em que programava os meus voos, o tempo mudava e chegava a chover forte.

– E não poderia cancelar?

– Só se quisesse jogar dinheiro fora, Zip.

– Como assim?

– Às vezes em que voei com tempo ruim aconteceram quando eu ainda não tinha construído o meu primeiro hangar para guardar os dirigíveis. Nessas ocasiões, eu tinha que optar por esvaziar o balão, guardá-lo e assim perder o hidrogênio que custava caro, ou então por fazer o voo. É claro que, como bom esportista, eu encarava o mau tempo.

– Afinal, você conseguiu voar no dia 13?

– Voei, Zip, e finalmente dei sorte – riu Santos Dumont. – O dia estava claro e sem nenhum sinal de problemas como tive com o SD1 e o SD2.

– Que tipo de problemas?

– Eu sofri um acidente quase fatal com o n° 1 a cinco ou seis metros de altura, sobre Longchamp. O aparelho, repentinamente, dobrou-se e sofri uma queda, Já com o n° 2, por causa de uma chuva forte, não consegui atingir boa altura e daí minha aeronave chocou-se contra uma árvore.

– Que azar.

– Nesse caso não foi bem azar. Eu, simplesmente, ainda era muito inexperiente. Com o N° 3 corrigi os meus erros e pilotei melhor. Logo que fiz a ascensão dirigi-me à torre e sobrevoei-a por vinte minutos. Fiz círculos, acrobacias e tudo o mais. Só faltou ficar de cabeça para baixo

– Que loucura!

– É! Sempre estou a escutar que faço loucuras. Foi geral o espanto quando disse aos meus amigos que pretendia subir aos ares levando um motor a explosão sob um balão fusiforme; chamavam de loucura o meu projeto. O hidrogênio era o que havia de mais explosivo! E um dos presentes disse: "Se pretende suicidar-se, talvez fosse melhor sentar-se sobre um barril de pólvora em companhia de um charuto aceso". Enfim, não encontrei ninguém que me encorajasse.

– E isso não o impediu – disse Eiffel. – Você foi obstinado e provou que era possível. Eu fiquei bem impressionado quando vi que você resolveu o problema usando um cano de escape para que as fagulhas fossem expelidas o mais longe possível do balão.

– Eu consegui mostrar que se pode ter um dirigível motorizado e que um avião pode decolar por seus próprios meios, mas ainda tenho muito a fazer. Ainda existe muita gente que acha que o meu sonho de usar o avião para ir de um continente a outro é uma loucura.

– Você não está sozinho. Se há mais alguém que sofreu, esse alguém sou eu, por ter aceitado construir esta torre.

– Não entendo por que tanta discussão sobre a torre – estranhou Caio.

– Muita confusão e muitos aborrecimentos – suspirava Eiffel. – A princípio, muitas pessoas diziam que não conseguiria montar uma torre de 300 metros de altura, pois os ventos a derrubariam. Realmente não era fácil, mas eu tinha bons projetistas e a minha grande aliada.

– Aliada?

– Sim rapaz, sem ela eu não conseguiria fazer nada. Ela está sempre presente.

– Está falando de Claire?

– Ah, Santô! Minha filha é maravilhosa. Realmente, ela me dá muito apoio, mas eu estava me referindo à base de todos os meus sonhos de engenharia: a matemática.

– Matemática? – Caio fez uma expressão de desaprovação.

– Claro! Como você acha que é possível estar aqui hoje e ver a torre tão firme, tão forte, suportando bem rajadas de vento que poderiam chegar a 250 km/h?

– Com muita criatividade – brincou Caio.

– Criatividade é o que tive de usar para as fundações da torre, isso sim.

– Qual era o problema?

– Estou falando do solo.

– É verdade. – concordou o aviador. – Este terreno não é nada bom para fazer decolagens.

– Não é bom para nada, Santô. Este terreno que a prefeitura doou é horrível e me deu uma grande dor de cabeça.

– E a torre não poderia ter sido feita em outro local?

– Mas é claro, meu caro! Nós tínhamos planejado que seria no terreno de treinamento dos militares no *Champ de Mars*, mas quando os oficiais viram que perderiam a área, não só durante a feira, mas por vinte anos, eles exigiram que a torre fosse instalada mais perto do Sena. Foi muito árduo sustentar os quatro pilares em um lençol arenoso. Foi necessário remover 30 mil metros cúbicos de lodo, argila e terra, e só isso consumiu seis longos meses e os custos só aumentaram.

– E por que a torre foi feita de ferro? Não enferruja perto do rio?

– Veja bem, meu rapaz, o ferro é um material fácil de manusear, é abundante na terra e tem um ótimo preço. Se optássemos por aço, por exemplo, além de ser caro, este material vibra muito. Seria horrível o som de centenas de pessoas subindo pelas escadas ou o som de uma estrutura em aço balançando ao vento. Quanto à ferrugem, o que fizemos foi colocar muita tinta para impermeabilizar.

– Eu não sabia desses empecilhos. – surpreendeu-se o piloto.

– Ninguém imagina como foi difícil e como fiquei frustrado. Ouvi tanta gente dizendo que ela era horrível, que atrairia relâmpagos. Eu já tinha gastado tanto tempo e esforço, sem contar que já havia 18.000 seções de ferro trabalhado. Tudo isso já tinha levado enormes somas do meu bolso. Quanta pressão! Houve momentos em que pensei em desistir.

– Desistir – murmurou o piloto. – Essa palavra me assombra.

– Garanto que não é só a você. Quando vi aquele solo cheio de lodo pensei em me afundar nele. Aquela época foi terrível, mas sobrevivi. Arregacei as mangas e coloquei a mão na terra.

– E as discussões terminaram.

– Ahaha! Nem as discussões e muito menos os problemas, Caio. Eram oponentes ali e aqui e eu e meus homens provando a cada passo que iríamos encará-los. Fizemos milhares de plantas da estrutura e mais projetos para resolver o problema das fundações. Prossegui com a montagem dos quatro pilares da torre sobre caixas de ar comprimido, que eram gradativamente ajustadas até se obter a profundidade pretendida e então preenchidas com cimento. Ah, como me lembro de quando começaram os boatos de que os operários estavam a morrer sufocados nos enormes buracos. Eu tive tanto trabalho para mostrar que havia projetado uma máquina que bombeava ar, mas não, o pessoal não queria ouvir nada... A não ser que fossemos culpados por alguma tragédia...

– E aí? O que aconteceu?

– Contei com a presença do ministro Édouard Lockroy que apoiava o projeto da torre. Ele, diante dos fotógrafos, foi até as escavações, desceu e ficou lá um bom tempo. Quando retornou, todos que estavam a criticar calaram a boca.

– Daí começou a fincar a torre.

– Como foi divino! Minha torre parecia uma verdadeira criação saindo da terra. Como o projeto trabalhava com os quatro pés inclinados, orientados para os pontos cardinais e sem qualquer apoio, então eles foram escorados com postes de madeira, com apoio de caixas de areia. O escoamento gradativo da areia permitiu obter a inclinação exata, enquanto um macaco hidráulico, sob cada uma das quatro bases, ajustou a altura ideal. Desta forma, meu caro rapaz, quando atingimos a altura projetada para a primeira plataforma, o encaixe ficou com uma exatidão matemática. Não foi preciso cortar ou limar um centímetro sequer. A partir do primeiro andar, a estrutura básica estava armada e o resto foi acontecendo.

– Mas como levantou essas peças? – indagou Caio. – Elas são enormes!

– A princípio, eu tive dificuldades de içá-las, mas logo tive a ideia de simplesmente usar a torre para construir a torre. A própria torre sustentou quatro gruas a vapor para transportar as suas vigas. À medida que a construção tomava altura, as roldanas das gruas eram postas nos andares do topo e então, mais quatro meses e já tinha o segundo andar.

– E nessa velocidade não houve nenhuma morte?

– Nenhuma, Caio, e nem acidentes que atrapalhasse o ritmo da construção.

– Você não teve nem greves que estavam por toda a Europa? – destacou Santô.

– Nem me lembre! Os operários queriam melhores salários e agasalhos, justamente no final da construção. Perdi quatro dias parado e acabei aceitando as condições. Eu não podia perder mais tempo – Eiffel deu uma leve pausa e andou para perto da janela panorâmica e com ar de orgulho refletiu. – Como podem ver, fui considerado um insano, mas a torre está aqui sob nossos pés.

– Eu gosto de sobrevoar a torre. É bem melhor do que subir pelos elevadores.

– Você foi o primeiro, meu amigo, e hoje aprecio também os voos dos outros aeronautas. De uma forma ou de outra, todos nós queremos atingir as alturas! E nós dois atingimos, Santô, e com louvor. Em pouco tempo, a fama da minha torre varreu os quatro ventos e até Thomas Edison cruzou o Atlântico só para ver a minha grande maravilha. Ele me chamou, nada mais, nada menos, de "o engenheiro de Deus".

– Quando estive com Edison, em uma das minhas visitas aos Estados Unidos, pudemos conversar muito. Até indaguei sobre a possibilidade de ele projetar um motor à bateria para mim, mas ele achou inviável.

– Sim, eu soube – acenou o engenheiro a cabeça. – De qualquer forma ele sempre achou a aviação muito promissora. Não é à toa que chegou a fundar o Aeroclube da América com Alexander Graham Bell e outros, enquanto lorde Kelvin dava entrevistas criticando a aerostação, chamando-a de inútil.

– Quem é esse Kelvin? – questionou Caio.

– Um velho aborrecível que adorava se meter no que não sabia.

– Ele foi o cientista que criou a escala Kelvin de temperatura – corrigiu o piloto.

– Ah, este Kelvin.

– Já ouviu falar dele, meu jovem? – surpreendeu-se Eiffel.

– Eu não soube converter grau Celsius para Kelvin, daí eu levei bomba na prova.

– Que escola estranha você frequenta. Já ensinam isso?

– É uma escola bem avançada para o seu tempo.

– Deve ser. Eu já levei palmada de professor, mas bomba deve ser algo bem pior. Coitado de você. E ainda por cima, levou uma bomba por causa daquele velho retrógrado.

– Não precisa falar desse jeito de Kelvin – ficou Santos Dumont aborrecido.

– Não sei por que o defende. Que eu me lembre, não foi nada fácil para você, ouvir aquele cientista, com toda aquela fama de conhecedor de causa, afirmar categoricamente que era impossível voar com máquinas mais pesadas que o ar.

– Eu admiro lorde Kelvin, mas tenho de admitir que não me agradou ouvir os comentários, especialmente, sobre um assunto que ele desconhecia. As opiniões dele diferiam das de Edison que me apoiava.

– Está bem, está bem – rendeu-se o engenheiro. – Não vamos discutir. No final, isso já é passado e Kelvin já deve ter se arrependido lá de sua tumba por ter dito aquilo. Mas você sabe, tanto como eu, como esse tipo de comentário atrapalha.

– Está falando do pessoal ainda contra você, não é? – levantou Caio o ponto logo encarado por um Eiffel nervoso.

– Aqueles "amantes apaixonados da beleza"! Aquela gente assumiu a condição de representantes de toda Paris. Aqueles que deveriam se meter a continuar só como pensadores já que não sabem executar uma só obra grandiosa.

– Eles são grandes franceses – frisou Santos Dumont. – Eles só queriam proteger a beleza.

– Só porque sou engenheiro, eles acham então que a beleza não faz parte de minhas preocupações nas construções? Que ao mesmo tempo em que faço o sólido e durável, não me esforço por fazer o elegante? Ora, qual a condição que tenho, antes de tudo? Não é a resistência ao vento? Então! Como todo bom engenheiro, eu sempre pretendi que as curvas das quatro arestas do monumento, considerando os cálculos fornecidos, dessem uma grande impressão de força e de beleza. E este grupo de artistas que eu também admirava, do arquiteto Charles Garnier ao grande escritor Émile Zola, infelizmente, eles não entenderam a beleza da torre. Como ousaram dizer que era uma chaminé de fábrica, inútil e monstruosa massa bárbara? Disseram que minha torre não é francesa. Ha! Grande demais, grosseira demais, no estilo dos americanos e ingleses, mas não era o nosso estilo. E quanto a nós! Nós estamos mais ocupados com pequenos bibelôs artísticos... Por quê? Por que nós não podemos mostrar ao mundo que podemos fazer grandes projetos de engenharia? Paris acabou por mostrar a maior torre do mundo.

– Qual o problema? – tentou Caio acalmar o engenheiro. – A torre tornou-se a maior atração. Ela tem milhões de visitantes para admirá-la.

– Não só admirá-la – emendou Santos Dumont. – Todos podem ter a sensação de como é voar daqui da sua torre.

– Ha! Aqueles intelectuais sem visão. Mas deixa para lá. Eu sei que hoje muitos deles já se arrependeram de protestar... Ou estão a seguir o exemplo de Guy de Maupassant.

– Que exemplo, Gustave? – Eiffel aproximou-se de Santos Dumont e, com um sorriso irônico, respondeu-lhe.

– Aquele escritor, que o diab... que Deus o tenha, frequentemente jantava no restaurante daqui da torre.

– Mas se ele odiava tanto a torre então por que jantava aqui?

– Muito simples, meu caro. Era o único lugar de toda a Paris onde ele tinha certeza de que não veria a minha torre.

– Mas o que salvou mesmo a torre foi a ideia de colocar uma antena no topo, não é?

– Ah, rapaz bem informado.

– Eu li no jornal. Quem diria, hein? Os militares que ficaram chateados no início com a torre, devem estar muito felizes com ela agora.

– Eu consegui mostrar que a torre, além de maravilhosa, é crucial para a defesa de toda a França.

– Foi uma grande ideia – elogiou Caio.

– Agora, eu só espero que nada mais atinja a torre e, por muitos anos, espero que ela continue sendo a construção mais alta do mundo.

– Bom, que vai haver construções mais altas que a torre, com certeza isso vai acontecer. Mas ela ainda vai ser a mais visitada, um show de luzes que vai ser demais!

– Que interessante este seu caro rapaz, Santô. – Eiffel colocou a mão sobre os ombros do jovem. – Gostei dessas suas últimas palavras. Você tem uma grande visão do futuro!

– Nisto você pode apostar – sorriu Caio.

A conversa é interrompida quando os três escutam um barulho de batidinhas contra a porta de vidro.

– Ah, é um dos meus assistentes. – o engenheiro foi até a porta e a abriu.

– Com licença, monsieur Eiffel, pediram-me que o avisasse que estão prontos para iniciar os testes – disse o homem franzino e esbaforido. Eiffel consultou o relógio pendurado numa corrente de ouro presa ao bolso do colete de seu terno.

– Perfeito, estamos no horário. – disse ele, pegando a cartola e a bengala. – Senhores. – gesticulou o engenheiro, convidando os dois a segui-lo. – O futuro nos aguarda.

Caio Zip ficou impressionado quando Eiffel mostrou-lhe que a base da torre era mantida por seguranças armados, pois ali, no subterrâneo, funcionava um centro de comunicações militar com todo o equipamento necessário à telegrafia sem fio. Eiffel cumprimentou algumas pessoas que transitavam perto dali e logo depois guiou Caio e Santos Dumont até um hangar situado aos pés da torre. Desceram por uma pequena escada e, para a surpresa de Caio, depararam-se com um gigantesco cilindro deitado, cujas extremidades eram fechadas com grades quadriculares. Além da enorme peça, ainda havia uma sala de controle que acionava engrenagens de grandes proporções.

– Mas que lugar é este? – disse Caio, olhando para todos os lados.

– Este lugar, meu rapaz, eu o chamo de "Chambre EIFFEL", minha nova sala recém-inaugurada.

– Este cilindro... Tá parecendo um túnel de vento.

– Como você acertou? – disse Eiffel, boquiaberto. – Este é o meu mais novo projeto para os avanços aerodinâmicos, é o meu túnel de vento.

– Tá brincando! Isto é mesmo um túnel de vento?

– Você sabe para que serve?

– Não é pra testar a resistência do ar em modelos como aviões e carros?

– Como! Você é um rapaz bem intrigante. Como sabe dessas coisas? Sabia que este túnel foi construído com uma alta tecnologia jamais vista?

– Este é o primeiro que já foi feito? Uau!

– Não é bem assim – tossiu o engenheiro. – O primeiro foi construído por um engenheiro autodidata britânico, em 1871, em Greenwich. O nome dele era Frank H. Wenham. Contou com a ajuda de um colega, John Browning.

– Puxa! Eu não imaginei que fosse tão antigo!

– Isso foi uma das primeiras coisas que aprendi nos meus estudos sobre aviação.

– Eu não sabia que o senhor gostava tanto assim de aviação.

– O que amo mesmo é estudar o vento. Sempre me empenhei nos estudos da aerodinâmica para realizar minhas construções, especialmente, na minha obra de arte, a torre. E agora, com os novos rumos que a aviação está tomando, decidi fazer este túnel de vento. Assim podemos medir ou fazer melhores cálculos baseados na resistência das aeronaves em relação ao vento.

– E hoje é a vez da Demoiselle – disse Santos Dumont, reparando na chegada de dois homens.

– Monsieur Santô, como vai? – cumprimentou um dos homens.

– Muito ansioso para ver os testes.

– Eu também. Nós já preparamos o modelo de sua aeronave.

– Vocês já estão com uma Demoiselle aqui? – comentou Caio.

– Esse é seu filho, monsieur Santô?

– Não, mas... Mas é como se fosse. – Santos Dumont, sorrindo, olhou para Caio. –– Caio ficou visivelmente animado com aquela resposta e o piloto prosseguiu.

– Zip, quero apresentar os engenheiros, primeiro o monsieur Leon Rith. – o homem que havia falado com o piloto deu um pequeno aceno com a cabeça. – E este aqui é monsieur Lapresle.

– Prazer – cumprimentou o garoto. – Então, esta é a grande novidade: vocês vão testar a Demoiselle!

– Chapin trouxe há alguns dias um modelo em escala menor – explicou o piloto. – Mal posso ver como ele reage no túnel. Além da dificuldade de dirigi-la no ar, o que dá mesmo muito trabalho é descobrir seus defeitos e corrigir suas falhas.

– E agora com o meu túnel você vai conseguir resolver boa parte de seus problemas, amigo – destacou Eiffel, segurando com as mãos as lapelas do terno.

– Ah, se eu tivesse tido este túnel na época do 14-Bis, como teria me ajudado.

Eu teria voado meses antes.

– E como foi então que você o testou?

– Você não sabe como foi difícil, Zip. Tive que pendurar um modelo com cabos suspensos para ver como se comportava no ar.

– Quando o senhor quiser poderemos começar os testes... Chapin e seus outros dois assistentes já estão nos aguardando.

– Ótimo, Leon – disse o piloto. – Podemos ir.

Todos se dirigiram para uma área a fim de observar o modelo de menor dimensão, fixo dentro de uma câmara de ar hermeticamente fechada. Caio e Eiffel ficaram mais próximos de um rapaz, um pouco mais velho que o viajante do tempo, que estava sentado diante de uma mesa de controle. Santos Dumont preferiu ficar próximo a uma janela envidraçada, enquanto os engenheiros trocavam ideias com os dois assistentes do aviador. Chapin observava o operador com uma expressão apreensiva. Surgiu na sala um homem de terno cinza elegante, de estatura média, com um espesso bigode bem tratado e uma leve entrada no cabelo. Depois de ajeitar o pincenê que teimava em escorregar do nariz, com um leve sorriso cumprimentou a todos.

– Adolphe, que bom que você está aqui! – saudou Eiffel.

– Vim assim que Claire me avisou.

– Santô, quero lhe apresentar meu sócio e genro Adolphe Salles.

– O prazer é todo meu estar, finalmente, diante do grande inventor – disse o genro, apertando a mão de Santos Dumont.

– Obrigado.

– Como engenheiro, estou muito interessado em suas aeronaves. Acredito que o campo da aviação alcançará enormes proporções no futuro.

– Concordo plenamente, monsieur Salles – sorriu o piloto.

– Por favor, chame-me de Adolphe.

– Estamos para dar início, monsieur Eiffel – alertou o operador.

– Perfeito, Filipe! – disse Eiffel, batendo uma mão contra a outra. – Senhores, convido-os para ver o teste.

Santos Dumont e Salles tomaram lugar ao lado do operador. Não demorou muito para que o vento artificial entrasse em ação.

– Que barulho! – reclamou Caio. – Até parece que tudo aqui vai decolar.

– É monumental – disse Eiffel, fechando a porta. – Agora está melhor?

– Muito melhor – respondeu Santos Dumont.

– Ainda bem que mandei instalar esta porta maciça. Semana passada estava insuportável. Agora, Filipe, pode aumentar.

– Mais! – surpreendeu-se Chapin. – Até quanto?

– Até alcançarmos 100 km/h. – neste momento, Eiffel observou atentamente os controles acionados pelo operador.

– Tem certeza que o modelo não vai voar? – disse Chapin, sem desviar os olhos da área envidraçada por onde via o modelo.

– Claro que sim – respondeu o jovem operador de forma impaciente.

O modelo, um pouco menor que o real, estava preso por um cabo. O vento partia de um ventilador helicoidal e corria por um largo condutor divergente intercalado pela câmara de provas. O túnel simulou o fluxo de ar ao redor das asas de seda e sobre a hélice de madeira da Demoiselle. No final, Eiffel checou os dados obtidos.

– E então, Gustave – perguntou Santos Dumont –, como estamos indo?

– Ainda serão necessários muitos outros testes com outros modelos de asas e de hélices para fazermos comparações.

– Quantos mais?

– Não posso adiantar, meu caro. O túnel de vento fornece as informações aerodinâmicas, porém ainda teremos de combinar estes dados com outras análises. Precisamos testar outros tipos de asas, o ângulo da envergadura... A estrutura deve ser mais estudada. Eu também quero fazer algumas análises de como sua aeronave reage aos fenômenos da natureza. Para isso, preciso de uma consulta ao Atlas Meteorológico.

– Atlas? – indagou Caio.

– É um trabalho em que reuni todas as análises coletadas nas 26 estações que eu tenho espalhadas por toda a França. Usando o telégrafo daqui da torre posso fazer uma análise comparativa dos dados meteorológicos em tempo real.

– Em resumo, terei de fazer mais cálculos.

– Sem dúvida, Santô. Os seus conhecimentos de física, química e aerostação combinados com os meus de engenharia e arodinâmica certamente farão esta máquina ficar formidável. Tão viável que poderá tornar-se a primeira aeronave a ser vendida em série.

– Todos esses estudos nos revelam como manter o avião no ar... – refletiu Adolphe Salles. – Mas o que faz uma máquina mais pesada que o ar decolar?

– Posso te dar uma ideia – disse o piloto. – Alguém tem uma folha de papel?

– Tem aqui – disse Caio, pegando uma das folhas em branco espalhadas numa mesa auxiliar.

– Ah, ótimo, esta aqui vai servir – Santos Dumont pegou um folha em branco e retornou para perto do genro de Eiffel. – Veja, Salles, usando esta folha, posso te mostrar como um avião levanta voo. Se eu seguro a folha pela extremidade, você pode perceber que a folha fica caída, na vertical, sofrendo com seu peso. Agora, se eu soprar, a folha ficará na posição horizontal. Este sopro funciona como o vento sobre o avião, ele causa uma movimentação do ar mais forte na parte de baixo da folha em relação à parte de cima. A diferença de pressão sobre os dois lados da folha, faz com que ela vença a gravidade, permanecendo na horizontal até que você canse de assoprar.

– Sim, até ai eu sei bem. Existe a necessidade de um fluxo constante de ar pelas asas fixas para a sustentação da aeronave. O que mais?

– Como sabe, a partir da diferença de pressão entre o ar que passa por baixo e por cima das asas, é gerada uma força para cima. Esta força é o que precisamos para fazer sair do chão um avião. Para isso, é necessário que o avião esteja com boa velocidade, pois, só assim, a diferença de pressão é suficiente para gerar uma força para a decolagem. No entanto, a velocidade ainda é pouca e as asas não são capazes de curvar ou desviar ar para baixo, a fim de produzir a força de sustentação necessária para o voo. Para o avião não dar pulinhos, o piloto precisa adicionar uma curva extra ao vento e isso se consegue fazendo erguer o nariz do avião, ao se aumentar o ângulo de ataque necessário para que se consiga decolar.

– O que é ângulo de ataque?

– É quando o perfil da asa forma um ângulo imaginário com a direção horizontal.

– E este ângulo de ataque aumenta a força de sustentação, fazendo o avião subir.

– Este é o grande perigo para os pilotos. Durante o voo, quando se aumenta demais este ângulo, aumentamos também a resistência do ar, na mesma proporção, diminuindo muito a velocidade, com isto o avião pode perder instantaneamente sua sustentação e estolar. Por isso, é preciso sempre calcular a velocidade correta.

– Compreendo. Com o aumento da velocidade no ar, o avião requer um ângulo de ataque menor para se manter em perfeito alinhamento no ar.

– Correto.

– E como você vai saber qual é a velocidade mínima para a decolagem?

– Ah! Para isso, tive a inspiração graças a Voisin. Uma vez, acho que foi em 1905, assisti Gabriel num hidroplanador que foi rebocado por uma lancha no rio

Sena. Quando ele atingiu 40 km/h, o aparelho ergueu-se da água e elevou-se a 17 metros de altura, percorrendo 150 metros. Foi naquele experimento que notei como precisava de um motor muito mais potente do que os que eu pretendia usar para fazer o 14-Bis decolar. Fiz meus próprios testes colocando o 14-Bis no rio Sena.

– Disso eu me lembro. Você fez todos pararem para assistir suas proezas.

– Aqueles testes me ajudaram a resolver a estabilidade e depois a direção do aparelho. Fazendo com que o aparelho funcionasse sob a água era certo que seria ainda melhor no ar.

– Mas para se ganhar as alturas, precisa-se vencer a resistência do ar opondo-se ao movimento do avião – argumentou o engenheiro.

– Sim. Para isto, eu preciso de uma força que impulsione o avião para frente. E isto se consegue com o motor que movimenta as hélices – Santos Dumont interrompeu a conversa ao ficar curioso com a atividade de Caio de dobrar várias e várias vezes uma folha de papel. – O que está fazendo, Zip?

– Estou criando um avião.

– Mas que configuração mais estranha.

– Eu estava tentando fazer um jato.

– Jato? – disse Santos Dumont, pegando o modelo. – Isto aqui está parecendo mais um planador.

– Está com jeito de uma ponte em flecha – sorriu Salles.

– Já viu isso, Gustave? – mostrou Santos Dumont a aeronave de papel.

– Interessante este planador – pegou Eiffel o modelo.

– É um jato no formato de um Eagle F-15.

– Rapaz, essa sua águia está precisando de uma força propulsora. Se colocar, pelo menos, uma hélice...

– Bom, um jato usa turbinas.

– O que é turbina?

– Nada, nada – arrependeu-se Caio de tocar naquele assunto. – Eu estava pensando numa outra forma de uma aeronave se movimentar. Ao invés de hélice, ela teria um gás em alta pressão, que sairia por trás da aeronave.

– Acho que já sei do que esta falando – disse Santos Dumont. – Estou agora me lembrando de ter lido no jornal sobre uma turbina a gás autopropelida. Se não me engano, ela foi construída em 1903 por um engenheiro chamado Elling. Mas como não ouvi mais nada sobre isso, creio que ele não conseguiu ir adiante.

– Devia ser difícil de operar – supôs Salles. – Essa tal turbina parece que funciona como fogos de artifício.

– Aí, já não seria mais um jato e, sim, um foguete – comentou Caio, deixando os três confusos em silêncio.

– De qualquer modo – contornou o piloto. – Deve ser bem inseguro. Acho que sua aeronave não tem muito futuro, Zip.

– Quem sabe – sorriu Caio, que percebeu Eiffel deixando o avião de papel em cima da mesa. – Eu só queria fazer algo diferente. Mas, continuando... O que acontece com o avião quando ele está no ar?

– Entramos de vez no estudo da aerodinâmica com o nosso túnel de vento – respondeu Eiffel num tom animado. – Desta forma, cuidamos para que cada parte do avião seja analisada de modo que ele possa ser manobrado de forma fácil e suave.

– O segredo está no formato do avião – imaginou Caio.

– O formato ajuda a reduzir resistência do ar.

– Dessa forma, a aeronave conseguirá voar com motores menos potentes e menos gastos com o combustível – emendou Santos Dumont.

– Mas e o formato da asa?

– O que tem a asa, meu jovem? – indagou Eiffel.

– Quando a gente olha uma gaivota, por exemplo, dá pra ver que ela voa bem melhor do que muitas outras aves.

– Hum. O que tem as gaivotas de diferente?

– As asas. É as asas são mais curvas. E elas são bem velozes.

– Gaivotas não são tão rápidas.

– Bom, Fernão Capelo Gaivota voava muito rápido, pelo menos no livro que li. Nele, o Fernão fechava um pouco a asa, para imitar as asas de um falcão, e conseguia voar em grande velocidade.

– Eu não sei bem o que você está falando – estranhou Santos Dumont –, porém o formato aerodinâmico da asa é bem importante. A parte superior de uma asa é mais arredondada, mais convexa do que a parte inferior. À medida que uma ave, como uma gaivota, voa em linha reta, quando o vento passa pela asa, vai haver mais velocidade na parte de cima do que na de baixo, portanto pressão menor em cima. O resultado é a força de sustentação que impele a asa para cima, o que faz a ave subir.

– Mas o que falei tá certo, não é? Asas longas como as de albatroz permitem um voo planado, enquanto asas curtas são de arrasar nas velocidades.

– Se era isto que você estava tentando dizer, sim. Todavia ainda temos muito o que descobrir.

– E o meu túnel de vento ajudará a desvendar todos estes mistérios do voo – afirmou Eiffel.

– Mistérios do voo... – Caio deu uma leve pausa e de súbito seus olhos se fixaram num ponto alheio a sua vontade e num tom vago começou a recitar. – "E ele verificou que... Se movesse mais de uma pena àquela velocidade, era disparado em movimento giratório como uma bala de espingarda... E assim fez as primeiras acrobacias aéreas de uma gaivota viva".

– O que disse?

– Nada, Santô – disse Caio, voltando a si. – Só estava lembrando de Fernão...

– Este movimento com uma única pena... Eu coloquei dois dispositivos móveis, os ailerons, controlados por cabos atados num colete que visto. Assim, com o movimento do meu corpo, pude copiar exatamente este pequeno movimento da asa da gaivota para controlar o movimento de rolamento do 14-Bis. Já na minha Demoiselle ficou difícil usar esses ailerons por causa do tipo de asas tão flexíveis e pequenas. Acabei por optar por outro sistema, a torção da parte de trás das asas, como prevista no século passado pelo Conde D'Esterno e por Mouillard.

– Você tem uma libélula com um corpo frágil de uma única haste de bambu. Ela, realmente, é bem diferente de uma gaivota.

– Uma única haste...

– O que foi?

– Estava imaginando – Santos Dumont parecia agitado. – Acho que devo repensar sobre a estrutura. O túnel e você estão fazendo-me crer que a utilização de apenas uma haste não é a melhor concepção.

– Acho que daqui a pouco a libélula vai virar um falcão – sorriu Caio.

– Como era mesmo o nome daquele livro sobre gaivotas e falcões?

– Chama-se Fernão Capelo Gaivota.

– Esse livro parece bem interessante. Eu gostaria de ler. Você sabe onde posso adquiri-lo?

– Bem, eu acho que vai levar um bom tempo pra se conseguir um.

Santos Dumont consultou seu relógio que o fez lembrar-se de outro compromisso. Enquanto saíam, Caio ainda deu uma olhada para trás e viu Eiffel conversando com o genro que estava de posse do modelo de papel. Preocupado, o jovem viajante do tempo pensou em retornar para resgatar o modelo futurístico, mas foi neste momento que o destino tomou o seu rumo. O genro, sem mais curiosidade, amassou o jato e o lançou ao espaço. Seu trajeto foi um mergulho fatal no vazio do esquecimento, para dentro de uma cesta de lixo.

9. Valquíria

Chegaram no apartamento e Caio Zip foi direto à cozinha à procura de algo para matar a fome. O cheiro do bolo de laranja em cima da mesa era convidativo e, sem cerimônia, Caio tentou pegar uma provinha. Foi nesta hora que uma mão mais rápida deu um tapa naquela mão furtiva.

– Nem se atreva, Caio – disse a cozinheira. – Este bolo vai direto para a sala, inteiro.

– Puxa, tá, tá... Já entendi – resmungou o jovem. – Tem alguma visita hoje?

– Sim, sim, sim! – apressava-se a empregada de retirar alguns pães de queijo do forno. – E espero vê-lo bem arrumado.

– Às vezes você parece minha mãe.

– Eu já tenho os meus seis filhos para me preocupar. Agora, suma da minha cozinha.

Caio viu a senhora dar as costas e, rapidamente, aproveitou para se servir de um copo de leite e de mais dois croissants. Com a boca prendendo um dos pães, correu para a sala.

– Ah, você está aí, Zip... Mas o que é isto! – Santos Dumont ficou desnorteado ao ver o jovem naquela aparência, ostentando um pão na boca diante das duas visitas. Caio estava petrificado na presença daquelas duas pessoas estranhas.

Sentado no sofá estava um senhor de uns cinquenta anos, calvo, com a face arredondada e um farto bigode com as pontas curvadas para cima. Ele trajava um terno escuro e tinha uma das mãos apoiadas numa bengala de cabo na forma da cabeça de uma ave de rapina. Parecia desconsertado com a situação, assim como Santos Dumont.

Ao lado do cavalheiro estava uma jovem, aparentando ter por volta de dezesseis anos. Usava um vestido num tom pastel, com gola e um chapéu com um leve véu branco suspenso na aba, próprio para se andar nos carros conversíveis. Os cabelos aloirados e um pouco encacheados estavam soltos emoldurando a face clara com uma pequena e charmosa pinta no lado esquerdo. As bochechas eram róseas e as sobrancelhas, bem delineadas, davam mais expressão àqueles olhos do mais profundo lilás. Ela se esforçava para ocultar o risinho com uma das mãos. Aos poucos, Caio foi se recompondo e como um malabarista estreante conseguiu depositar seu lanche numa mesinha, não sem antes dar um susto em todos, quando o copo de leite ameaçou cair no tapete.

Santos Dumont aproximou-se de Caio, que já esperava uma repreensão, mas, em vez disso, o piloto gentilmente apoiou a mão no ombro do jovem atrapalhado e apresentou-o aos convidados.

– Caio Zip, este é senhor Wagner Guarani do Gomes, representante de eventos culturais do Brasil, e esta é a sua adorável filha, talentosa cantora lírica, Valquíria. Senhor Gomes, senhorinha, este aqui é o meu jovem assistente e, momentaneamente, um jovem que se apresentou de forma irreconhecível.

– Assistente? – disse a jovem, ainda com vestígio do belo sorrisinho. – E eu que pensei que era difícil ganhar o pão do dia-a-dia como cantora. – desta vez foi Caio que deu uma pequena risada.

– Que é isso, filha – ralhou o cavalheiro, nervoso.

– Ah, eu não sabia... – murmurava Caio, sem jeito. – Não sabia que havia gente... Eu tinha entendido que as visitas ainda estavam pra chegar.

– Então eu entendi mal também – disse a garota com uma expressão simpática. – Essa sua apresentação foi apenas um ensaio.

– Espero, para o bem do meu tapete, que não – brincou Santos Dumont. Os dois jovens permaneciam com os olhos fixos um no outro, rindo sem saber mais de quê.

– E como eu estava dizendo – interrompeu o representante. – Senhor Santos Dumont, posso contar com sua presença amanhã à noite?

– Eu não sei se serei boa companhia. Tenho andado muito ocupado com o meu novo projeto e isto está tomando todo o meu tempo.

– Entendo bem que o senhor esteja sempre em busca de grandes realizações. Como pioneiro da aviação, que muita honra nosso país e deixa a todos os seus compatriotas orgulhosos. Exatamente pelo seu empenho em sempre contribuir com a sua generosidade, espero poder contar com seu apoio. Tenho certeza que sua ilustre presença, tanto na apresentação como na recepção, fará toda a diferença para que o renomado empresário, o senhor Sergei Diaghilev, aceite o convite de nos ajudar a levar seus grandes artistas para uma turnê no Brasil.

– Diaghilev?

– Sim. Esse é o empresário que está a nos proporcionar novas atrações que sempre estão a provocar muito sucesso, como este novo balé russo que estreará amanhã e que ele mesmo organizou, selecionando os melhores artistas, coreógrafos, músicos... A imprensa já está a dizer que vai ser o maior evento deste século.

– Ele parece ter o toque de Midas – comentou Valquíria.

– Entendo. – Santos Dumont acenava a cabeça, de forma distraída, enquanto o animado representante prosseguia.

– Não preciso dizer ao senhor como seria maravilhoso se conseguíssemos tais espetáculos para serem apresentados em São Paulo e, especialmente, no Teatro Municipal do Rio de Janeiro.

– O Teatro Municipal já foi inaugurado? – indagou o piloto.

– Ele será inaugurado em julho e certamente será o marco da cultura brasileira.

– Vejo que, nestas circunstâncias, não poderei deixar de comparecer.

– Gratifica-me saber, senhor Santos Dumont.

A criada apareceu trazendo um carrinho até ao centro da sala. Todos foram sendo servidos.

– Não vai lanchar conosco? – questionou a jovem, mirando Caio ainda de pé, mais recuado.

– Eu perdi o apetite.

– Ah, pois eu não. Estou me sentindo em casa com esses quitutes.

– Fico contente que esteja gostando – sorriu Santos Dumont. – Esses doces são receita antiga de minha família.

– Estão divinos, principalmente, esta Baba de Moça.

– Minha filha, não abuse dos doces. Cuide de sua voz – preocupou-se o representante, virando-se em seguida para o anfitrião. – Esse café é do Brasil?

– Sim, veio de São Paulo.

– Ah, nada como um bom café. O senhor deve sentir falta de sua terra?

– Sim, tenho boas lembranças da minha infância.

– Estava observando aquela tapeçaria na parede – comentou a jovem. – Quem foi que fez?

– Fui eu.

– O senhor, Santos Dumont!

– Sim. Gosto de costurar e fazer tapeçarias. São trabalhos que me fazem relaxar.

– Para mim, não há nada melhor do que ouvir música – disse a jovem, servindo-se de mais chá. – Assim posso treinar o ouvido.

– O senhor não acha melhor cavalgar do que costurar? – indagou o representante.

– Eu gosto muito de cavalgar, no entanto, quando estou em casa, prefiro costurar que é, para mim, uma forma de espairecer e também de manter minhas mãos firmes. Sem contar que, sabendo fazer uma boa costura, tenho, por assim dizer, a minha vida em minhas mãos.

– Desculpe-me! Poderia ser mais claro?

– Papai, acho que sei do que o senhor Santos Dumont está falando. Lembra-se do doutor Souza?

– Qual? Aquele médico que tem seis filhos?

– Este mesmo. Uma vez, ele me disse que para ser um exímio cirurgião, ele sempre fazia tapeçarias nas horas vagas, justamente, para relaxar, mas também para exercitar as mãos a fim de estarem aptas a realizar cirurgias mais delicadas. O senhor Santos Dumont também precisa praticar, se quiser ter o controle na manufatura de seus aparelhos. Para ele é vital!

– Mas, que eu saiba, os outros pilotos não fazem isso. – frisava a testa o representante.

– Cada um trabalha do seu jeito – explicou o piloto. – Blériot e Voisin, por exemplo, gostam de participar de todo o projeto e construção de suas aeronaves, enquanto a maioria gosta somente de pilotar. Como eu sou o único com vivência em balões, passando direto para aeroplanos, venho com o hábito de verificar pessoalmente a costura dos invólucros de seda dos meus dirigíveis. Agora, com o aeroplano, verifico as armações e toda a costura das asas para não ter nenhuma surpresa infeliz durante o voo.

– Mesmo assim, ainda corre riscos.

– Riscos calculados, senhorinha – corrigiu o piloto.

– O senhor deveria continuar com seus experimentos no Brasil – sugeriu o representante. – Acredito que o governo tem sempre interesse em financiar seus inventos.

– É uma ideia que sempre considero muito gentil, não pelo dinheiro, mas é encorajador saber que ainda tenho este apoio.

– Então o senhor pretende voltar?

– Não agora que estou no meio de um projeto e tempo é o bem que menos possuo.

– Mas seria tão bom para o Brasil.

– Como já disse em várias oportunidades, precisaria construir um hangar bem equipado, um grupo de mecânicos com excelente formação técnica e um aeroclube em local apropriado. Pessoalmente, o que eu mais desejaria em minha vida, seria poder realizar minhas experiências lá, junto aos meus compatriotas, e acredito que futuramente terei a oportunidade de concretizar este desejo, inclusive, o de conseguir o apoio do governo para a criação de uma escola de aviação.

– É uma lástima que não será por agora, mas acredito que Paris é uma cidade que o encanta muito com toda esta vida um tanto... Glamorosa.

– Encanta a todos nós.

– Aceita mais chá, mademoiselle? – ofereceu a criada.

– Sim, obrigada. Senhor Santos, eu poderia indagar qual o projeto em que está envolvido atualmente?

– Estou trabalhando com a *Demoiselle.*

– Como? – engasgou o representante. – Senhor Santos, ouvi bem! Está envolvido com uma donzela?

– Ele quis dizer libélula, papai. *Demoiselle* também pode significar um tipo de libélula. Não é isso, senhor Santos?

Santos Dumont parecia distraído e não respondeu.

– É o nome do aeroplano – salvou Caio da descortesia momentânea do piloto. – É pequeno e tem asas de seda transparente que lembra uma libélula.

– Ah, isso eu gostaria de conhecer – comentou a garota.

– Quando ela finalmente estiver pronta terei o prazer de apresentá-la – disse num tom seco o anfitrião que, em seguida, impôs um silêncio desconcertante.

– Acho que já tomamos muito do seu tempo – interveio o representante, levantando-se. – Seria uma honra, senhor Santos, se o senhor permitisse que eu viesse buscá-lo amanhã para irmos juntos ao teatro do Châtelet.

– Agradeço a gentil oferta. – insistiu o anfitrião com o tom seco.

– E agora podemos ver a cidade, papai?

– Minha querida, já está muito tarde.

– E amanhã?

– Perdoe-me por desapontá-la, meu doce. Amanhã estarei com o dia totalmente atarefado com os detalhes da recepção.

– E pelo que eu conheço do senhor, depois da recepção estará também ocupado, conversando com os artistas, os jornalistas, os diretores de teatro...

– Espero que sim. Eu preciso ter êxito nesta nossa grande missão cultural.

– Se ao menos eu tivesse companhia, eu não precisaria pedir-lhe tal sacrifício.

– Você está sendo cruel. Sabe que por você não existe sacrifício algum que eu não faria de bom grado. Eu até ficaria por horas naquelas intermináveis lojas de departamentos que você tanto deseja ver, mas o que posso fazer...

– Ah, papai, eu é que pergunto: o que é que eu vou fazer? Devo continuar a olhar tudo correndo diante da minha janela daquele quarto frio do hotel?

– Por que a senhorinha não passeia amanhã com o meu assistente? – sugeriu o aviador num tom apaziguador.

– O quê! – assustou-se Caio. – E quanto ao trabalho?

– Você tem trabalhado muito. Tire um dia de folga.

– Mas eu gosto de trabalhar.

– Ora, Zip, não tem problema algum. Eu vou aproveitar o dia todo de amanhã para fazer novos cálculos aqui em casa. Terei mais concentração ficando sozinho.

– Mas... Eu não sei se será conveniente – gaguejou o pai, receoso.

– Senhor Gomes, meu assistente é um ótimo rapaz e garanto que ele poderá acompanhar sua filha sem problema.

– Eu aceito!

– Valquíria, eu ainda não decidi nada. Não é correto uma mocinha...

– Não comece, papai. Quando o senhor vai entender que os tempos são outros? Já estamos em pleno século XX e o senhor se prende a estes... A estes modos antiquados! Logo o senhor que veio aqui para conhecer as grandes inovações, que deseja revolucionar a sociedade brasileira!

– Minha filha, eu preciso de você ao meu lado. Afinal, eu sou um viúvo e necessito de sua visão feminina. Está decidido: você vai me ajudar em todos os detalhes.

– O senhor não gosta de ouvir minhas sugestões. E além do mais, sem a minha presença, o senhor pode ficar com o tempo todinho amanhã pensando nos preparativos junto com madame Lili. Ela é uma dama tão amável...

– Mas o que é isto! Eu, eu... Eu só a considero como uma amiga.

– Que eu ficaria muito feliz se a tornasse mais do que isso, já que estão com essa amizade há tanto tempo.

– Verdade! Quero dizer... Filha... Eu não sei... – as expressões do pai iam de um largo sorriso a uma testa enrugada, deixando as sobrancelhas bem tensas.

– Sim, pai, eu a aceito – deu a jovem um beijo na testa do representante emudecido. – E agora que decidimos tudo – virou-se a jovem para Caio. – Amanhã, bem cedinho, você pode me buscar, está bem?

– Eu, eu acho que sim – respondeu Caio com lentidão.

– Esplêndido! Amanhã irei viajar no tempo!

– Como! O quê! – os três se surpreenderam.

– Ah! Paris é tudo! É Cidade Luz... É Liberté, Egalité, Fraternité! Romantismo, Iluminismo, Liberalismo, Modernismo, Socialismo! É o Amanhã! – animava-se mais e mais a jovem, enquanto arregalava os olhos do pai. – Finalmente eu vou deixar de ser uma mera espectadora e vou viver!

10. O Passeio

Antes de ouvir os ruídos da manhã no quarto, o mordomo já estava a despertar Caio Zip. Tal como um soldado, o empregado seguia passo a passo a sua rotina. Primeiro foi abrindo as cortinas para deixar as primeiras matizes da luz da primavera a se espalhar pelas paredes, depois foi preparando o toalete do hóspede...

– Mas por que tão cedo?

– Monsieur Santô pediu que se aprontasse logo para que todos nós saiamos e o deixemos em total solidão.

– Já vi tudo. Fomos expulsos de vez.

– Exatamente, meu jovem. E monsieur Santô pediu-lhe para recordá-lo de seu encontro com a bela demoiselle que esteve aqui ontem.

– Não é um encontro. É só... Eu só fiquei de acompanhá-la para mostrar a cidade.

– Sim, meu jovem, se é assim que diz, então eu desejo que tenham um apaixonante passeio – disse o empregado com uma expressão matreira. – Monsieur Santô pediu também que eu o avisasse que a casa retornará a sua rotina normal somente a partir das dezessete horas e quarenta e cinco minutos.

– Até que ele foi bonzinho. Já estava imaginando que teria de ficar esperando até às dezessete horas quarenta e nove minutos e doze segundos.

O empregado ergueu uma das sobrancelhas sem deixar de conservar a expressão formal. Antes de se retirar, como de costume, deixou a roupa estranha do jovem, lavada e prensada, pendurada no cabideiro juntamente com aquele calçado emborrachado que ele ainda não sabia bem como tratar.

Caio tomou fôlego e num só salto saiu da cama. Vestia-se, pensando em como seria o dia com Valquíria, em quais lugares ela gostaria que ele a levasse. Pensou em fazer uma lista, mas, pelo som da correria dos empregados nos outros cômodos, percebeu que não teria um minuto sequer a perder.

A cozinheira preparou uma limonada e fez um prato reforçado, enquanto Caio mergulhava um croissant no café com leite. Ele aproveitou e perguntou por Santos Dumont, mas a empregada o alertou que o patrão já se encontrava no escritório e tinha dado ordens para não ser incomodado. Sem mais demora, Caio foi para a rua e logo desceu as escadas que o levariam ao metrô.

Não foi difícil encontrar a rua que deveria ir. Aquele papel de caligrafia bem delineada, no qual a jovem tinha escrito, dava todos os detalhes que necessitava. Logo que chegou no hotel, viu que ela já estava acenando o braço de uma das janelas do primeiro andar.

Caio entrou no saguão e não demorou muito para ver uma jovem impaciente que havia preferido descer pelas escadas ao invés do elevador. Ela usava uma saia marrom claro e uma leve blusa branca com finas listras num tom creme. O toque estudantil ficou a cargo do terno de verão curto, um chapéu chato de abas curtas feito de palha e uma gravata curta na cor verde oliva claro.

– Que bom que chegou – disse ela, tomando fôlego depois de acabar de descer, correndo. – Eu já não aguentava mais as orientações do meu pai.

– Orientações?

– As de costume: não faça isso, não coma aquilo, não entre em tal lugar, não corra, não levante a saia, cuidado com as bostas de cavalos, com os condutores loucos...

– Seu pai não é muito diferente da minha mãe.

– Pelo menos a sua mãe não tem bigode, imagino. – Valquíria riu enquanto tirava a mecha sobre os olhos. Aquele olhar meigo e, ao mesmo tempo, astuto, tirou o fôlego de Caio por alguns segundos que pareciam durar uma eternidade.

– Ela está aqui em Paris?

– Quem?

– Sua mãe.

– Ela não está viva.

– Lastimo saber – disse a jovem num tom gentil. – E seu pai?

– Também não está presente neste tempo.

– É triste. Eu reclamo do meu pai, mas, no final, eu gosto muito dele. Eu não sei o que faria sem ele. Sabe, desde que minha mãe morreu, ele tenta ser uma mãe em dobro pra mim.

– É, seu pai é muito legal.

– Legal? Mas é claro que ele é o meu pai legítimo! O que você está pensando?

– Tá, foi mal. Eu só quis dizer que ele é ótimo.

– Tá... Foi mal... Você é estranho! De onde você veio?

– Eu sou como você – sorria Caio.

– Como eu? – cruzou a jovem as mãos sobre o peito.

– É, como você. Eu também sou um viajante do tempo.

– Se é assim – sorriu a jovem. –, o que acha de deixar esta perda de tempo por aqui e irmos por ali? – a jovem, sem ouvir a reposta, correu em direção à porta da rua. Caio, rindo, foi atrás.

O dia estava fresco e isto ajudou muito a Caio para seguir o ritmo energizante da animada. Num momento, encontravam-se diante das lojas estrelando a última moda com aqueles chapéus de abas muito largas, e vários eram carregados de longas plumas. Em outro instante, ela já estava a vasculhar as novidades tanto nas livrarias como também nas lojas que vendiam partituras das músicas recém-lançadas. Para a sorte de Caio, a jovem não estava com uma boa soma para tal gastança e logo ela se pôs a correr pelas ruas em busca de outras novidades. Eles experimentaram sorvetes de casquinha que deu mais pique à jovem. Sem cansar, ela corria por entre os carros e charretes e divertia-se com Caio a segui-la. Ele ficou aliviado ao ver que a corrida terminou na entrada do museu do Louvre. Pensava que, naquele templo das artes, teria tempo para apreciar tudo com tranquilidade. Que inocente. Mal despregou os olhos da companheira e a perdeu por aqueles intermináveis corredores. Achá-la seria um trabalho de horas, desesperava-se. Correu por salas e mais escadas aqui e ali e, num dado momento, a sorte o socorreu. Caio ficou aliviado por encontrar a desaparecida que estava apreciando uma pintura. Ela parecia estar em total compenetração e nem percebeu a presença do companheiro. Foi neste ato de comunhão da apreciadora com a imagem de um corpo pálido estendido numa terra pincelada com a cor sangue, que um sutil espasmo correu pela mão da jovem. Aquela sensação à flor da pele somente foi detectada pelos olhos atentos de Caio. Docemente, ele segurou aquela mão delicada e compartilhou com a bela de olhos lilases vivos aquele sentimento misturado de compaixão, dor e ternura diante daquele tema mórbido da pintura.

Voltaram às ruas e, naquele labirinto provido de tantas novidades, chegaram ao Quartier Latin, justamente no intervalo de alguns estudantes que, animados, improvisavam uma reunião com direito a música e muita dança. Depois de tanta efervescência, pararam num café. Tomavam refrescos sossegados até que um grande pôster chamou a atenção de Valquíria. Tinha os seguintes dizeres: "*Teatro Châtelet Temporada de Balé e Ópera Russa – Maio a Junho 1909*". Valquíria, assustada, fez Caio olhar para o pôster, pois só naquele momento deu-se conta que estava atrasada para ver a estreia. Pediram a conta e, mais uma vez, correram pelas ruas até pegarem o metrô. Combinaram de se encontrar na porta do teatro. Caio a deixou em casa e voltou para o apartamento de Santos Dumont. Já passava das seis quando chegou e encontrou tudo em silêncio. Sem perder um minuto, correu para o quarto e num lance conseguiu improvisar uma roupa.

11. O Teatro

O teatro estava cercado de charretes e carros e uma multidão se concentrava na entrada principal. Caio ficou preocupado por começar a duvidar se conseguiria encontrar a jovem no meio daquele tumulto, mas, por sorte, Valquíria estava em destaque acenando os braços. Ficou impressionado com a garota que agora trajava um belo vestido de gala na cor rosa chá de mangas curtas e fofas, com um brocado desenhado com gotas de cristais que davam um efeito teatral. O leve decote quadrado revelava a pele alva e no pescoço havia um delicado colar de pérolas. Entre os cabelos suspensos, uma e outra mecha rebelde insistiam em cair sobre os olhos. Aquele olhar doce deixava Caio mais atraído do que antes. Valquíria teve de puxar a mão do desnorteado para lhe mostrar um caminho que os levaria à porta lateral.

Diante de Caio abriu-se um mar de confusão. Valquíria o tinha levado aos bastidores. Os dois estavam cercados por um monte de gente correndo para lá e para cá, com algumas bailarinas amarrando as sapatilhas ali, agachadas, na estreita passagem. Havia outras, mais ao fundo, ajeitando os longos tutus de renda armados por debaixo de fantasias de cores vivas. Mais pessoas afoitas transitavam com trajes parecendo nobres do século XIII. Turbantes, coroas e escudos de bárbaros esbarravam em Caio e alguns assistentes de palco pediam ao desconhecido rapaz que saísse do caminho. Valquíria parecia mais entrosada com toda aquela agitação e logo se juntou a um grupo fantasiado de guerreiros orientais, o qual ela apresentou a Caio como sendo de amigos que faziam parte do coro. Num relance, Caio reparou na presença de uma senhora com cabelos presos, um pouco grisalhos, usando um vestido de gala. Ela tinha uma expressão de cansaço e estava conversando com um jovem bailarino usando um turbante, brincos grandes de argola, em um figurino que lembrava um criado de uma corte. A postura da senhora lembrava a de uma bailarina veterana. Seus olhos estavam encharcados de lágrimas e, após fazer o sinal da cruz, diante do rosto do bailarino, ela deu um beijo maternal na testa. O bailarino, emocionado, retribuiu com um respeitoso beijo na mão e, em seguida saiu, sustentando um sorriso infantil. Os minutos escorriam naquela intensa preparação e todos disparavam, impulsionados pelo nervosismo da estreia. Muitos artistas começaram a se aglomerar, esperando sua chance de dar uma olhadinha através de um buraco camuflado na pesada cortina do palco que revelava como estava o movimento na plateia. O primeiro sinal de chamada soou e como um raio todos foram se colocando nas suas posições.

Caio aproximou-se da cortina que agora estava sem ninguém. Pela pequena abertura, admirou o teto côncavo, onde pendia um lustre de cristal. O teatro suntuoso era dominado por tons dourados e um vermelho carmim forrando as paredes, todavia aquele lugar parecia pequeno demais para tamanho movimento. A maioria dos camarotes já estava ocupada. Nos dois andares, subdivididos por alas, soavam as vozes dos espectadores ainda em busca de seus lugares. No último andar, as alas eram emolduradas por arcos pontiagudos e Caio não tinha uma boa visão para ver o que ocorria. Nas poltronas vermelhas na plateia, acomodavam-se mais alguns retardatários. Vários cavalheiros, todos de terno preto e blusas brancas, conversavam entre risadas e gestos. Um grande número de damas exibia penteados bem elaborados com enfeites de plumas. A maioria desfilava vestidos da última moda ornamentados por belas joias. Os leques e o binóculo com haste dobrável eram bens preciosos, cuidadosamente acomodados no colo de cada dama.

Com o toque da segunda chamada os espectadores foram desaparecendo com a diminuição das luzes, como estivessem se tornando seres fantasmagóricos. Luzes azuladas oscilavam pelo palco vazio. Vozes de idades distintas, palavras soltas, pequenas risadas ecoavam à deriva naquele vazio.

O último toque soou e passos acelerados denunciavam os últimos preparativos para o início do primeiro ato.

A música elevou-se tentando abafar as tosses e sussurros. Caio, que estava encolhido num canto, sentiu um toque no seu ombro. Ele se virou e deparou com o rosto da amiga que, com um sorriso, pegou-o pela mão e guiou-o para trás do cenário. No trajeto escurecido, Caio quase derrubou as lanças empilhadas na vertical, apoiadas umas nas outras.

Naquela área, um grupo de bailarinas formava um semicírculo. Nas mãos tensas e delicadas de cada uma, pairava uma guirlanda de rosas. A respiração delas era ofegante e os corações denunciavam a tensão palpitante até se ouvir um compasso vindo da orquestra que fez eclodir toda aquela ansiedade contida. Num só ritmo elas foram entrando num alçapão.

A música fluía, enquanto, no centro do palco, surgiu um foco de luz voltado para uma mão a dançar, a dedilhar uma história. Aos poucos, outros pontos de luz foram revelando as feições de um bailarino. Caio reparou que era o mesmo que havia recebido a benção da elegante senhora. Se antes o artista refletia um rosto inocente e frágil, agora, ele lançava um olhar penetrante e um sorriso enigmático, como se fosse um feiticeiro a evocar magia negra. Os saltos, quase congelados no ar, perpetuavam a perplexidade do público por testemunhar aquele balé inacreditável.

O cenário de um jardim esplêndido com um palácio ao fundo foi surgindo como um sonho. Bailarinas balançavam a guirlanda de um lado para o outro. Uma bailarina, ao lado de Caio, esperava ansiosamente sua deixa para entrar em cena, porém a dança solo do parceiro parecia não ter mais fim.

O dono daqueles saltos inimagináveis continuava a conquistar todo o espaço e toda a atenção. Caio, assim como os outros que assistiam, estava sendo atraído por aquela coreografia moderna. Quando finalmente a música estava para dar o desfecho, o bailarino deu um salto e alcançou tal altura que parecia confrontar a própria gravidade. Aquele momento deslumbrante deixou todos boquiabertos, especialmente quando se constatou que o bailarino pousou os pés num silêncio inabalável sobre o duro solo de madeira. Sem mostrar qualquer esforço, suavemente, agachou-se e, por fim, saudou o público oculto pela escuridão.

Um silêncio atingiu a todos nos bastidores como se cada um estivesse com um punhal pressionando na garganta. Aqueles segundos tão prolongados revelaram-se insuportáveis, como um réu à espera de um veredicto. E então... Um som foi crescendo e crescendo... Até tomar todo o lugar. Uma onda avassaladora de aplausos e gritos emocionados arrancou sorrisos nervosos de todos nos bastidores, que ficaram aliviados e satisfeitos com o desfecho. Emocionados, abraçavam-se uns aos outros. A glória estava sob os pés daquele bailarino estreante que permaneceu inalterado na sua posição de destaque. Todos celebravam o nascimento de uma grande estrela. Valquíria vibrava e não parava de contemplar aquelas centenas de luvas e de punhos brancos agitando-se, como se fossem flocos de neve a revoar durante uma tempestade. O balé custou a continuar depois daquela fascinação criada pela dança solo, mas, finalmente, a bailarina que esperava sua vez conseguiu se apresentar.

No final daquela atuação, as luzes acenderam e aquela febre do público enlouquecido veio à tona. Num movimento digno de um príncipe, o bailarino ergueu os braços e abraçou toda aquela emoção. Os aplausos e gritos ameaçavam ficar ali eternamente, celebrando a cena triunfal.

Durante um pequeno intervalo, Caio recebeu de Valquíria o programa. Foi só naquele momento que descobriu o nome daquele balé. Era *Pavillon D'Armide* (*O* Pavilhão de Armida), coreografado por Mikhail Fokine, com Vera Karalli atuando como Armida. O bailarino, que havia caracterizado o escravo favorito de Armida e tinha dado aquele fantástico show, chamava-se Vaslav Nijinsky. No programa também constava que o segundo ato seria *Danças Polovitzianas* extraídas da ópera *O Príncipe Igor* e depois seria a vez de... Um esbarrão atrapalhou a leitura. Caio se virou e só viu o vulto de uma bailarina, segurando uma guirlanda de rosas. Ela passou por um pequeno refletor que reluziu sobre os cabelos da aflita um delicado prendedor cheio de pedras coloridas.

O público retornou às densas sombras com grande expectativa a pairar no ar. Uma flauta solitária soava como se estivesse a imitar o ritmo do bater de asas de um pequeno pássaro invisível que sobrevoava o palco.

Um novo mundo invadiu o teatro. Havia a imagem de um vale ao fundo rico em detalhes, como uma vegetação rasteira e um rochedo e, ao fundo, um belo entardecer. Diante desse cenário exuberante, o palco tornou-se um acampamento de uma tribo nômade com dezenas de guerreiros bárbaros à frente da tenda principal. Ao centro, um homem de peito nu empunhava uma chibata. Não demorou muito para que ele batesse o instrumento de dor contra o solo. Era o sinal para a entrada de um grupo de odaliscas. As formas femininas possuíam braceletes de escravas no braço e dançavam cada uma com um longo véu como parceiro. Fizeram uma grande roda e ao centro estava a escrava favorita. Outro grupo de mulheres vestidas como nobres orientais cantava num sublime tom lírico que soava como se estivesse sobre as asas do vento. Da tenda principal apareceu o príncipe Igor e seu filho cercados por seus algozes tártaros que os tinham feito prisioneiros há poucas horas. Todos apreciavam a dança.

A música tornava-se mais intensa e convidava os caçadores a tomar o espaço das jovens que se afastaram. Eles começaram a se divertir, dançando com seus inseparáveis arcos e atirando flechas invisíveis. Guerreiros cantores clamavam aos deuses para que participassem da celebração pela grande vitória sobre os velhos inimigos. Tudo era tão alucinante que acabou por trazer as escravas de volta à dança juntos dos guerreiros exaltados.

A orquestra, num tom mais selvagem, incitava toda a tribo. Os bailarinos enlouquecidos pareciam estar prontos para atacar, lançando sobre a plateia paralisada toda aquela carga de emoção causada pela bárbara celebração. A última nota, num clamor infinito, fez com que todos os tártaros erguessem seus braços em puro louvor aos céus. Esta foi a deixa para que a plateia ficasse de pé e liberasse seus gritos de guerra: *Bravo! Bravo! Bravo!*

Mais um intervalo e novamente houve o corre-corre diante de Caio. Os artistas estavam mais nervosos por não poderem mais contar com a campainha que havia enguiçado. Um bando de costureiras e maquiadores dava os retoques nos seus trabalhos. Maquinistas controlavam o sobe e desce dos cenários que, na verdade, eram obras de arte criadas por renomados pintores da época.

O Festin: foi este o nome que Valquíria pronunciou, referindo-se às variadas danças russas que seriam servidas ao público ainda insaciável. Pelo programa, mais uma vez, Nijinsky faria a primeira atuação com a dança intitulada *Pássaro de Fogo,* com música de Tchaikovsky. A parceira desta dança seria a jovem também estreante, Tamara Karsavina.

O balé começou com o cenário escurecido. Os olhos profundos e sedutores de Nijinsky destacavam-se sob a tênue luz. O bailarino incorporava um verdadeiro príncipe hindu, vestindo um traje de cores vivas e pesado. Com passos certeiros, Nijinsky aproximou-se da jovem fantasiada como um belo pássaro de plumas em tom de dourado e de um vermelho flamejante. A ave voava livremente, cativando com sua graciosidade a todos que a contemplavam. Em nenhum momento, a pequena emplumada suspeitou da presença do nobre caçador. A dança do pássaro era delicada com movimentos que não cogitavam dúvidas a ninguém que se tratava de um animal encantado. Ela, alegremente, prosseguia com sua magia. De repente, em um só salto, o príncipe caçador apareceu por detrás da bela ave e a capturou, envolvendo-a com seus braços fortes. Ela tentava escapar. Lutava. Debatia-se com toda a sua angústia... Por fim, ela desistiu ao encarar o seu conquistador.

O balé dos dois parceiros era saudado com olhares de um público imóvel, totalmente envolvido com a leveza e o domínio na execução da bela apresentação. O casal refletia a total espontaneidade de espíritos livres em plena comunhão com a música. Ao final daquela cena tão comovente e apaixonante, uma nova onda de aplausos sacudiu o teatro. O casal se dava as mãos e com um vitorioso sorriso, compartilhava o grande sucesso.

A última apresentação veio com o balé intitulado: *Grand Pas Classique Hongrois*. Caio lia o programa e descobriu que se tratava de um grande baile húngaro celebrando o noivado de uma princesa chamada Raymonda.

O palco havia se transformado num belo salão de um palácio, onde se fazia a grande celebração. Como os noivos, a plateia era convidada a assistir a dança de nove casais. Nijinsky se destacava entre os casais e novamente conquistou a atenção de todos. Sua parceira era a bailarina que havia esbarrado em Caio durante um dos intervalos. A bela jovem parecia estar se divertindo enquanto exibia todo o seu talento até chegar o *grand finale*.

A plateia emocionada saudou com mais urros delirantes e não dava sinal algum de querer sair do teatro. Os artistas foram encobertos pelos panos, mas tiveram de retornar para agradecer aos incessantes aplausos, várias e várias vezes. O balé russo havia conquistado a plateia com aquela revolucionária apresentação e estava fadado a reinar de forma absoluta. O público, muito alegremente, entregou-se aos novos tempos e consagrou definitivamente o novo ídolo, Vaslav Nijinsky.

12. A Recepção

– Champanhe, monsieur ?

– Obrigado! – agradeceu Caio, servindo-se de uma taça na bandeja servida. Depois de oferecer a Valquíria, o garçom continuou a rodar pelos jardins da Embaixada.

As portas do salão não paravam de abrir e fechar com a entrada de tantos convidados que vinham direto do maravilhoso espetáculo. Em todas as rodas era fácil ouvir comentários entusiastas sobre o novo bailarino ou sobre as atuações que mais apreciaram. As conversas só foram interrompidas com a chegada do corpo de baile. Os primeiros aplausos foram direcionados a um homem corpulento com um olhar sagaz, um rosto redondo, bochechas caídas, sobrancelhas grossas, um bigode de corte reto e um cabelo bem escuro com uma mecha pintada de branco em destaque acima do olho direito. Empunhando uma elegante bengala, o homem saudou a todos num tom solene. Com tantas pessoas a murmurar, não foi difícil a Caio entender que se tratava do empresário do balé russo, Sergei Diaghilev. As pessoas também ficaram alvoroçadas com a chegada do coreógrafo apresentado pelo pai de Valquíria como sendo o grande revolucionário Mikhail Fokine. O artista pediu a todos que saudassem os bailarinos e os cantores, que retribuíam aquela enorme homenagem com certa timidez. Com a chegada de Nijinsky, aplausos, uivos e gritos de "Bravo" espalharam-se pela casa. Desta vez o bailarino não ficou tão formal às saudações como mostrado por ele no palco e, com um aspecto quase infantil, agradeceu.

– Bronia, aqui! – chamou Valquíria a jovem bailarina com os cabelos presos por um prendedor de pedras coloridas.

– Você viu, Valquíria, como nos aplaudiram? – agitava-se a moça.

– Merecidamente, querida. Você estava perfeita.

– Eu estava tão nervosa. Pensei que fosse errar tudo. Só fiquei melhor quando dancei com meu irmão. Ele estava tão bem que senti como se fôssemos novamente crianças, brincando de roda.

– A propósito – interrompeu Valquíria. – Será que teremos a chance de parabenizar o seu irmão?

– Eu acho que, por agora, não. Vaslav está gostando muito de ser paparicado por tanta gente.

– É, seu irmão vai ficar bem famoso – comentou Caio, deixando a taça vazia numa bandeja que ali passava.

– Eu espero que sim. – a bailarina virou-se para reparar melhor em quem havia respondido e ficou com uma expressão de surpresa. – Ah! É você!

– Vocês já se conhecem? – indagou Valquíria.

– Esbarramos nos bastidores.

– Você está sendo gentil – sorriu de forma encabulada a bailarina. – Eu esbarrei em você. Era tanta confusão que nem pedi desculpas. Desculpe-me... Como você se chama mesmo?

– Eu sou Caio Zip. – o jovem esticou a mão.

– Eu sou Bronislava Nijinska, mas pode me chamar de Bronia.

– Você mandou bem.

– Mandou bem! – repetiu Valquíria. – Você fala, realmente, de um jeito esquisito.

– Poxa, eu só quis dizer que ela dançou bem.

– Obrigada – agradeceu a bailarina, ajeitando uma mecha da franja.

– Vocês gostariam de uma bebida? – ofereceu Caio.

– Não, não. Não posso beber nada – virou-se a bailarina para a amiga. – Amanhã tenho que continuar os ensaios.

– Não vai ter descanso?

– Até parece que você não assistiu aos ensaios, Val. Desde quando Fokine nos dá uma trégua?

– Então ainda não conseguiu passear por Paris?

– Só consegui num dia e aí aproveitei para comprar algumas coisas para minha mama.

– Ela já está melhor?

– Mama estranhou um pouco a temperatura, mas agora está bem.

– Sua mãe esteve nos bastidores – recordou Caio.

– Você a conhece?

– Bem, eu acho que era ela que estava dando a benção ao seu irmão.

– Então era ela, sim. Mama sempre vai às apresentações de Vaslav para dar apoio e depois gosta de mimá-lo com um chá e os doces favoritos dele.

– Sua mãe foi bailarina?

– Sim – sorriu a bailarina. – Como sabe?

– Sei lá. Acho que era o jeito de andar.

– Meus pais foram bailarinos e eles deram as primeiras lições a mim e a Vaslav.

– Que lega... Digo... Que ótimo! – corrigiu Caio. – Quanto tempo você ficará em Paris?

– Eu suponho que, se tudo correr bem, ficaremos aqui por mais duas semanas e depois seguiremos para a Itália.

Neste instante, uma mulher alta de corpo esguio com um rosto angelical interrompeu a conversa dando um abraço em Valquíria.

– Querida, como está? – cumprimentou a mulher.

– Estou ótima – sorriu Valquíria. – E você?

– Nas nuvens. Você gostou da minha atuação?

– Você estava estupenda, Tamara.

– Você é muito gentil. Mal imagina o quanto eu fiquei nervosa.

– Eu também ficaria se tivesse de substituir Pavlova na última hora – destacou Bronia.

– Quando Diaghilev avisou-nos que Anna não chegaria a tempo e que eu iria ter o papel dela, eu morri. Eu disse a ele que não conseguiria com tão pouco tempo para ensaiar.

– Mas Vaslav ajudou.

– E como! – ria a mulher. – Seu irmão é o meu anjo que me faz voar. Ele me faz sentir tão a vontade que nunca fico com receio de errar. Nem quis mais discutir com Diaghilev.

– Alguém disse meu nome? – soou uma voz masculina vinda detrás do grupo.

– Querido! – a bailarina ao lado de Bronia virou-se e beijou o rosto do empresário.

– Entrou aqui na festa e nem falou comigo. Já está tão famosa que me ignora?

– Oh! Claro que não. Eu vi você tão ocupado, conversando com aqueles diretores, que não quis incomodar.

– Minha Tamara, a partir de hoje você pode me incomodar o quanto quiser. Eu não disse que você faria a atuação mais maravilhosa de sua vida? Como sempre, eu estava certo.

– Foi um sonho.

– Nada disso – erguia Diaghilev a bengala. – Hoje vocês estavam bem acordados. Você e Vaslav conquistaram Paris. Amanhã será a vez do mundo descobri-los.

Murmúrios e pequenos focos de aplausos foram se espalhando pela sala. Caio olhou em direção à porta e lá estava o coreógrafo Fokine recepcionando uma recém-chegada. A misteriosa mulher tinha os cabelos escuros presos em coque. O corpo esbelto provocava a todos com seus movimentos delicados. Os aplausos continuavam a contagiar a sala. A mulher agradeceu com um largo sorriso. Suavemente, ergueu as mãos como se fossem delicadas asas prestes a alçar voo enquanto se agachava de forma elegante, cruzando as pernas.

– Nossa! Ela lembra demais a bailarina do pôster – sussurrou Caio.

– É a própria – revelou Valquíria. – Essa é a primeira bailarina, Anna Pavlova.

Depois de atender alguns fãs, a grande bailarina ainda ao lado de Fokine, dirigiu-se ao grupo onde estava Caio Zip. Diaghilev saudou Anna com um respeitoso beijo na mão.

– Que bom que chegou, minha cara. – disse ele.

– Soube que a estreia foi um grande sucesso – comentou Anna, enquanto mirava com apatia a bailarina que a substituiu. Uma leve tensão pairou no ar. Anna quebrou o silêncio. – Soube que foi bem na apresentação. Acredito que, tendo Nijinsky ao lado, ninguém deve ter reparado em você. Mas agora que estou aqui, todos verão uma grande atuação.

Os olhares de todos congelaram-se com aquelas alfinetadas. Tamara tinha as mãos cerradas e pressionava os lábios, retendo a humilhação.

– Eu não entendi esse Pássaro de Fogo – intrometeu-se Caio para a felicidade de todos que temiam assistir uma terrível discussão entre as duas rivais.

– O que você não entendeu, jovem? – preocupou-se Fokine.

– Por que esse balé Pássaro de Fogo tem como música o Pássaro Azul de Tchaikovsky?

– O nosso compositor não conseguiu terminar a tempo – explicou o empresário. – Como eu já havia divulgado à imprensa e aos críticos que haveria este grande número, tive então a ideia de renomear o Pássaro Azul como o Pássaro de Fogo.

– Aquele preguiçoso – reclamou Fokine. – Ele me deu muito trabalho tendo de criar duas coreografias.

– Mas tudo deu certo, não foi – amainou Bronia, colocando a mão no ombro do coreógrafo.

– Você deveria demiti-lo, Sergei. – implicou Fokine. – Ele não pode continuar a me atrapalhar deste jeito.

– Vocês não podem demitir Stravinsky! – interferiu Caio.

– O que disse? – indagou o coreógrafo num tom frio.

– Vocês não podem. Stravinsky tem que fazer o Pássaro de Fogo. Tem que ser ele.

– Mas não era de Stravinsky que estávamos falando!

– Não?

– Claro que não. Estávamos falando de Liadov.

– Como não era Stravinsky? – insistiu Caio, nervoso. – Tem que ser ele a fazer o Pássaro de Fogo.

– Você conhece Stravinsky?

– Não muito bem. É que... Os meus pais gostam... Gostavam muito da música dele... Na verdade... Na verdade, eles sempre falavam que eles começaram a namorar justamente quando assistiram a um balé com a música dele.

– Você deve estar confundido tudo – argumentou o empresário. – Stravinsky só compôs até o momento, *Feu d'artifice,* que é pouco conhecida. Por sinal, foi por causa dessa composição que decidi contratá-lo.

– Mas sabe que o garoto deu uma ótima ideia – reagiu Fokine. – Eu gosto de Stravinsky. Ele pode ser ainda inexperiente, mas ele parece ter muita vontade de criar. Ele busca coisas novas assim como eu.

– Você só pode estar brincando. – Anna Pavlova ficou irritada. – Querer trocar a técnica de Liadov por aquele barulho que Stravinsky insiste em chamar de música.

– Você está sendo radical, Anna – defendeu o coreógrafo num tom amável. – Stravinsky revela ser ousado e estar à frente do nosso tempo. Trabalhando com ele, eu poderia fazer coreografias fantásticas para você.

– Eu me recuso a trabalhar com ele.

– O que é isso, Anna! – aborreceu-se o empresário. – Você não deve reagir dessa forma.

– Posso e faço. Eu não quero Stravinsky.

– Eu aceito – intrometeu-se Tamara com um sorriso esboçando um ar de zombaria.

– Pois faça bom proveito – enfureceu-se a primeira bailarina, saindo dali.

– Anna, espere – pediu o empresário. – Não estrague tudo.

– Deixe Anna para lá, Diaghilev – pediu o coreógrafo, segurando o braço do empresário. – Você está cansado de saber que ela gosta de fazer essas cenas. Venha, vamos conversar mais sobre Stravinsky.

Os dois saíram de perto, enquanto Caio reparava em Anna que estava próxima a uma janela, ainda se refazendo da discussão.

– Eu não devia ter falado nada! – desabafou Caio. – Que mancada.

– Mancada? – estranhou Tamara. – Do que está falando?

– Estou falando sobre a Anna.

– A Anna está mancando? Onde? – esticou Tamara o pescoço, tentando ver a rival.

– Não é nada disso – disse Caio, agitando as mãos. – Ela não está mancando.

– Ah, não está – disse a bailarina, desapontada.

– Tamara, você não pode desejar isso nem para sua pior inimiga – repreendeu Bronia.

– Claro que posso. Quando se trata de Anna, posso sim.

– Essas brigas só atrapalham a todos nós!

– Não fui eu que comecei. Foi ela que começou no mês passado.

– Do que está falando?

– Esqueceu, Bronia, daquela cena em que a alça do meu vestido arrebentou em plena dança? E daí, eu fiquei... Fiquei exposta?

– Sim, foi terrível, mas o que tem isso com Anna?

– Quando saí correndo do palco, encontrei com Anna no camarim e ela falou coisas terríveis para mim.

– Eu não sabia disso – disse Bronia.

– Ela me fez chorar tanto! Foi horrível. Nunca vou perdoar.

– Mas você tem que esquecer isso. Você deve superar!

– E é exatamente o que estou fazendo: eu quero superar Anna.

– Não é isso que Bronia está falando – entrou Valquíria na discussão.

– É o que devo fazer. – zangou-se Tamara, mordendo os lábios. – Quero ser a melhor. E agora com Nijinsky...

– O que tem o meu irmão?

– Será que não viu, Bronia? Nunca um bailarino teve tanto destaque numa apresentação solo. Sempre o público vem assistir à bailarina. Muitos dos idiotas bêbados só vão ao teatro para ver nossas pernas, mas agora tudo isso mudou! Agora com esse nosso novo balé, as pessoas estão realmente entendendo a nossa arte. Quero ser sempre a parceira de Nijinsky. Seremos os melhores que o mundo já viu.

– Ele faz por merecer e sem arranjar brigas.

– Ele não arranja porque Chinchila está sempre de olho nele.

– Quem é Chinchila? – sussurrou Caio a Valquíria.

– Chinchila é o apelido de Diaghilev por causa da mecha branca no cabelo – respondeu ela num tom impaciente.

– Eu quero dançar!

– Tamara, pare de gritar – pediu Bronia, reparando nas outras pessoas que já as encaravam.

– Eu não estou gritando – irritou-se a bailarina. – E você mais do que ninguém deveria entender-me.

– Eu só entendo que sou a mais nova do grupo e não quero entrar em nenhuma confusão.

– Ou você é minha amiga ou é de Anna.

– Tamara, você tem que se acalmar – aconselhou Valquíria.

– Eu estou calma. – Tamara colocou as mãos na cintura. – Por que vocês não entendem como eu me sinto?

– Você não pode ficar com esta bobagem com Anna – frisou Bronia.

– Ou eu ou Anna.

– Vocês podem parar com isso? – pediu Caio num tom suave às três que não paravam de falar ao mesmo tempo. – Ei, vocês... Ei... Alguém quer uma bebida? – insistiu Caio, sentido que estava sendo ignorado. – Droga! O que foi que eu fiz!

Aborrecido com aquela situação, Caio decidiu afastar-se até que as três voltassem ao normal. O movimento era intenso no salão, mas Caio não se sentia animado para uma nova conversa.

– O senhor deseja algo? – indagou o garçom.

– Se tiver alguma coisa que acalme três garotas, eu aceito!

– Compreendo, senhor – sorriu o empregado, cordialmente, ao ver as três garotas que gesticulavam avidamente. – Levarei algo para as jovens. E para o senhor?

– Pode deixar, eu vou até achar alguma coisa naquela mesa pra beliscar.

Caio aproveitou a fartura da mesa e fez um pequeno prato de doces e biscoitos. Enquanto estava acomodando-se num sofá vazio, o garçom retornou, trazendo-lhe uma bandeja com xícaras de chá. O aroma estava tão convidativo que Caio não pôde recusar. Com cuidado, o jovem depositou o prato de doces no colo e ficou segurando a xícara. Reparava à distância as três jovens que agora seguravam suas respectivas xícaras e com risadas trocavam simpatia. Sem notar, Caio mergulhou um dos doces no chá. Ao levar a boca, uma sensação forte invadiu o céu da boca. Sua mente o fez saborear aquele momento com os olhos fechados. Sua garganta fazia movimentos tão distintos que um observador poderia imaginar que estava a reter um pedacinho de algo extremamente prazeroso... A sensação estava se desmanchando e Caio despertou repentinamente. Comeu outro pedaço de doce embebido no chá. Conseguiu reter a sensação, mas desta vez tinha durado muito menos. Tentou com uma terceira mordida e não parecia que estava surtindo o mesmo efeito. Com ar desanimado, abandonou o chá numa mesinha ao lado como também o prato de doces.

13. Em Busca de um Tempo Perdido

– É triste quando acaba o efeito, não é? – indagou um homem de rosto fino com cabelos e bigodes castanhos escuros. Os olhos pareciam bem escuros, principalmente com as pesadas olheiras.

– Falou comigo? – assustou-se Caio, limpando a boca com as costas da mão.

– Sim. Posso me sentar?

– Claro – respondeu Caio de forma distraída. – Mas do que você estava falando?

– Você acabou de lembrar algo que aconteceu provavelmente na sua infância, não estou certo? – afirmou o homem, servindo-se de uma taça de champanhe oferecida por um garçom.

– Como sabe?

– Sua fisionomia mudou. Você parecia como uma criança descobrindo algo novo. Diga-me: você se sentiu muito feliz?

– Sim.

– E do que você lembrou?

– Eu não sei bem. Foi muito rápido. De repente, me vi de volta em casa com minha mãe... Minha avó estava acabando de vir da cozinha e trouxe uns biscoitos que nunca mais comi outro igual...

– E esta lembrança surgiu de repente?

– Eu acho que este doce me fez lembrar.

– Este biscoito... Você também colocou o biscoito que sua avó serviu dentro de um chá.

– Isso mesmo.

– E você nunca tinha revivido esta lembrança, estou certo?

– Agora que você falou... É, eu tinha esquecido totalmente.

– E você ficou muito feliz retornando àquele tempo. A sensação era tão forte, tão real que o fazia acreditar que estava aqui no presente e ao mesmo tempo no passado, que era o jovem de hoje, vendo-se criança... Você quis buscar nas profundezas desta lembrança todos os detalhes. Quis lembrar os rostos... E lhe veio apenas fragmentos como... Como um barulho de um talher ou o cheiro de um perfume... Buscava tudo que o fizesse reviver aquele tempo perdido, para manter ao máximo a sensação de alegria... A sensação foi indo embora e, mais uma vez, tentou novamente obter essa sensação comendo mais outro pedaço, mas sentiu que não era mais a mesma coisa.

– Você já passou por isto?

– Creio que muitos de nós passamos, mas acabamos deixando de lado. Você pareceu mais insistente, mais desesperado para conseguir manter essa alegria.

– Eu sinto saudades lá de casa. Às vezes parece que nunca mais vou voltar.

– É isso! – disse o homem, deixando a taça de lado para em seguida pegar uma caderneta do bolso. Logo, ele começou a fazer pequenas anotações. – Você está me ajudando muito.

– Ajudando em quê?

– É assim, inspirado em você comendo este doce madeleine, que vou construir a cena de meu protagonista angustiado.

– Você é escritor?

– Estou tentando – continuou o sujeito com as anotações.

– Você tem alguma coisa já publicada?

– Bem, já publiquei uma série de textos e também faço artigos para o jornal. Estou agora envolvido num projeto bem maior.

– E já escreveu quantas páginas desse novo livro?

– Até agora umas setecentas.

– E ainda não acabou?

– Eu ainda nem sei bem se este meu projeto será um livro.

– Já tem um título?

– Eu estou na dúvida, mas estou inclinado a chamá-lo de "Tempo Perdido".

– Você! – engasgou Caio. – Você fez "Em Busca do Tempo Perdido"?

– Eu fiz? Não, você não entendeu, eu ainda estou fazendo... Mas espera um pouco. Você disse em Busca... Hum! Gostei da palavra, soa bem. Pode entrar no título!

– Também gostei! – disse um homem de testa alta, uma barba espessa e escura, usando óculos. Com um jeito amável, aproximou-se dos dois.

– Ah, Matisse, eu não tinha visto você – saudou o homem, guardando a caderneta. – Como está?

– Estou bem, Marcel. – o homem de óculos sentou numa poltrona diante dos dois que ainda estavam sentados no sofá. – E você parece que acabou de ter uma ideia.

– Exatamente. Há dias estou pensando em como escrever uma cena do meu novo trabalho e, agora, vendo este rapaz, tive uma grande inspiração.

– As ideias sempre aparecem quando menos se espera. O título deste seu novo trabalho é intrigante. O que é esse tempo perdido?

– Para mim, são aquelas lembranças que repousam nas profundezas do esquecimento. Na verdade, é uma memória que só vem à tona quando algo do exterior a provoca.

– Que memórias especiais são essas?

– São memórias que surgem quando algo afeta um dos nossos sentidos. Pode ser um sabor, um cheiro, um som... Algo que nos traz inesperadamente uma lembrança de nosso passado que havíamos esquecido por completo. Algo como agora que vi este garoto mergulhando o biscoito no chá e percebi que isso o fez vivenciar um tempo perdido.

– Este tempo perdido nos faz sentir como se estivéssemos flutuando?

– Eu diria que deixamos de sentir a tirania do tempo. Naquele momento não existe distância entre o passado e o presente.

– Acho que já experimentei essa sensação. Meu rapaz, você sentiu que estava viajando no tempo?

– Há! É comum eu me sentir assim. Já são tantas vezes que eu não sei mais em que tempo eu estou.

– Isso mesmo, rapaz – animou-se o escritor. – O tempo é uma intuição e é a nossa mente que define qual o tempo que vivemos e a imagem da eternidade, então, nos é revelada. O tempo, esquecido, não está mais perdido, o tempo foi redescoberto.

– De fato, o tempo é estranho – comentou Matisse. – Quando estou desenhando e me perguntam as horas, fico perdido, o desenho fica perdido. Se me perguntam as horas quando estou pesquisando em livros sobre pintores de outras épocas, sinto que me tiraram de outro mundo.

– Você não sabe o que é tempo perdido – brincou Caio. – Sempre está ocupado.

– Sinto que o meu tempo é curto para tudo que quero aprender – riu o pintor, virando-se, em seguida, para o escritor. – Existe algum jeito de trazer esse tempo perdido ao invés de ficar à espera que ele apareça dentro de um saboroso biscoito?

– Não tem – lamentou o escritor. – É por isso que chamo este doce momento de memória involuntária. Uma memória que você se concentra para visualizar, ou aquela relembrada repetidas vezes, só nos oferece do passado momentos, como de uma pintura ruim, com cores sem verdade, sem sentimentos.

– Acho que sei do que está falando. O que importa copiar uma maçã que é vista sempre da mesma maneira? Nada. Para pintar sobre o outono, por exemplo, não vou tentar lembrar quais os tons convêm a essa estação. Vou me inspirar apenas na sensação que a estação me proporciona. Uma hora vai ser a pureza gelada do céu de um azul, outra hora vou sentir um céu em tons mais tendendo ao roxo e árvores num amarelo-limão. Por fim, o que importa é pintar de acordo com o que sinto, com o meu estado de espírito.

– E isto não é fácil.

– Não é de forma alguma. Assim como uma bailarina que para liberar a graça, a naturalidade, deve fazer várias horas de ensaios, eu também preciso passar várias horas desenhando. Como ela, preciso aprender como expressar minhas emoções com suavidade e, para isto, uso poucas linhas e cores de forma que não pese sobre o público.

– Quando escrevo não quero apenas descrever, quero fazer com que os mínimos elementos tenham sido fornecidos por minha sensibilidade. O estilo não é como creem certas pessoas, não é apenas uma questão de técnica.

– É como a cor que para mim revela o jeito de como vejo as coisas que os outros não veem.

– Isso mesmo, meu amigo – sorria o escritor. – É nesse momento que uma verdade surge espontaneamente no olhar de quem executa e de quem está apreciando.

– A Arte é um estado de espírito!

– Mas do que isto, Matisse. Eu diria que através da Arte podemos fixar o tempo perdido, a sensação que nos deixa fora do tempo...

– Não basta fixar a sensação. Meus desenhos são a tradução de minhas sensações. Cada vez que pinto o rosto de um modelo sua expressão é única.

– Isto também ocorre na escrita. Um escritor não precisa, no sentido corrente da palavra, inventá-lo, pois ele já existe em cada um de nós. Precisa sim de traduzi-lo. Mas o ponto que quero chegar é que a Arte é o único modo de fixar aquele sublime prazer quando se vivência o passado e o presente ao mesmo tempo.

– Na Arte não existe tempo – refletiu Caio.

– Isso! – empolgou-se Marcel Proust. – É na Arte que descobrimos o "eu" mais profundo.

– Na Arte descubro o que é a vida, verdadeiramente sentida.

– Sim, meu caro Matisse, pela Arte podemos mostrar nosso estado de espírito como também sair de nós mesmos, saber o que outro vê desse universo que não é o mesmo que o nosso e cujas paisagens permaneceriam tão desconhecidas para nós quanto as que podem existir na Lua. Graças à Arte, em vez de ver um único mundo, o nosso, podemos vê-lo se multiplicar, e quantos artistas originais existirem tantos mundos teremos a nossa disposição, mais diferentes uns dos outros do que aqueles que rolam no infinito e, muitos séculos após se ter extinguido o foco do qual emanavam, chamasse-se ele Rembrandt ou Vermeer, ainda nos enviam o seu raio especial. Sem a Arte, seria o eterno segredo de cada um de nós.

– E para quem não é artista? – disse Caio num tom desapontador.

– O que é um artista? – argumentou o escritor. – Para mim, o artista é alguém que é capaz de abrir os olhos das pessoas com suas colocações pessoais, conseguindo tocá-las, despertando sentimentos, ações e reações.

– Para isto precisamos mostrar o trabalho – disse Matisse com um olhar desanimado. – No seu caso, necessita de uma editora.

– Ora, eu não sei se vou conseguir publicar este meu trabalho, mas sinto que preciso seguir em frente. Enquanto estou escrevendo, sinto como se eu estivesse a voar.

– Eu me sinto assim também. Sinto como se estivesse a conhecer novos mundos vagando por uma tela branca.

– Ah, você e suas telas. Em cada uma sinto que a real viagem da descoberta não consiste em novas paisagens, mas em ter novos olhos.

– Nem todos pensam como você sobre o meu trabalho. Como já ouvi coisas estranhas – balançava o pintor a cabeça. – Já disseram que eu não via as mulheres tal como as representava. Ainda bem, se encontrasse alguma assim na rua, fugiria apavorado. Eu não crio uma mulher, faço um quadro.

– Pelo menos você sabe pintar – lançou Caio. – Eu não sei nem fazer uma árvore direito.

– Quantas vezes eu quis pintar uma árvore e não consegui – disse o pintor, coçando a barba.

– Você tá brincando?

– Não, meu jovem, muitas vezes eu não consegui pintar por estar tomado pela beleza do tronco, por sua força, seu mistério, sua história, que eu simplesmente não conseguia fazer mais nada. No entanto, quando não estava pensando em pintar, era neste momento que eu sentia a árvore inteiramente. Como pode ver, a Arte não é uma pintura de uma árvore, e sim, a ação que o tema exerce sobre o seu espírito. Eu só pinto o meu sentimento profundo. Eu não conduzo, sou conduzido. Nesse instante cessa minhas inquietações acerca do futuro ou mesmo sobre a morte.

– Então a Arte é isso para vocês! – exclamou uma voz

– Quem disse isso? – indagou Matisse, olhando para trás.

Lá estava posicionado bem atrás da cadeira do pintor um senhor um pouco calvo, de barba levemente grisalha, ajeitando os óculos. Depois de fazer um leve cumprimento com a cabeça, o desconhecido prosseguiu:

– Deixe-me ver... – procurava o senhor com a ponta do lápis as anotações que tinha feito por último num pequeno bloco. – Ah, sim, está aqui: "A natureza deu ao artista a capacidade de exprimir seus impulsos mais secretos, desconhecidos até por ele próprio, por meio do trabalho que cria, e estas obras impressionam enormemente outras pessoas estranhas ao artista e que desconhecem, elas também, a origem da emoção que sentem".

– Aaham! – pigarreou o escritor. – Nós já nos conhecemos?

– Desculpem-me interrompê-los. Fui tão deselegante, mas a conversa de vocês estava muito interessante e tem tanto a ver com o meu trabalho.

– Você é algum crítico? – perguntou o escritor num tom um pouco áspero.

– Eu não sou um conhecedor de arte, mas simplesmente um leigo. Sou incapaz de apreciar corretamente muitos dos métodos utilizados e dos efeitos obtidos em arte. Não obstante, as obras de arte exercem sobre mim um poderoso efeito, especialmente a literatura e a escultura e, com menos frequência, a pintura. – as últimas palavras fizeram Matisse ficar mais desatento à nova conversa. Logo, ele ficou em busca de um garçom com uma bandeja de bebidas. – O senhor ficou aborrecido com minha crítica sobre a pintura?

– Quem eu? – disse Matisse, distraidamente. – Eu não me importo, já sou excessivamente crítico de mim mesmo.

– Sei que deve ser horrível ouvir isto, mas posso garantir que estou empenhado em passar mais tempo contemplando obstinadamente os quadros, tentando aprendê-los à minha maneira, isto é, explicar a mim mesmo a que se deve seu efeito. Acho até que devo tentar pintar.

– Quer pintar?

– Sim – aproximou-se o desconhecido de Matisse.

– Então, em primeiro lugar, corte a língua, porque a decisão de pintar tira o seu direito de se exprimir de outro modo que não seja com os pinceis. Você verá, então, que as cores possuem uma beleza e sentido próprio que devem ser preservados, assim como em música procura-se preservar os timbres.

– Se é assim, então não deverei conseguir pintar. Além de não conseguir me mutilar, infelizmente sinto que com relação à música, terei mais dificuldades, sou quase incapaz de obter qualquer prazer.

– O senhor já tentou dialogar com a música? – sugeriu Proust.

– Isto é muito estranho – rebateu o desconhecido. – Eu pensei que bastasse escutar.

– Eu indago se a música não seria o exemplo único do que poderia ter sido se não tivesse havido a invenção da linguagem, a formação das palavras, a análise das ideias – a comunicação das almas.

– Ahhh! Aí está você, Marcel! – uma voz feminina estridente soou detrás do escritor. Ao ouvir o seu nome, Proust cerrou os olhos como se estivesse a rezar para que aquilo fosse um engano. – Monsieur Proust, até que enfim eu o encontrei. – devagar, o escritor levantou-se e virou-se. Com um leve sorriso saudou uma senhora acompanhada por um homem de rosto bem enrugado com ralos cabelos brancos, usando um uniforme com diversas condecorações.

– Como está, madame Verdurin?

– Muito bem. Sabia que eu estou procurando o senhor já faz mais de meia hora? Com esta multidão já foi difícil encontrar o meu estimado marido – disse ela, agarrando o braço do velho que só erguia os olhos e dava um pequeno suspiro. – Ainda tem seus acessos de asma, Marcel?

– Sim, e os gastos com os remédios têm sido um escândalo.

– Deveria procurar outro médico. Estas bolsas inchadas debaixo dos olhos o deixam muito abatido.

– Verei, madame, o que posso fazer com esta memória cruel da velhice que gruda na pele. Mas a senhora ainda não me disse a que devo todo este seu tempo em busca pela minha pessoa.

– Estava querendo convidá-lo para o meu sarau na próxima sexta. Queria aproveitar para apresentá-lo a um novo amigo que me foi indicado pelo grande doutor Cotard. Este novo amigo é um verdadeiro sábio e muito famoso. Ele se chama Barão de Charlus. Já ouviu falar dele?

– Como não? Ele é bem conhecido na alta sociedade – sorriu o escritor, com formalidade.

– Que bom saber que já o conhece. E, então, posso contar com sua presença na sexta?

– Sim e, como sempre, deverei encontrar todos os seus seletos camaradas, verdadeiros representantes da velha aristocracia.

– É disso que gosto no senhor: o senhor é tão amável! Eu digo sempre isto ao meu marido. Não é verdade, querido?

– Sim, querida – acenou o velho militar a cabeça, mantendo o corpo em posição de sentido.

– Isso me faz lembrar... – disse ela, apoiando a mão no colar de brilhantes. – Eu ainda tenho que rever os preparativos para a minha mais nova atração, o nosso violinista, um rapaz admirável de extremo talento. Meus convidados ficaram pasmos com ele.

Uma música tocada por uma pequena orquestra começava a se espalhar pelo salão e pelo jardim, fazendo com que muitos parassem de conversar. Foi-se descortinando com uma flauta doce o ritmo agitado. Os outros instrumentos faziam emergir uma Espanha em festa com seus tons vibrantes, saias rodadas coloridas, castanholas agitando-se freneticamente. Com leves pausas que deixava o público desorientado, a música tomava um caminho sinuoso com se estivesse a serpentear pelo rosto de uma mulher sensual. A música dava saltos para depois retornar a pequena flauta a revelar mais uma vez a agitada festa. Com mais intensidade a orquestra transformava o salão como se todos estivessem mergulhados na celebração. Mais uma leve pausa e a música revelava-se mais enlouquecida. Por fim, a música encerrava num só golpe uma nota vibrante suspensa no ar. Levou eternos segundos para que o salão retornasse a sua forma original, para que aquele público hipnotizado voltasse a si e começasse a aplaudir entusiasticamente. Ao final dos aplausos todos voltaram as suas conversas.

– Que som! – elogiou Caio.

– Muito bonito – comentou Proust. – Alguém sabe de quem é?

– Ah, isto – murmurou a senhora. – É o novo compositor que monsieur Diaghilev está para admitir no seu balé russo. Ai, meu Deus. Eu só espero que ele não cisme agora de tocar "A Cavalgada das Valquírias". Essa música sempre me dá enxaqueca.

– Que música linda – elogiou Matisse. – Qual é o nome dela?

– Rapsódia Espanhola – respondeu o senhor Verdurin.

– Não sei por que alguns trechos me lembram as músicas de Debussy. É tão rica, em cores vibrantes. – Matisse tinha os olhos a vagar como se estivesse com um pincel na mão tentando traduzir aquele novo ritmo.

– O compositor já foi muito amigo de Debussy – relatou o marido. – Muitos críticos acham até que seus trabalhos são muito parecidos e isso até fez com que os dois se afastassem. Se observar bem, verá que, enquanto Debussy é romântico e espontâneo, este compositor parece preocupado em atingir a perfeição, empregando cada nota, corda e a qualidade de cada instrumento.

– Verdade, querido! – sorria a esposa.

– Bem, pelo menos foi isto que li numa coluna do jornal.

– Ele parece que busca as cores e o brilho para fazer uma joia – definiu o pintor. – Como ele se chama?

– Eu sei – interferiu Caio, empolgado. – É Ravel. Poxa! Se minha mãe estivesse aqui. Ela adora Ravel, principalmente quando escuta Bolero.

– Bolero! – assustou-se o marido. – Será que eu li errado. Eu tinha certeza que se chamava Rapsódia Espanhola.

– Não – tentou Caio corrigir. – Estou falando de outra música dele.

– Ah, nunca ouvi falar.

– Não se preocupe, futuramente vai ouvir.

– Por falar no soberbo Debussy – cortou a senhora, inesperadamente. – Soube que ele também vai trabalhar para Diaghilev. Imagina! Deste jeito, este empresário vai levar toda Paris com ele.

– Aliás, onde está Debussy? – indagou Matisse. – Eu o vi no começo da festa e agora ele sumiu.

– Eu o vi, faz poucos minutos, de conversa com aquela dançarina descalça e... – riu a mulher com malícia. – ainda com tão pouca roupa, parece até uma...

– Está falando da minha amiga Isadora Duncan? – Aborreceu-se Matisse.

– É sua amiga? Quem diria. Tão nova e com tantos admiradores. De onde a conhece? Ela posa para o senhor?

– Eu, Rodin e Isadora dividimos o antigo Hotel Biron que estava abandonado e recentemente também veio morar Jean Cocteau.

– É mesmo. Dividem como?

– Eu tenho o meu estúdio, Rodin tem o dele, quase tomando todo o primeiro andar, e Isadora tem uma escola de dança no pátio principal.

– Ahhh! Deve ser maravilhoso ter a companhia do grande Rodin. Imagino também como é poder compartilhar o mesmo teto com uma mulher tão encantadora.

– Não. Não pode imaginar o quanto é inspirador. Isso exigiria demais de sua pessoa.

– Hotel Biron – cortou o marido. – Eu li nos jornais que o grande Rodin está procurando transformar o antigo hotel num museu.

– Exatamente – afirmou o pintor num tom seco que, repentinamente, virou as costas para o casal e dirigiu-se apenas para o escritor. – Acabei de lembrar que prometi a Diaghilev que trocaríamos ideias sobre novas concepções artísticas para os cenários. Vejo você amanhã no café?

– Certamente. Estarei lá às dez.

– Ótimo. Adoraria continuar com a nossa prosa, diferente de outras tão inúteis. Boa noite! – saiu o pintor sem olhar para a senhora que ficou bem aborrecida. Com o sorriso refeito, ela retornou à conversa.

– Monsieur Proust, o senhor vai então ao meu sarau ver o doutor Cotard e é claro também quero que conheça a princesa Mathilde, o duque de Guermante... Sabia que o duque é primo de uma amiga minha e que ela me contou que o duque está enrabichado por uma criada do senhor...

– Desculpe-me, madame Verdurin... – interrompeu o escritor. Para Caio a expressão tensa de Proust, com os lábios a reter a continuação da frase, deu a nítida impressão de que o escritor estava se esforçando para não gritar por não suportar mais aquela conversa supérflua e idiota. Tomando mais uma vez o controle o escritor prosseguiu. – Acabei de ver minha amada entrando no salão. Com sua licença. – saiu Proust, em passos rápidos.

– Querido – sussurrou a mulher com a mão tampando a boca. –, aquela ali que Marcel foi encontrar não é a nossa amiga Odette?

– Sim, querida, é ela mesma. – disse o marido observando Proust, beijando a mão de uma jovem.

– Mas ela não é o amor de Swann?

Com o casal indo ao encontro de outro grupo de amigos, Caio se encontrou sozinho. Valquíria ainda conversava com as amigas, mas num relance a jovem notou que estava sendo observada por Caio. Com um charmoso sorriso, ela o convidou a retornar para perto dela. Caio, um pouco apreensivo, fez sinal de que iria mais tarde. Desanimado, virou-se para perto da mesinha. Aproximou-se, pegou a colher e mergulhou-a na xícara. Seus olhos pareciam tornar-se contemplativos com cada uma daquelas voltas que dava com a colher dentro do chá frio. Bruscamente, abandonou aquele ritual e virou-se para o lado, pois teve a súbita sensação de que havia alguém ali.

– Ah, você ainda tá aí – riu Caio para o senhor que havia interrompido a conversa de Proust e Matisse. – Pensei que também já tivesse ido, como os outros.

– Eu estava só a observar o movimento.

– Você não parece o tipo que gosta de festas.

– O que o levou a esta conclusão? – disse o homem, colocando as mãos nas lapelas do terno.

– Você mesmo disse que não gosta de música.

– Estou tentando entender o comportamento das pessoas, principalmente de artistas.

– É uma loucura, não é?

– Por que você acha isto?

– Eles estão sempre criando coisas tão incríveis.

– Como Proust quando viu você tomando chá?

– Eu nunca imaginei que eu daria inspiração ao Proust.

– Por que estava agora novamente olhando o seu chá?

– Acho que fiquei com saudades.

– Você parece aborrecido.

– Nada, não. É que às vezes não gostaria de viajar tanto. Sinto que em algum momento posso mudar o rumo das coisas e daí...

– E você não acha isso normal?

– Bem, sim, mas no meu caso eu tenho medo.

– Por que não nos sentamos? Por favor, acomode-se no sofá – sugeriu o senhor. Enquanto Caio esparramava-se no sofá, o senhor acomodava-se na poltrona. – Diga-me: há quanto tempo está sem ver seus pais?

– Por que acha que faz muito tempo?

– Quem tem olhos para ver e ouvidos para ouvir, fica convencido de que os seres humanos não conseguem guardar nenhum segredo. Os lábios calam, mas denunciam-se com as pontas dos dedos.

– Você é algum detetive?

– Sou um pesquisador. Mas você não respondeu minha pergunta.

– Meus pais não estão vivos.

– Quando isto ocorreu?

– Não sei. Perdi a noção de tempo.

– Você não se lembra de quando eles morreram?

– Eles não estão mortos, apenas não estão vivos neste tempo.

– Você tem algum problema de falar a palavra morte?

– Claro que não! – reagiu Caio.

– Então porque insiste em dizer que seus pais não estão vivos?

– Por que eles não estão.

– Você tem medo de admitir que nunca mais verá seus pais?

– Eu tenho, mas não é do jeito que está pensando.

– Por que você não explica melhor?

– Você não entenderia. Você iria achar que sou maluco.

– Por que não tenta me explicar? Você pode contar tudo que vier a sua mente, mesmo que pareça sem sentido. Sou um ótimo confidente.

– Sei. – Caio ficou a reparar detalhadamente na fisionomia do senhor. – Que estranho... Eu acho que já vi você em algum lugar...

– Creio que não, a não ser que tenha estado em Viena.

– Viena! O que você faz?

– Tenho um consultório lá.

– Agora eu sei por que seu rosto é tão familiar. Você é Freud.

– Como sabe?

– Eu já vi fotos suas nos jornais.

– Que jornais?

– Agora está tudo explicado – ignorou Caio a pergunta de Freud. – Só faltava essa: eu com Freud.

– Do que está falando?

– Nada. É que você é um homem de ciência e tudo pra você tem explicação.

– Na verdade não sou de forma alguma um homem de ciência, nem um observador, nem um experimentador, nem um pensador. Sou, por temperamento, nada mais que um conquistador. Sou um aventureiro, em outras palavras, com toda a curiosidade, ousadia e tenacidade características desse tipo de homem, e que agora quer ajudá-lo a interpretar o seu problema. – Caio manteve-se silencioso. – O que acha de me deixar ajudá-lo? Conte-me o que lhe aflige, garanto que não vou censurá-lo.

– Acho que não vai fazer mal. Eu já estou há muito tempo com isto entalado na garganta.

– Conte-me sobre seu passado.

– Não é muito bom eu contar isto.

– Por que não?

– Porque eu nem sei mais o que é o meu passado.

– É simples. O presente tem de se tornar o passado para que possa produzir sua história.

– Você não vai conseguir entender.

– Tente.

– Está bem. – Caio respirou fundo e desabafou num só golpe. – Eu vivo num passado que nunca vivi antes, às vezes viajo até o futuro e o meu presente ainda não aconteceu.

– Entendo – disse Freud, com a mão apoiada no queixo. – Diga-me: quando você tem uma dessas crises de lapso de tempo, pensa em alguma coisa insistentemente?

– Não.

– Você vê alguma coisa estranha diante de você?

– Eu acho tudo estranho no início, mas depois eu vou me adaptando. E, agora, acha que sou maluco?

– Até agora pelo que você diz não vejo problema sério. Sabe, existem muitas pessoas que vivem no passado e não aceitam o presente, e outras que vivem vendo o seu futuro alcançando a fama, por exemplo. Tenho casos também que são de pessoas agarradas ao passado, com medo do presente, mas estas não gostam de ver o futuro com o medo de encarar a morte.

– Não, não, não! Eu aceito o meu presente. O meu maior medo é justamente não voltar a vê-lo mais.

– Entendo – disse o clínico, acariciando a barba. – E quando você conseguir voltar a este presente que tanto anseia, seus pais estarão lá?

– Sim.

– O que está impedindo-o?

– Não sei bem. Talvez seja uma espécie de missão que tenho de cumprir.

– Não faz ideia?

– Sei lá, talvez eu esteja viajando no tempo para aprender coisas. Eu só não sei bem como agir. Tenho medo de fazer algo e alterar a linha do tempo. Sei que existe a teoria de que não se consegue alterar o passado, mas ainda tenho minhas dúvidas.

– Quando surge este medo, você sente crises súbitas de intensa ansiedade, aparentemente inexplicáveis, que provocam a sensação de morte, medo de enlouquecer, de perder o controle de si ou a sensação de irrealidade?

– Não.

– Nem sente sintomas físicos, tais como taquicardia, dor torácica, vertigens, náuseas?

– Só sinto vontade de vomitar quando estou num navio.

– Perda de sono?

– Eu adoro dormir. Fico muito chateado de acordar cedo.

– Lembra-se de algo ruim nos seus sonhos?

– Não, eu não tenho tido pesadelos. Eu gosto muito de meus sonhos.

– Tem sonhos que deseja realizar?

– Muitos.

– De que tipo?

– Sei lá! Gosto de sonhar que um dia vou ser um grande esportista, ou vou ser um escritor. Às vezes, chego a pensar que vou virar um historiador.

Freud manteve-se calado como se estivesse fazendo um diagnóstico. A ansiedade de Caio não aguentou e cortou aquele silêncio.

– Então, o que você acha?

– Vou dizer o que penso de tudo que me contou até o momento. – o analista deu uma pausa. Pegou um charuto do bolso e com calma o acendeu. Depois de uma longa baforada, ele retornou à conversa. – Sabe, meu caro jovem, às vezes... Um charuto é apenas um charuto.

– O que quer dizer?

– Quero dizer que às vezes complicamos e esquecemos que muito do que sentimos, muitas pessoas sentem do mesmo jeito. É por isto que quero tanto entender a Arte. Ela simplesmente mostra que não estamos sozinhos. Os nossos medos não são apenas nossos.

– Pensamos que somos os únicos com este tipo de problema e isto não é verdade.

– Exato – disse o médico, ainda segurando o charuto no canto da boca. – Você entendeu bem. Temos a mania obsessiva de nos vermos como o centro do mundo. Culpa e auto recriminação são cárceres do nosso inconsciente. Isto só nos faz sentir como se fôssemos inadequados ao mundo que nos cerca.

– Mas e no meu caso que vivo viajando no tempo e não estou mais no meu presente?

– Ora, meu jovem, o seu presente é você que o faz. Não faça o tempo como o seu inimigo. Aprenda a usá-lo com sabedoria.

– Mas você não percebe que posso tomar uma decisão errada?

– Ao tomar uma decisão de menor importância, eu descobri que é sempre vantajoso considerar todos os prós e contras. Em assuntos vitais, no entanto, tais como a escolha de uma companheira ou profissão, a decisão deve vir do inconsciente, de algum lugar dentro de nós. Nas decisões importantes da vida pessoal, devemos ser governados, penso eu, pelas profundas necessidades íntimas da nossa natureza.

– Quais seriam estas necessidades?

– Viver, meu jovem, viver intensamente. Viva a sua vida e não se preocupe com mais nada. Eu, por exemplo, vivo bem na companhia de minha esposa, meus filhos e minhas flores.

– Mas eu não quero ter filhos ou flores.

– Você é jovem. Terá de descobrir o que pretende da sua vida. Só não viva a vida dos outros por pior que seja a sua, pois somente a sua você tem o poder de fazer o que quer e na hora que desejar.

– Mas eu ainda não sei o que farei. E se eu cometer um grande erro enquanto estou aqui?

– Meu jovem, já reparou que todos aqui neste salão têm o mesmo dilema? Quantos daqui já tiveram medo de errar e mesmo assim seguiram em frente. E tem mais, você já notou quantos têm medo de serem classificados de maluco e terem suas ideias sendo consideradas absurdas. Que mesmo com o medo de serem ridicularizados, eles continuam em frente?

– Até você?

– Claro! Há poucos anos coloquei o meu caso diante de uma bancada com o auditório lotado. Era um caso que trabalhei por muito tempo e eu sabia que seria difícil de expor. E sabe o que aconteceu? Todos ali, inclusive os meus colegas, disseram que toda aquela minha pesquisa era um absurdo, um escândalo. Nem gosto de relembrar como fui extremamente combatido.

– O que você fez?

– Eu fiz o que todos nós devemos fazer nessa hora, eu encarei o medo do fracasso e prossegui com o meu trabalho. Um homem como eu não vive sem um cavalo de batalha, sem uma paixão devoradora, no meu caso, é o meu trabalho.

– E deu certo?

– Sim, no ano passado, quando participei de um congresso e apresentei um novo caso que comprovava minhas teorias e, então, finalmente obtive sucesso.

– Como se chama este caso?

– O caso do Homem dos Ratos.

– Sei – disse Caio, com o olhar disperso. – Caso estranho.

– Nem tanto. Creio que estou para pegar um caso mais interessante nos próximos meses, depois de retornar dos Estados Unidos.

– Que caso?

– O caso do Homem dos Lobos.

– Isso é uma piada?

– Oh, claro que não. Eu não faço piadas. Para mim piada é uma forma de expressão do nosso inconsciente, de nos libertarmos de nossas inibições para expressar instintos agressivos, sexuais, também de inferioridade, cinismo... Já escrevi até um livro sobre isso.

– Entendo – concluiu Caio, apoiando a mão no queixo.

– Então, meu jovem, o que você me diz? Ainda sente que está com medo?

– Acho que vou ter sempre medo de errar.

– De erro em erro vai-se descobrindo a verdade. Mas se eu fosse você não perderia mais tempo me ouvindo e iria para perto daquela bela mocinha que o chamou.

– Ela é só uma amiga.

– Tem certeza?

– Eu acho que não vai ser bom eu ficar com ela.

– Qual é o problema?

– Eu não sei quanto tempo ficarei aqui. Eu não quero magoá-la.

– Os seres humanos são engraçados. Eles anseiam de estar com a pessoa amada, mas recusam admitir abertamente. Alguns até têm medo de revelar um sinal que seja de afeição, com medo de que seus sentimentos não possam ser reconhecidos, ou até pior, que não sejam correspondidos. Mas uma das coisas que mais me intriga sobre os seres humanos é o seu esforço consciente de estar conectado com o objeto de sua afeição, até mesmo se isso os matar no seu íntimo, lentamente.

– Você não entende. No meu caso se eu me apaixonar vai ser duro perdê-la.

– Nós nunca somos tão desamparadamente infelizes como quando perdemos um amor.

– Então você concorda comigo.

– Óbvio que não.

– Não?

– Meu jovem, se você não quer se tornar um de meus pacientes, trate de se apaixonar. Quem não ama, adoece!

– Paciente!

– Se persistir em permanecer pensando que está no passado, ao invés de ver que tudo ao redor faz parte de seu presente e...

– E o quê?

– E deixar de amar.

– Mas eu não sei como agir. Às vezes, ela parece amável, em outras horas, ela parece tão distante. Eu não sei o que ela espera de mim.

– Ah, meu jovem, em todos estes meus anos de pesquisa esta foi sempre a grande pergunta que eu não soube responder: o que a mulher quer – deu o psicanalista uma baforada.

– Bom, mas talvez as mulheres pensem o mesmo sobre nós.

– O jeito é você conversar e descobrir se está certo sobre esta sua teoria. E então, o que você está esperando? Vá, meu jovem.

Neste momento começava um alvoroço na entrada do salão. O senhor Gomes tinha alertado todos da chegada do famoso aviador e inventor, Santos Dumont. Com um sorriso e acompanhado por uma bela jovem muito elegante, Santos Dumont cumprimentava a todos. A quantidade de curiosos fez com que Freud se levantasse, não sem antes largar o charuto, já no fim.

– Se você me der licença, agora – desculpou-se o psicanalista, acendendo outro charuto. –, quero conversar com aquele famoso aviador. Sempre quis entender o mecanismo que está por trás deste tipo de homem que chega a arriscar a própria vida para conseguir voar.

– Ué, não é tão difícil de entender. Afinal, não é o sonho mais antigo da humanidade?

– O sonho de Ícaro, o desejo humano de vencer barreiras, conquistar a liberdade, desbravar mundos que estão fora e dentro de nós mesmos. Analisando neste ponto de vista, você tem toda razão – sorriu Freud, esticando a mão. – Se algum dia for a Viena, não deixe de me visitar. Adoro receber no meu consultório. O que me faz lembrar que ainda não sei o seu nome.

– Caio Zip – disse o jovem, cumprimentando-o. – Fico feliz por ter tido esta conversa. Foi um grande prazer conhecê-lo. Muito além do que eu podia imaginar.

– Feliz, prazer, muito além... Hum... O que é ser feliz? O conceito de felicidade é algo que questiono muito. Felicidade parece ser um dos princípios, no qual nós procuramos obter prazer e evitar a dor... Será? Será que há algo de mais primitivo além do prazer? Será? É isto – sorriu Freud, dando um leve tapa nas costas de Caio. – Que boa ideia que você me inspirou, meu caro Zip! Fico-lhe grato.

– Ops! O que foi que eu fiz agora?

– Ora, acabou de me dar uma ideia para um novo livro. Acho que vou chamá-lo de: "Além do princípio do prazer". O que acha?

– Ah, não! – espalmou a mão na testa. – De novo, não!

14. A Deusa do Vento

A recepção corria de forma agitada. Na entrada, Santos Dumont vinha acompanhado por uma atriz. Muitos convidados aglomeravam-se diante do aviador para conseguir, ao menos, um aperto de mão. No meio daquela confusão estava o senhor Gomes, muito satisfeito com o interesse despertado por seu convidado.

Caio aproveitou que Valquíria encontrava-se sozinha e aproximou-se. Ainda um pouco sem jeito, tentou iniciar uma conversa, no entanto ele não conseguiu, pois uma voz anunciou uma nova apresentação.

As luzes ficaram mais suaves e a orquestra dava sinal para que todos silenciassem. Algumas tochas foram sendo acesas no jardim e as pessoas ficavam à espreita para ver o que estava para surgir de um ponto um pouco mais recuado, onde foram jogadas várias flores formando uma trilha que terminava na entrada do grande salão. O maestro erguia seus braços e um grupo de flautas soltava as suaves notas da sétima sinfonia – movimento 1 – de Beethoven.

Da escuridão surgia uma mulher vestindo uma túnica azul escuro. Com os braços nus erguidos e pés descalços, rodopiava como se estivesse a evocar a energia da natureza. Tudo era revelado como o movimento das ondas, do vento, de tudo que tivesse sido consagrado pelos deuses do Olimpo. Dos seus ombros escorregava uma longa echarpe transparente a bailar como aquela sacerdotisa dos tempos da antiga Grécia. Como se a echarpe fosse asas a se desmancharem ao ritmo do vento, a mulher dançava, voava e de suas mãos emanavam imagens traduzindo cada uma daquelas notas da alegre e forte música. O sorriso da dançarina era meigo e os olhos eram extremamente cativantes. Ao chegar ao centro do salão, os convidados foram formando um círculo como se estivessem a participar daquele ritual. A mulher seduzia com todo o seu corpo a expressar a mais divina emoção. Seu rosto transpirava o mais puro brilho e em seu olhar desabrochava seu mais profundo amor à vida. Seus dedos tilintavam como se estivesse a tocar a água retida numa fonte sagrada. Os saltos esboçavam as formas de uma plástica perfeita com o tecido fino e esvoaçante a fundir-se com o belo corpo, uma escultura que bailava. As pernas longas e expostas ficavam esticadas em pleno voo. Ao pousar, tocava silenciosamente o chão com a ponta de um dos pés. Seus dedos acariciavam uma relva imaginária. No ato final, a bela lançou os braços e a cabeça para trás, concretizando, num só movimento, a comunhão do corpo com o espírito da liberdade. Uma onda de aplausos, gritos e flores cobriram aquela escultura dançante que revelou ser a verdadeira deusa do vento.

Com as mãos erguidas a bailarina pediu que todos silenciassem. Após se manter de olhos fechados, ela volta-se para o público e com uma voz melódica declama:

"*Existe sempre um pouco de loucura no amor. Mas há sempre um pouco de razão na loucura. E, para mim também, para mim que estou destinado à vida, às borboletas e às bolhas de sabão, e tudo o que a elas se assemelham entre os homens, parece-me ser quem melhor conhece a felicidade. Quando vê esvoaçar essas almas pequenas, leves e maleáveis, graciosas e brincalhonas, Zaratustra tem vontade de chorar e de cantar. Eu só poderia acreditar em um deus que soubesse dançar. Aprendi a andar, desde então, deixo-me correr. Aprendi a voar, desde então não preciso mais que me empurrem para mudar de lugar. Agora sou leve, agora eu voo... agora um deus dança em mim.*" – trecho de "Assim falava Zaratustra" escrito por Nietzsche."

No fim daquele recital, as pessoas aplaudiram novamente e em seguida rodearam a dançarina. Todos se extasiavam com o sotaque californiano, principalmente os cavalheiros. Uma senhora, que antes estava tocando o piano, aproximou-se e, carinhosamente, cobriu a túnica com uma grande xale.

– Obrigada, mãe – agradeceu a bailarina, dando um beijo no rosto da senhora.

– O que você achou de Isadora Duncan, Caio?

– Uau! Foi demais!

– Eu diria de menos e muito transparente, por sinal.

– Ah, que isso. Ela estava ótima, é isto que eu chamo de uma verdadeira escultura!

– Vocês, homens!

– Qual o problema? Você não gostou?

A jovem irmã de Nijinsky, depois de trocar algumas palavras bem animadas com a Isadora Duncan, retornou para perto do casal ainda discutindo.

– Estou atrapalhando?

– Claro que não, Bronia – sorriu Valquíria. – Estávamos apenas tendo uma pequena divergência sobre a dança de Isadora.

– Eu gostei muito da performance dela. Ela está melhor do que quando a vi pela primeira vez.

– Quando foi isso?

– Foi no ano passado, quando eu e Vaslav ainda dançávamos pelo Teatro Imperial. Foi uma noite memorável.

– E como ela foi parar lá em São Petersburgo?

– Ela foi convidada pelo governo. A primeira vez foi em 1904. Foi tão bem que a convidaram novamente no ano passado. Desta vez, Vaslav conseguiu permissão para que eu e ele saíssemos da escola durante a semana, coisa muito difícil para os estudantes de balé. Só nos deixaram ir porque era Isadora.

– Mas você não acha a dança de Duncan livre demais? – perguntou Valquíria, temerosa.

– Eu achei estranho no início, mas depois de conversar com Tamara, percebi que seria muito enriquecedor tanto para a Arte do balé clássico como para a Arte de Duncan se as duas escolas trocassem seus conhecimentos. Eu sei, por exemplo, que Pavlova admira Duncan e que Fokine também assistiu as coreografias dela e ficou inspirado.

– E o que seu irmão acha dela?

– Bom, não sei se ele mudou de ideia, mas quando ele assistiu a primeira vez, ele achou espontâneo demais.

– Viu! – sorriu Valquíria. – Eu concordo com Nijinsky. Ela também deveria usar mais roupas.

– Nisto eu discordo de você, minha querida. Eu bem que gostaria que nossos trajes fossem como os dela. Não pode saber como sofremos com aquelas fantasias tão pesadas e que atrapalham tanto os nossos movimentos.

– E ela dança tão bem... – comentou Caio que logo enfrentou o olhar desaprovador de Valquíria.

Isadora conversava animadamente com alguns jornalistas e suas respostas diretas e afiadas deixavam a alguns maravilhados e a outros provocavam medo por tamanha ousadia. Caio e as duas jovens juntaram-se aos curiosos e ficaram a escutar a entrevista.

– E o que é então a dança para a senhorita? – indagou um dos repórteres.

– Pelos deuses! Será que terei de dançar novamente? – todos em volta riam, enquanto Isadora prosseguia num tom mais sério. – Meu corpo é o templo da minha Arte. Eu o exponho como um altar para a adoração da beleza. Sou livre. Sob o signo de Afrodite, sou filha do vento e da onda e do voo alado dos pássaros e das abelhas. Sou Isadora, "Dádiva de Ísis". Minha inspiração foi tirada das árvores, das ondas, das nuvens, das afinidades existentes entre a paixão e a tempestade.

– Não tem medo de que esta sua dança seja somente uma forma instintiva de uma mulher dançar? – provocou outro repórter.

– Dançar é sentir, sentir é sofrer, sofrer é amar... Tu amas, sofres e sentes. Dança! Quem mais do que a mulher sabe o que é isto? Será que é tão difícil de constatar que uma mulher é capaz de criar uma forma de arte, de inovar, de revolucionar?

– O que achou da estreia do Balé Russo?

– Eu não pude assistir e creio que será difícil de vê-los nesta temporada. Estou no Teatro Gaite até o final de junho. Mas posso dizer que Nijinsky está aqui na Terra para nos mostrar como os deuses nos amam. Basta ver que o corpo de um verdadeiro bailarino, como o dele, é simplesmente a manifestação luminosa da alma.

No meio dos curiosos estava um homem que não largava o charuto.

– Doutor Freud, que bom vê-lo aqui? – cumprimentou Isadora.

– Como está passando, minha cara? – fez o médico menção de beijar a mão da dançarina.

– Eu não pareço bem, doutor?

– Creio que está em plena forma.

– Ah, agora fico mais tranquila. Outro dia, na verdade, já faz um bom tempo, eu e Diaghilev conversamos muito e, numa certa hora, perguntei se ele já tinha lido os livros do senhor, doutor Freud. Lembra disto, Sergei?

– Lembro – disse o empresário ao lado de Caio.

– E ele tinha lido? – disse o médico, colocando as mãos nas lapelas do terno.

– Ele me respondeu que não, mas aposto que depois de nossa conversa ele leu.

– E por que você levanta este assunto? – questionou outro jornalista.

– Se você tivesse lido saberia que o doutor Freud tem estudado que a intuição e o inconsciente estão no âmago de toda atividade humana, notadamente na criação artística. Como puderam ver agora há pouco, eu mostrei que ele está certo.

– Tem toda razão, minha querida – deu o médico outra tragada, deixando algumas pessoas próximas com vontade de tossir.

– Não acha que mostra um pouco demais? – insistiu um jornalista americano.

– O senhor se dá conta do que o balé fez do corpo feminino? É um escândalo! Em vez de mostrar ombros e pernas nuas, envolve-nos em maiôs cor de carne, roupas que nos aprisionam e sapatos que esmagam os nossos pés! Se quero dançar em comunhão com a natureza não posso ter vergonha de meu corpo.

– Qual é o seu maior sonho, minha cara? – indagou Freud.

– Eu já o estou realizando, doutor – riu a dançarina com as mãos dançando no ar. – Eu fundei minha própria Escola de Dança.

– Suas alunas são ricas, é claro – cogitou o jornalista americano.

Claro que não. Eu não cobro de minhas alunas. Tudo o que consigo com o meu trabalho ou arrecado com doações é utilizado para manter a escola. Conto sempre com a ajuda de minha mãe e minha irmã, e tenho conseguido oferecer às minhas queridas crianças tudo o que elas necessitam. Muitas delas são filhas de operários e de desempregados e foram selecionadas por seu talento e graciosidade. Na maioria delas foi descoberto algum tipo de problema de saúde e, para assisti-las, pude contar com bons médicos. Eu também as alimento, as visto e encarrego-me da educação.

– Educação! – admirou-se uma dama ao lado dos jornalistas. – Pensei que só se preocupasse em ensinar a dançar.

– Ensino nos moldes ao quais minha mãe educou a mim e aos meus irmãos, com o respeito ao livre-pensamento, reunindo-se em torno do piano com minha mãe a tocar grandes clássicos, lendo grandes escritores e sempre declamando poesias.

– Mademoiselle Isadora! – levantou a mão um senhor mais recuado, segurando um bloco de notas. – Alguma vez frequentou algum tipo de escola?

– Sim, quando jovem fui a escola normal, mas eu acho que a vida é sempre uma escola. Até hoje não me canso de ler tudo que passa por minhas mãos. Quando cheguei aqui em Paris, eu, minha mãe e meus irmãos não tínhamos dinheiro, mas isto nunca nos impediu que nos embriagássemos com a fonte de nossa maior alegria, a ida aos templos das musas, como o Louvre, e aos templos modernos de Atenas, como a Biblioteca Nacional.

– E já tem alguma aluna para ficar no seu lugar? – retornou a questionar a dama ao lado dos jornalistas, num tom sarcástico.

– O meu lugar foi decidido quando nasci. Para elas só desejo que sejam seres livres para pensar, errar e lutar pelo que acreditam. Sempre digo a elas: Escutem bem a música, mas com a alma para que vocês consigam inundar o corpo e sua vida de amor. Um amor até para os que não compartilham de sua paixão.

Cercada agora somente por seus amigos artistas, a dançarina se afastava das perguntas sem fim. Bronia aproveitou para apresentar Caio e Valquíria à dançarina.

– Que bom revê-la – disse Bronia, abraçando Duncan.

– Eu também fico grata por poder ver uma irmã do vento – saudou a dançarina.

– Gostou da apresentação? – indagou Isadora a Valquíria.

– Tenho que admitir que achei muito ousada, mas depois de ouvir sua entrevista, acho que começo a entendê-la melhor.

– Pelos céus! Se só consegui mudar alguém com minhas palavras, terei de me esforçar muito mais na minha dança. – inesperadamente, Isadora abraçou Valquíria e depois foi a vez de Caio receber o carinho. Ambos ficaram sem ação. Isadora com um olhar doce, sussurrou para os dois jovens: É tão bom poder estar diante de jovens almas. Tudo que precisam saber é que as desavenças são como o pó deixando-nos cegos. Tudo que precisam é do amor para limpar os olhos e a mente. Que sejam muito felizes.

– Isadora, parabéns! – felicitou Rodin, beijando a mão de Isadora. – Você, como sempre, chega sem esforço à emoção. Você retira da natureza essa beleza que tento tirar à força dos blocos de pedra. Sempre unifica a vida na dança. Verei você amanhã no meu estúdio? Quero fazer alguns esboços.

– Sim, mas ainda receio de ficar a sós com você.

– Ora, por quê? Conhecemo-nos há tanto tempo.

– E mesmo assim ainda o vejo como um autêntico deus Pan, caçando ninfas tão indefesas como eu.

– Como pode me julgar desta forma? – sorriu o escultor.

– É fácil julgá-lo, Rodin – interrompeu Proust, colocando-se entre os dois. – Mas quanto a Isadora, sem dúvida não se pode. Julgar é comparar e nela não entra nenhum elemento que se tenha visto em alguma outra. Todo o mistério da beleza da dança está no brilho, no enigma, sobretudo nos olhos de você, Isadora. Nunca a vi tão bela como hoje.

– Há tempos estou para pintar "A Dança" – confessou Matisse. – Eu tenho de admitir que para conseguir isto, terei de aprender a alegria de viver e soltar o ritmo de minhas cores da mesma forma que Isadora revela toda sua alma na dança.

Isadora silenciou-se e com a face repleta de emoção afastou-se de todos. Foi até a porta, onde já se encontrava ali de pé o seu atual companheiro, um homem alto, loiro de cabelos curtos, levemente cacheados, que Caio ouviu alguém dizer que se chamava Paris Singer, filho do fundador das máquinas de costura Singer. Isadora o abraçou e com um sorriso recebeu a baba que estava chegando com a sua filhinha. Aquela bela menina, pelo que Caio ouviu de uma conversa entre duas senhoras, era fruto de um grande amor de Isadora com um coreógrafo chamado Gordon Craig, A criança, espontaneamente, saltou do colo da empregada para os braços da mulher que havia encantado a todos e agora só desejava somente desempenhar o papel de mãe.

Caio Zip e Valquíria aproveitavam a reunião dos artistas abandonados pela encantadora dançarina e trocavam ideias. Lá estavam os dois com Proust e Matisse, que Caio apresentou a Valquíria como amigos. Mais adiante, Rodin tentava convencer a jovem brasileira para que posasse para ele. Valquíria conseguiu se afastar do insistente escultor e com Caio tentou aproximar-se de Debussy para elogiar a música do grande compositor. Infelizmente, o impressionista da música não era uma pessoa nada sociável. Logo depois de trocar uma prosa rápida com Diaghilev, Debussy abandonou o recinto, atormentado por uma terrível crise de tosse. Aquela crise de grunhidos ecoou forte no recinto e logo se tornou num enxame de comentários dentro dos círculos de admiradores do compositor. Alguns cogitavam que o compositor estava enfrentando uma grave doença. Caio, mais uma vez, ousou conversar com Valquíria. Quando, finalmente, estavam a sós, uma outra voz interrompeu. Desta vez, era o próprio pai da jovem que estava à frente da orquestra pedindo a atenção dos convidados.

– Meus caros amigos – disse o senhor Gomes. – Gostaria de agradecer a presença de todos vocês. É uma grande honra receber o tão aclamado Balé Russo que tivemos o grande privilégio de assistir. Meus queridos convidados, é com grande orgulho que quero aproveitar a festiva reunião para apresentar a mais nova atração. Com vocês, a mais nova música, sendo lançada aqui em primeira mão, do fenomenal compositor brasileiro, Ernesto Nazareth: "Odeon".

Incentivada por aplausos uma jovem cantora acompanhada por seis músicos posicionaram-se para a apresentação. Um dos músicos, segurando o cavaquinho, acenou a cabeça para que o músico com o surdo e o outro com o pandeiro se preparassem. A flauta doce, o bandolim e o violão entraram no ritmo e com a enorme simpatia de uma diva, a jovem começou a cantar seguindo os músicos animados. Tocava o cavaquinho num ritmo de choro frenético. O bandolim esbaldava-se numa escala que soava um improviso que se desembestava a tirar notas em escalas nunca ouvidas. A flauta batia asas de pequeno pássaro agitado a descobrir seu compasso alegre. O pandeiro esquentava mais ainda a ginga da cantora que transformava seu próprio corpo numa percussão. Cada acorde soava num mexe e remexe espalhando-se no ar. Os instrumentos batiam um papo de botequim e davam corda ao público que ainda resistia à tentação de se esbaldar naquele som, que no íntimo, dava água na boca.

– Oba! Esta música eu conheço! – animou-se Caio.

– Mas como você conhece? – assustou-se Valquíria. – Ela é inédita!

– Vamos dançar?

– Eu não sei dançar – a jovem cruzou os braços com ar de emburrada.

– Ah, o que é isto? Será que não aprendeu nada com Isadora!

– O que quer dizer?

– Ela não disse pra dançar com a alma, então vamos dançar!

– Mas...

Antes que Valquíria pudesse fazer algo, Caio já a tinha puxado para o meio do salão. Num ritmo bem solto e despreocupado, Caio foi misturando vários passos de samba com um estilo parecido com um tango endiabrado. Cercado de improvisos, pegou sua companheira pela cintura e começou a rodar pela pista. No susto, a jovem foi se deixando levar, sobre os olhos do pai perplexo com a nova dança de salão. Valquíria, ao ver o sorriso de Caio, ganhou impulso e desatou as amarras da vergonha. Esticou o braço, deixou a mão sentir as ondas da animação de seu parceiro e as pernas foram narrando todos aqueles choros e manhas dos instrumentos. Os músicos decidiram sacudir a poeira e dar a volta por cima. Na pista, só os dois. Eles esqueceram tudo ao seu redor, encantados totalmente pela música. Nada mais, realmente, existia no ar. As pessoas ainda estavam na retranca, escondidas das regras impostas pela sociedade. Mas os pés e as cabeças de quem assistia começaram a denunciar que estavam contagiadas com toda aquela ginga febril que era transmitida por aquele casal. A pura liberdade estava naqueles passos. Por fim, vencidos pela animação, muitos começaram a dançar. Os integrantes do grupo de balé faziam questão de aprender aqueles movimentos dos quadris.

Num piscar, para o espanto do senhor Gomes, a pista estava totalmente tomada pelo calor do chorinho com casais sem mais a carregar o peso da inibição. Os músicos empolgados agora tocavam todo o repertório de Ernesto Nazareth para a alegria da pista.

Caio e Valquíria aproveitaram para tomar fôlego quando os músicos acabaram de tocar "Brejeiro". A jovem tomava ar no jardim e Caio foi para perto de uma mesa para pegar dois copos de refrescos.

– Que espetáculo! – exclamou uma voz familiar atrás de Caio. – Gostei de ver você, Zip.

– Boa noite, Santô! Tá falando da dança? – o piloto acenou, confirmando. – Ah, não foi nada. Eu só fiquei empolgado com a música.

– Vocês dois deixaram a festa muito mais agradável. Parece até que estou no Brasil. Os franceses sempre mantêm um comportamento tão formal durante uma recepção.

– Não posso reclamar. Já conversei com tanta gente boa e que nunca imaginei que iria conhecer.

– Sei bem, eu hoje também conheci e conversei com mais artistas, escritores e até achei bem peculiar um médico que gosta muito de relatar seus casos.

– Está falando de Freud?

– Vejo que já o conhece.

– Conheço a fama faz tempo.

– Ele estava bem interessado em meus voos, mas eu fiquei um pouco receoso de prolongar a conversa.

– Por quê?

– Temi que ele me transformasse em um de seus casos.

– Acho que você tem razão. Você poderia se transformar no caso: "O homem das águias".

– Quem sabe – riu o piloto. – De qualquer forma, ele me deixou feliz assim como os outros senhores: Matisse, Proust, Diaghilev, Ravel, Debussy... Gostei especialmente da talentosa "Deusa do Vento".

– O que eles fizeram pra deixar você tão animado?

– Foi maravilhoso descobrir que todos nós partilhamos o mesmo sonho.

– Todos. Que sonho é este, afinal?

– Como Gustave Eiffel, o construtor da torre que leva seu nome, uma vez disse: "*De uma forma ou de outra todos nós queremos atingir as alturas*".

– Então, todos nós queremos ultrapassar os nossos próprios limites – refletiu

Caio.

– É, Zip... – suspirou Santos Dumont, apoiando a mão no ombro de Caio. – Voar é para todos!

A festa não dava trégua e muitos ingressaram na dança que atiçava fogo nos pés. Valquíria já estava no salão à procura de Caio que prontamente fez sinal que já retornaria. Santos Dumont reparava no sorriso da jovem e o rosto iluminado de seu assistente.

– Você faria um favor, Zip? – pediu o piloto, subitamente.

– Claro. O que é?

– Na verdade, o favor é para o senhor Gomes. O pobre homem está tão envolvido com os contatos que está fazendo aqui na festa que não está conseguindo ser atencioso com a filha. Está ficando tarde para uma mocinha e acho que seria bom se você pudesse levá-la para casa, o que acha?

– Claro. Mas o senhor Gomes concorda?

– Não tem problema. Depois do que você fez, ele deve estar empolgado em ver tanta gente interessada na cultura brasileira. Certamente, ele concordará com minha sugestão.

– Então, está bem. O metrô ainda funciona a esta hora?

– Não! – riu o piloto. – Vocês não irão de metrô. Vocês podem utilizar a condução que trouxe a mim e a minha bela amiga. Por sinal, onde ela está?

As ruas começavam a tomar um tom nostálgico com as luzes das janelas tornando-se raras. Sob as árvores soava o sussurro misterioso de um vento fresco. Os escassos transeuntes que ainda vagavam tomavam a forma de espectros acinzentados com rostos ocultos pelos chapéus. Caio e Valquíria não estavam apreciando aquelas ruas. Seus rostos estavam voltados para o topo da torre Eiffel, onde passavam tão próximos que Valquíria tinha a impressão de que precisava apenas esticar o braço para tocá-la. Os dois acomodavam-se como podiam na cesta do dirigível que Santos Dumont, generosamente, tinha oferecido. A jovem reparava agora nas copas das árvores e no céu estrelado que a inspirava. Sentia que aquele espaço merecia ser preenchido com uma canção. Mas a emoção de estar voando pela primeira vez pesava demais e isto fazia com que sua voz ficasse retida. Por mais que tentasse experimentar, a voz não lhe obedecia. Caio bem que tentou cantarolar algo, mas certamente o canto não era o seu forte. Sem saber muito bem como agir os dois procuravam ver quem iniciaria uma conversa. Qualquer gesto era logo recebido com muita ansiedade. Aquela situação estranha só foi extinta graças a um brusco vento que fez Valquíria se encolher. Ela enrolava mais apertado o grande xale que a envolvia, mas isto não adiantava muito para afugentar os calafrios. Caio, como um cavalheiro à moda antiga, tirou o sobretudo e cobriu a companheira. Valquíria ajeitou o agasalho como pôde, sem perder o equilíbrio e com um sorriso agradeceu. Foi neste instante que a luz do holofote da torre iluminou o rosto da jovem. Era um daqueles momentos que Caio só tinha visto em filmes em preto e branco. Tentando seguir o roteiro, o viajante do tempo aproximou-se daquela face iluminada. Os rostos dos dois tímidos estavam cada vez mais perto um do outro, e tudo em volta começou a tomar a forma de um sonho. Ambos estavam com os olhos se fechando, com a pele a arrepiar e os lábios... O beijo! O beijo veio num toque doce e suave que fez o corpo ferver, que fez o mundo desaparecer. Parecia que o tempo tinha adormecido e somente retornou quando uma forte sacudida da cesta os fez despertar. Os dois encabulados voltaram a si e, com uma respiração quase suspensa, ficaram a contemplar a paisagem, abraçados como se fossem um só. No mais puro silêncio eles prosseguiram naquela viagem com suas almas soltas ao vento, a sentir a verdadeira essência de voar.

15. Os Voos de Blériot

Os dias correram com momentos agradáveis. Caio fazia ótimos passeios com Valquíria quando os dois estavam mais livres de suas tarefas. A namorada de Caio continuava empenhada com os estudos de canto com um professor que seu pai havia contratado. Quanto a Caio, ele ainda estava às voltas com o projeto da *Demoiselle*. Já tivera até a chance de pilotar a bela aeronave. A sensação de voar sozinho deixara o viajante do tempo tão fascinado que era difícil fazê-lo parar. O espírito de aventura de Caio instigava-o a tentar manobras radicais. No entanto, como a aeronave ainda sofria de certos problemas, Santos Dumont acabou por não permitir mais os voos. Todos aqueles empecilhos provocavam uma enorme tensão. O aviador e inventor, muitas vezes, refugiava-se no escritório do apartamento ou no gabinete de projetos de Neuilly, para rabiscar ou anotar dados sobre potência/peso, curvatura, estabilidade, centro de gravidade e todos os demais cálculos que o ajudariam a decolar o seu mais belo projeto.

Na manhã do dia 12 de junho, o aviador Blériot passou pelo apartamento do aviador brasileiro e, todos juntos, Blériot, Caio, Santos Dumont e o seu assistente, Chapin, foram a Issy-les-Moulineaux, onde Blériot tentaria executar um oito perfeito. A imprensa estava lá reunida, e apoiada pela torcida entusiasmada de Caio e Chapin, a aeronave correu a pista com seus três ocupantes, com Blériot na direção e como passageiros o grande amigo Santos Dumont e monsieur André Fournier, observador oficial do Aeroclube. Sem nenhum problema, o modelo Blériot XI decolou com sua carga preciosa e, para a felicidade de Blériot, o voo conquistou o recorde de ser o primeiro avião a transportar dois passageiros.

Santos-Dumont ainda aproveitou a luz do final do dia para também voar com a sua *Demoiselle*, agora com alguns novos ajustes. Nos outros dias, mais animado, decidiu fazer modificações mais radicais, que acabou por gerar um novo modelo da *Demoiselle*. Numa das experiências que fez lá pelas 20 horas, o monoplano subiu, distanciou-se, mas Santos Dumont caiu na segunda volta. Para a alegria de todos, ele continuava com o seu anjo da guarda que o mantinha longe de ferimentos graves. A única coisa que o acidente provocou em Santos Dumont foi a decisão de retornar às pistas espaçosas de Saint-Cyr.

Os dias quentes e sem chuva eram bem proveitosos. A rotina no hangar só foi quebrada quando, numa certa manhã, Santos Dumont recebeu a notícia de que seu amigo Blériot estava naquele exato momento sobrevoando o Canal da Mancha. Todos no campo de aviação pararam seus trabalhos para seguir as notícias. Se Blériot tivesse êxito, ele conquistaria o tão cobiçado prêmio em dinheiro do jornal londrino *Daily Mail* para quem cumprisse a tão perigosa missão de voar em um avião sobre o mar, pela primeira vez na História. Muitos diziam que a travessia tinha dado início naquela madrugada saindo do porto de Calais com a missão de pousar em Dover. Blériot teria tido sorte com as boas condições de voo. Santos Dumont soube por um colega que um contratorpedeiro tinha ficado encarregado de acompanhar o voo. Mais adiante, foi divulgado que a aeronave tinha sido dada como desaparecida. Para piorar, informes meteorológicos alertavam uma súbita mudança climática, com formação de nevoeiro sobre o local.

Murmúrios espalhavam-se por todos os lados do campo. Todos davam palpites e alguns já faziam apostas sobre o desfecho daquele voo. Mais tarde, ouviram-se rumores de que Blériot mesmo perdido havia decidido por seguir reto sem ter um ponto de referência. Mais boatos chegaram e um deles dizia que Blériot havia morrido no mar. A tensão pairava no ar e muitos decidiram ir até o escritório do campo para obter informações sobre o real paradeiro. Uma hora depois, o telefone tocou e o diretor anunciou a todos a última notícia: Blériot havia alcançado o seu triunfo! Uma grande salva de palmas foi ouvida em todo o campo. Santos Dumont comemorava junto aos outros a grande conquista da aviação.

No final da tarde, a grande notícia já corria o mundo. Em uma das manchetes lia-se: "*A Grã-Bretanha não é mais uma ilha*".

Os franceses não paravam de comemorar pelas ruas, enquanto Blériot era recebido como herói em Londres.

No dia seguinte, um mensageiro foi ao apartamento de Santos Dumont e entregou um telegrama. Após a leitura, a fisionomia do aviador ficou radiante. Antes que Caio pudesse perguntar sobre o que se tratava, Santos Dumont adiantou-se e leu em voz alta:

> *"26 de Julho de 1909. Caro Santos. Agradeço pelas suas gentis palavras pela vitória. Não imagina como fiquei emocionado ao reler o trecho de sua mensagem que diz: "Essa transformação da geografia é uma vitória da navegação aérea sobre a navegação marítima. Um dia, talvez, graças a você, o avião atravessará o Atlântico." Muito me orgulho por tudo isto que conquistei, mas tenho que admitir que eu não fiz nada mais do que segui-lo e imitá-lo. Seu nome para os aviadores é uma bandeira. Você é o nosso líder. Agradeço do fundo do meu coração por esta nossa amizade. Seu amigo Blériot."*

16. Santos Dumont Sumiu

Pouco depois aconteceu o torneio internacional da aviação, *La Grand Semaine de l'Aviation,* nos arredores da cidade de Reims, na região de Champagne, França. A disputa foi mutio acirrada, e o grande heroi da semana foi o piloto e inventor estadunidense Glenn Curtiss, que ganhou os prêmios de velocidade em circuito fechado de 20 e de 30 quilômetros, enquanto Blériot teve de se contentar com o segundo lugar, mas, em compensação, Blériot ganhou o prêmio de velocidade em circuito de 10 quilômetros. Os aviões de Blériot e de outros franceses tinham um projeto mais moderno que o de Curtiss, mas Curtiss era muito hábil como piloto, pois fora campeão mundial de motociclismo cinco anos antes, pilotando uma motocicleta de sua própria construção, assim, Curtiss sabia como ajustar um mecanismo para uma disputa e sabia como pilotá-lo tirando o máximo proveito das correntes de ar, e tinha a sorte dos campeões. Além de Curtiss e Blériot, também foram premiados Farman, que conseguiu os prêmios de transporte de passageiros, ao fazer seu avião levar três pessoas em circuto de 10 km, e de distância, ao marcar 180 km, e Latham, com um avião Antoinette, que conseguiu o prêmio de altitude.

Curtiss estava indignado com o comportamento dos irmãos Wright. Mal pisara na França soube que estava sendo processado nos EUA, por usar controle lateral no avião, e teria que pagar uma licença leonina para voar. Estava preocupado se um juiz entenderia a distinção entre aileron e wing warping (torção de asas). Logo ele, o único representante dos EUA, enquanto os aviões Wright estavam com a bandeira francesa.

Os irmãos Wright não participam diretamente do torneio, pois estavam na Alemanha fechando um contrato, porém três aviões Wright pilotados por franceses estavam lá. Há um ano os Wright estavam aproveitando um sucesso meteórico na França, pois seu avião tinha mais capacidade de manobra no ar que os aviões franceses e cobria maiores distâncias, embora em circuito protegido. Já os projetistas franceses ficavam muito zangados com a excessiva cobertura de imprensa favorável aos Wright e argumentavam que seus projetos eram melhores, pois privilegiavam a decolagem por meios próprios, a facilidade de aprender a pilotar, a segurança do voo, e a capacidade de cobrir distâncias em terreno não protegido. Esse torneio foi diferente e os irmãos Wright tiveram a sorte de não estarem presentes, pois esse evento mostrou claramente que o projeto do avião Wright Flyer A já estava ultrapassado em todos os quesitos.

No início do torneio, o construtor Gabriel Voisin liderou um movimento tentando desclassificar, sem sucesso, os aviões Wright. Voisin não podia entender como a organização do torneio podia tolerar os aviões Wright, que ficavam mais leves, prejudicando a concorrência, com seu descabido sistema de lançamento por catapulta, que ainda precisava da ajuda de muitas pessoas para ser armada, ou então, eles podiam dispensar a catapulta, mas armando uns 70 a 100 metros de trilhos para o avião pegar velocidade.

O que Voisin não sabia é até onde poderiam ir os interesses milionários por trás dos Wright, os quais, desde fevereiro de 1907, tinham um acordo com o poderoso empresário estadunidense Charles R. Flint, o "Pai dos Carteis". Flint tinha em suas mãos a imprensa e governos mundo afora, além de sociedade com os mais poderosos industriais franceses.

Santos Dumont levara seu avião Demoiselle não para participar da competição, mas para deixá-lo em exposição para o grande público. Santos Dumont tinha outros planos e desistira de participar de torneios, mas ajudou, como conselheiro na competição, o seu amigo Blériot. Terminado o torneio internacional, Santos Dumont levou seu pequeno avião, agora equipado com um novo motor, para começar uma bateria de testes em Saint-Cyr.

Os jornalistas e os admiradores, preocupados, não paravam de cercar o hangar. Os mecânicos, a muito custo, barravam a entrada de qualquer um não autorizado. O máximo que os insistentes da imprensa obtinham eram informações vagas, sempre fornecidas por Chapin.

– O senhor Santos Dumont levou 13 litros de combustível, o necessário para uma autonomia de voo de uma hora e meia. Certamente, ele deve ter aterrissado e entrará em contato o quanto antes.

A imprensa tratava de relatar as escassas notícias pelo telefone para a redação:

"M. Santos Dumont desaparecido com a Demoiselle após as 17h30min. Ele não retornou a Saint-Cyr. Ninguém sabe o que aconteceu. Há uma inquietação no ar."

O chá estava sendo servido. A amargura pairava sobre o olhar de cada um, reunidos na sala do apartamento do senhor Bayard. Mais uma vez, o empresário perguntava ao empregado se alguém havia telefonado dando notícias. O empregado, com uma voz paciente, respondia, mais uma vez, que apenas tinha atendido as insistentes ligações de jornalistas à procura de entrevistas. Desapontado, o empresário, sentado, retornou a seu tormento, mergulhando exaustivamente a pequena colher na xícara quase a derramar. Os olhos de Caio fixavam-se na cena da rua tomada por uma tristeza em forma de um tempo cinzento. O banco solitário na praça encharcava-se com a chuva forte. Caio deixou de projetar sua angústia naquela paisagem mórbida. Desencostou o rosto da grande vidraça da janela e, com um ar desolador, retornou para as conversas, ficando de pé ao lado de Valquíria que estava sentada numa poltrona ao lado do empresário.

– Alguma notícia? – perguntou o senhor Bayard, aflito.

– Não, não. – respondeu Sem, entrando na sala. – O conde Contades e os outros ainda não retornaram das buscas.

– Ele não devia ter feito a segunda apresentação – lamentou a baronesa, sentada sozinha num sofá. – Já era tarde e o tempo estava ficando ruim.

– Quando Santô decide uma coisa é difícil fazê-lo mudar – argumentou Voisin de pé, diante da lareira. – Não viram como ele já estava voando por aí, como se estivesse, apenas, fazendo um passeio de carro?

– Agora, ele está mais ousado – lançou Blériot de pé ao lado de Voisin. – Quando voava com a Baladeuse, ele só estacionava perto do apartamento, do Arco do Triunfo, do Maxim's...

– É verdade. – suspirou a senhora. – Meu amigo, que mora no norte de Paris, disse que ficou assombrado ao abrir a porta e ver Santô dentro de um avião tão pequeno.

– Ele estava fazendo essas visitas, mas sempre avisava onde estava. – ressaltou senhor Bayard. – Por onde anda? Por que ele ainda não telefonou? Eu não gosto quando Santô fica animado demais com uma nova aeronave e cisma de testar sozinho... Eu já até cheguei a gastar uma fortuna, contratando uma piloto de provas para ele parar de se arriscar!

– Pior é quando Santô fica deprimido – lembrou Sem com o olhar tenso. – Ele é capaz de ficar horas ou até dias enfurnado no escritório.

– Mas não é o caso. – discordou Caio. – Santô não está deprimido. Ele estava animado com os recordes que bateu esta semana.

– Não pode ter sido por problemas mecânicos – ponderou Voisin. – A *Demoiselle* estava desenvolvendo tão bem nesses últimos dias. Chegou a voar em 5 minutos os 8 quilômetros que separam Saint-Cyr de Buc, numa média de 96 km/h! Dois dias depois, decolou usando apenas uma pista de 70 metros. Imagine só! Já no dia seguinte, diminuiu para 60 metros!

– Foi lindo, não foi – apoiou o senhor Bayard, acendendo um charuto. – Não é todo mundo que bate um recorde mundial e no dia seguinte bate seu próprio recorde.

– E a decolagem poderia ter sido de apenas 40 metros, se não tivesse resvalado no solo – lamentou Blériot. – Mas tudo bem. Já fico contente por Santô ter tirado esse recorde das mãos de Curtiss.

– Ele estava tão radiante quando viu aquela multidão de fãs correndo até ele enquanto descia da *Demoiselle*... – recordou Bayard, soltando uma baforada. – Era como nos velhos tempos.

– Aquele dia foi assustador – reagiu a baronesa. – Eu fiquei apavorada quando Santô largou aquele peso em pleno voo.

– Eu sei como a senhora se sentiu – sorriu Valquíria. – Eu pensei que aquele lastro fosse atrapalhar as manobras. Cheguei a achar que iria cair em cima de alguém... Felizmente, tudo correu bem. Todo mundo começou a aplaudir e a gritar quando viu que ele continuou fazendo um lindo voo. Fiquei maravilhada. Santô foi incrível!

– Vocês estão falando como se Santos Dumont tivesse morrido – irritou-se Caio. – Ele está bem. Tem que estar!

– Mas é claro que ele está, rapaz – rebateu Blériot. – Nós só estamos peocupados! Não vê? Todos nós queremos o bem de nosso amigo. Eu, por exemplo, já estou tão acostumado com falhas mecânicas, no meio do voo, e, mesmo assim, nunca me machuquei seriamente. Santô está bem. Ele só não conseguiu um jeito de nos avisar. Só isso. – a expressão do aviador não refletia aquelas últimas palavras e Caio, ao reparar, sentiu-se mais aflito.

– A máquina estava boa, mas quanto ao homem...

– Por que diz isso, senhor Sem? – indagou Valquíria, temerosa.

– Quem pode garantir como estava Santô hoje? Na semana passada, ele ficou muito abalado quando recebeu a notícia da morte de Lefebvre.

– Não é para menos – disse Voisin. – Eu soube do acidente e fiquei muito chocado. É horrível um companheiro terminar desse jeito. Ele foi a segunda pessoa a morrer num acidente de avião, mas o acidente foi no solo, durante a decolagem. A primeira pessoa foi o passageiro que estava no Wright Flyer A pilotado por Orville Wright, em sua primeira demonstração para o exército dos EUA.

– Muita gente já disse que o avião Wright é muito instável. A maneira exagerada que os irmãos Wright fazem a torção de asas e a configuração *canard* podem acarretar acidentes em pleno voo, sem ocorrer falha mecânica, apenas pela própria concepção do avião. É um verdadeiro perigo no ar. Desde sua primeira apresentação pública eu notei que somente um acrobata poderia pilotá-lo – disse Voisin, voltando a lançar suas preocupações.

– Não sobrou nada daquele biplano Wright – entristeceu-se Blériot. – Espero que os Wright consigam resolver o problema da instabilidade. Desse jeito, haverá mais mortes.

– Santô não reage bem à morte de alguém – voltou Sem à conversa. – Em 1902 ele ficou dias passando mal quando soube da morte do amigo Augusto.

– Esse acidente do Augusto Severo foi trágico! – recordou o senhor Bayard. – Paris toda viu quando o dirigível explodiu lá do alto, a 400 m.

– Santô também assistiu e ele se sentiu culpado por ter inspirado o amigo a voar.

– Eu soube que o coitado tinha juntado todos os seus recursos e pediu até aos parentes para poder viajar até aqui e construir o dirigível – contou o empresário, apagando o charuto. – Antes ele tivesse ficado no Brasil com a família...

– Eu disse a Santô que ele tinha de reagir – recordava Blériot. – Ele não pode se culpar assim.

– Ele bem que tentou reagir – prosseguiu Sem, mais agitado. – Acho que as bruxas estavam soltas naqueles dias. Como se não bastasse a perda do grande amigo, não demorou muito, e Santô recebeu a notícia de que a sua mãe havia se suicidado.

– A mãe de Santô se matou? – tapou Valquíria a boca com as duas mãos.

– Que Deus tenha piedade da pobre alma – orou a baronesa, fazendo o sinal da cruz. – Que Deus cuide de nosso Santô.

– Pobre Santos Dumont – murmurou Valquíria para Caio. – Eu só espero que ele não tenha feito nenhuma loucura.

Aquela conversa deixou Caio muito abalado. Sem mais como suportar, saiu em passos rápidos da sala. Valquíria, sentindo que Caio não estava bem, seguiu-o sem demora.

Um silêncio deixou a todos cobertos por seus temores. Quando a baronesa consultou o relógio acima da lareira, ela se levantou e foi até o senhor Bayard que, de imediato, se levantou.

– Está ficando tarde. – disse ela. – Eu vou ver os meus netos.

– Não se preocupe, madame. Se estamos a nos escutar é porque seus netos devem estar dormindo muito bem.

– De qualquer forma, irei para os meus aposentos. Por favor, avise-me se souberem de alguma notícia sobre o paradeiro de nosso amigo.

– Fique tranquila, minha amiga – disse o senhor Bayard, num tom confortador. – Mandarei avisá-la imediatamente.

A baronesa saiu, cumprimentando a todos com um pequeno aceno.

17. O Voo Noturno

A estrada estava com pouco movimento e Caio seguia solitário no carro que Santos Dumont havia lhe emprestado, naquele dia, para buscar Valquíria. Não demorou a avistar a placa, indicando que já se encontrava nos arredores do aeródromo de Neuilly. A preocupação sobre o desaparecimento tinha se alastrado e muitos estavam ajudando nas buscas. O hangar estava sem ninguém e Caio estacionou ao lado da entrada. Sem fazer barulho, abriu as gigantescas portas deslizantes. Ficou feliz por ver que a *Baladeuse* estava pronta para a decolagem. Caminhou até uma saleta onde sabia que era ali que Santos Dumont guardava o farol para ser usado durantes os voos noturnos. Quando andou para o dirigível, esbarrou em alguém no caminho.

– Ah não! – disse Caio, assustado. – Como você chegou aqui? Você estava escondido no carro, é isso?

– E você nem notou – ria Tonio da expressão de Caio.– Todos vocês nunca me notam.

– Por que você me seguiu?

– Eu tava ouvindo toda a conversa de vocês da outra sala. Eu vi quando você se despediu da sua namorada e disse a ela que viria aqui pra tentar procurar Santô. Eu vi você pedindo pra ela não contar pra ninguém. Eu vi até o beijo que você deu nela. – sorriu Tonio com um jeito maroto.

– Você é muito abelhudo, Tonio, sabia?

– Eu só sei que eu vou voar com você.

– O quê! De jeito nenhum. Você não pode vir comigo.

– Por quê?

– Porque é perigoso.

– Eu tô cansado de ouvir isso.

– Eu não posso te levar. Se acontecer algo com você, vou me sentir culpado demais!

– Eu quero ir.

– Não dá! Eu te levo pra passear depois, ok?

– Não tem mais essa história de "depois" e nem desse tal de "ok". – ralhou o teimoso. – Monsieur Bayard sempre diz que vai me levar "depois" e não leva. Até madame Blériot prometeu e "depois" esqueceu. Eles sempre se esquecem de mim.

– Eu não posso levá-lo. – repetiu Caio, sem mais o que dizer.

– Vai me deixar aqui, nesse campo enorme, sozinho?

– Não, eu... – Caio olhou ao redor. – Eu não sei o que fazer...

– Se você me levar de volta, não vai mais dar mais tempo de ir atrás de Santô. Vai ser tarde demais.

– Eu não posso levá-lo.

– "*Lá de cima há mais chances de encontrar*" Lembra? Foi isso que você falou pra sua namorada.

– Eu não posso!

– Estamos perdendo tempo! – irritou-se Tonio, puxando Caio pela mão. – Deixa de ficar parado! Vamos logo!

Caio ligou o motor, checou o mostrador e acionou o farol. Com as mãos na roda do leme, manobrou o dirigível para sair do hangar. Depois de fechar as gigantescas portas deslizantes do hangar, Tonio se pôs a correr atrás de Caio que cuidava de equilibrar o peso na proa.

O tempo estava nublado, mas não parecia afrontá-los. Durante a subida, Caio verificou o mapa e a bússola e tomou as coordenadas mencionadas por Santos Dumont a Chapin. Poucos minutos de voo e a paisagem foi mudando. Olhou a sua volta e as poucas estrelas que ainda restavam foram desaparecendo com a chegada súbita de pesadas nuvens. Começou a sentir como se estivesse para se chocar com uma barreira invisível. Apreensivo, o viajante do tempo debruçou-se para ver se achava algum ponto de referência. Não conseguia ver nenhum ponto de luz. Tudo se mantinha oculto pela escuridão. Mais um golpe de ar e sentiu como se algo estivesse tentando arrancá-lo da cesta. Outra sacudida e lá se foi o farol, parando de funcionar. Sem poder contar com aquela luz, tinha de acreditar, mais do que nunca, no seu treinamento com Santos Dumont e nos velhos filmes da TV.

Como? Nenhuma tática vinha à tona na sua mente a não ser continuar com os propulsores e cuidar da velocidade. Às vezes puxava a corda amarrada no pulso que estava conectada a uma válvula com a função de permitir que o gás escapasse, o suficiente para que a Baladeuse não subisse rápido demais. Junto à linha do horizonte veio a esperança na forma de um cintilar quase imperceptível. Tonio apoiou as duas mãos e ficou na ponta dos pés atraído pela visão. O vento quase o derrubou, mas Caio segurou o menino afoito no momento exato. Redemoinhos atacavam a aeronave, mas a força de vontade de Caio manteve o curso. O pequeno foco insistia em manter o brilho salvador no meio das trevas. Caio lutava sem trégua, desafiando o perigo. Uma das cordas na popa ameaçava romper-se e, sem escolha, decidiu sair da cesta para fazer os reparos. Seu corpo era jogado de um lado para o outro. Tentava manter equilíbrio de seus pés sobre a haste de bambu que servia de suporte ao motor. Caio evitava fazer movimentos bruscos, mas as rajadas de vento pareciam querer a sua queda. Depois de elaborar um conserto improvisado, retornou para a cesta, não sem antes passar por mais uma do inimigo vento. A rajada foi tão forte que o fez escorregar. Com a ajuda da mão de Tonio, Caio conseguiu voltar em segurança. Os olhos do menino invejavam aquela façanha do amigo que andou como um equilibrista. Aquele sentimento durou pouco. Como que hipnotizado, o menino voltou a contemplar cada detalhe do voo noturno. Parecia que não sentia medo algum, nem quando a natureza indomável veio agredi-lo com mais fortes sacolejos sobre a cesta. Tonio só esboçou uma reação perante o perigo quando Caio gritou para que ele se segurasse firme. O uivo do vento sinalizava a chegada de mais uma ameaça para os dois. Caio atreveu-se a tomar mais altura para escapar dos relâmpagos que eram lançados com violência. As nuvens densas ameaçavam afogá-los sem piedade. Caio verificou a altitude adquirida e apoiou com força as mãos sobre os controles e num só golpe o motor vibrou fazendo o dirigível estremecer por inteiro. Com firmeza, foi corrigindo o ângulo acentuado da proa. Outro redemoinho fez o dirigível tomar um mergulho fatal. Como era difícil quando surgia a pesada sensação de fraqueza perante uma batalha sem trégua. A mente tornava-se seu maior oponente quando refletia o quanto aquela luta era desigual e o quanto suas chances se esvaíam. Caio enchia-se de inquietação e se desviava apenas por reflexo dos golpes que surgiam sem aviso. Tentava a todo custo usar aqueles clarões para descobrir onde estava. Seguia a agulha da pequena bússola com toda devoção. Tonio voltou a se deixar embalar por uma esmagadora curiosidade que o tornava mais cego ao perigo. As fortes correntes de ar castigavam a aeronave e atiçava-a para que galopasse selvagemente. Caio rebatia, mantendo as cordas firmes. O vento traiçoeiro poderia fazê-lo chocar-se com algo a qualquer momento. Caio já não sabia quanto tempo, nem quanto de combustível seriam necessários para vencer aquele inimigo oculto nas trevas. As dúvidas sobre sua força de vontade cresciam, contudo quando olhou o rosto confiante de Tonio, os seus receios foram se amainando. Mais uma vez erguia a cabeça e executava as manobras poderosas que havia aprendido com Santos Dumont. O foco de luz ainda se mantinha fiel e Caio, aos poucos, conseguia aproximar-se. Ao chegar mais perto, percebeu que o foco de luz, na verdade, era produzido por várias janelas de um castelo. Outras luzes em volta da bela construção foram surgindo quando as nuvens foram recuando. A chuva começou e antes de tentar pousar no amplo parque fez o *guide rope* arrastar-se pela grama, largando 15 metros de cabo.

Não levou muito tempo e Caio e Tonio foram encontrados por um grupo de guardas do local que logo trataram de ordenar aos dois estranhos que saíssem do dirigível. Os intrusos foram levados para uma ala do castelo. Alguns minutos depois, uma senhora chegou acompanhada de um homem franzino vestido com um roupão.

– Santô! – gritou Tonio, abraçando o aviador.

– Caio! Tonio! Como vocês me encontraram?

– Caio tinha um mapa – explicou Tonio. – Ele é o melhor homem águia que eu já vi.

– Eu segui o trajeto que você tinha deixado marcado. – esclareceu Caio.

– Cadê seu aeroplano? – perguntou Tonio.

– No estábulo, como um simples cavalo – riu o aviador.

– O dirigível que a gente veio tá todo molhado.

– Vocês se arriscaram muito. Por que você trouxe Tonio, Zip?

– Não brigue com ele, não, Santô – pediu o menino. – Eu me escondi no carro e depois eu fiz ele me trazer. Se tem alguém que merece bronca é você, Santô.

– Eu?

– Tá todo mundo preocupado, achando que morreu.

– Eu não tive escolha – justificou-se o aviador. – Decolei de Saint-Cyr com a intenção de fazer um voo de alguns minutos. Fiquei tão envolvido pela velocidade... E quando quis retornar ao hangar, constatei que estava longe. O que eu deveria fazer? Segui em frente. Fiquei feliz quando avistei, durante o curso, um bosque e depois notei que havia um castelo cercado por um vasto campo. Para não passar novamente aquela experiência de ficar em cima de uma árvore, resolvi descer. Por causa do barulho do motor os vigias vieram correndo e depois vieram as pessoas que vivem neste castelo, como esta amável senhora, Condessa de Gallard – indicou Santos Dumont a mulher ao seu lado que retribuiu com um leve sorriso. – A condessa e seu jovem filho me receberam muito bem. Somente depois de me apresentar a eles e explicar a situação de emergência que me fez aparecer tão inesperadamente soube que eles já tinham conhecimento de meu desaparecimento.

– Ficamos muitos felizes em poder ajudar – ressaltou a condessa. – Mas não imaginávamos que receberíamos mais visitas.

– Foi mal – desculpou-se Caio. – Eu tinha que vir. Eu não aguentava mais ficar parado, imaginando o pior.

– Não se preocupe, meu filho. Vejo o quão é afortunado nosso Santô por poder contar com um amigo tão dedicado. Eu fico contente que tudo terminou bem.

– Novamente agradeço toda sua amabilidade, condessa.

– É um honra. Vou providenciar algo seco para os dois. Fiquem à vontade. – a gentil nobre, saiu acompanhada pelos vigias.

– Por que não telefonou? – disse Caio, agitado. – Tá todo mundo preocupado.

– Eu imagino. Quando cheguei, de imediato solicitei que avisassem a minha localização para Chapin, mas, por causa da tempestade, os telefones estavam mudos. Somente há poucos minutos conseguimos fazer a ligação.

– Quer dizer que fizemos essa viagem por nada?

– Vocês se arriscaram muito, isso sim. Se algo tivesse acontecido eu jamais me perdoaria.

– E aconteceu! – disse Tonio num tom eufórico. – Foi a melhor coisa que eu já fiz. Eu voei, Santô! Eu vi a noite, as nuvens e as casas lá embaixo... E foi muito melhor do que as histórias que você me contou. O céu e a terra na escuridão, tudo se misturava. Uma escuridão que junta os mundos. E a gente subia e subia... E as nuvens iam perdendo a cor. Elas não eram mais pretas, foram clareando até ficarem brancas. Eu tive de fechar os olhos porque descobri que as nuvens são carregadas com tanta luz que a noite chega a ser mais bonita que um dia de sol. Eu podia pegar as estrelas! É isso que é liberdade. É isso! É isso que eu quero! Nunca mais na vida vou deixar de voar.

Aquela viva emoção arrancou uma lágrima do piloto que, mais do que ninguém, sabia o que o menino, aos pulos, estava a dizer. Não pesava mais a angústia no peito de Santos Dumont.

Para deixar tudo em ordem, o piloto pediu a condessa que arranjasse um transporte para o pequeno aventureiro voltar para casa.

Ao amanhecer, Santos Dumont já estava com seus amigos mecânicos, colocando a *Demoiselle* na parte de trás do carro com a cauda desmontada. Junto a Caio e Chapin, rumou para o seu hangar em Saint-Cyr. Cerca das 15h, os mecânicos cuidaram dos preparativos para um novo voo. Chapin providenciou a retirada *do Baladeuse* do parque do castelo que, por causa dos últimos acontecimentos, estava tomando o jeito de um campo de aviação.

Lá pelas 17h tudo ficou pronto e já tinham posicionado a aeronave na pista.

A fuselagem triangular com três hastes de bambu dava mais estabilidade e a asa nova com um desenho mais moderno, tornou o modelo mais resistente e de maior envergadura, além de reduzir o comprimento do avião. O motor foi instalado sobre as asas, atuando diretamente na hélice.

Parecia que milhares de pessoas já estavam à espera da nova exibição e queriam ver de perto a bela aeronave. A natureza também se fez presente e novamente conseguiu ser o centro das atenções, desabando um temporal. Aquilo foi o suficiente para afugentar um bom número de expectadores. Santos Dumont não se curvou àquele capricho e pôs a *Demoiselle* à prova. O aviador caminhou para a aeronave, mas, quando passou por um jornalista, parou por uns instantes para pedir um lenço. Gentilmente, agradeceu o empréstimo e rumou para a pista. Com facilidade, decolou rapidamente e logo as pequenas asas tomaram seu rumo. A chuva, derrotada, deu espaço para a grande apresentação e os que ficaram para assistir não se arrependeram. Com os braços erguidos e segurando um lenço em cada mão, um era o dele próprio e o outro o do jornalista, Santos Dumont sobrevoou o público presente. Seus dedos então se abriram, e os lenços caíram suavemente ao chão. O jornalista correu e conseguiu reaver o seu pertence, enquanto o lenço de Santos Dumont foi repartido entre os mecânicos e mais uns dois amigos como a condessa D'Eu que saudou o piloto. Caio e Valquíria foram sortudos também em adquirir um pedaço daquele inesperado troféu.

Quando pousou, o piloto foi encurralado pelos amigos e admiradores. Uma leva de repórteres fazia perguntas e mais perguntas, especialmente sobre quando a série de aeronaves modelo Demoiselle estaria disponível para venda. Santos Dumont pediu silêncio para fazer sua declaração.

– Se querem prestar um grande obséquio, declarem, pelos seus respectivos jornais, que, desejoso de propagar a locomoção aérea, eu ponho à disposição do público as patentes de invenção do meu aeroplano. Todo mundo tem o direito de construí-lo, e, para isto, podem vir pedir-me os planos. O aparelho não custa caro. Mesmo com o motor não chega a cinco mil francos.

18. O Salão da Aviação

O arrojado palácio de vidro, aço e estrutura de ferro surpreendeu Caio. O Grand Palais estava preparado para receber aqueles milhares de visitantes do Primeiro Salão de Aviação. Os tetos transparentes abobadados permitiam que a luz do belo dia se projetasse sobre as diversas aeronaves. Enormes dirigíveis e balões esféricos, ancorados ao chão, convidavam para zarpar num mar de sonhos. Caio correu a longa escadaria de estilo majestoso para chegar ao segundo andar. Ali, só havia uma estreita passagem que circulava o prédio, deixando a área no meio vazada. Naquele andar havia somente a presença de alguns jovens e de fotógrafos em busca de um ângulo que mostrasse, com toda a riqueza de detalhes, a visão do mar de aeronaves reunidas no salão. O entusiasmo da multidão impulsionava a curiosidade sobre os avanços do futuro. Muitos rodeavam as enormes e pesadas aeronaves dos Wright, Farman, Voisin e tantas outras. O Blériot XI era celebrado com o comparecimento da comitiva presidencial. Orgulhoso, o presidente francês exibia aos seus convidados a aeronave heroica que num voo sobre um mar bravio, uniu a França e a Inglaterra.

Santos Dumont estava em grande evidência, sendo requisitado por vários interessados em obter informações sobre a pequena Demoiselle que era capaz de realizar o sonho de alçar voos, decolando de um pequeno terreno. Todos queriam não só possuí-la como também copiar sua figura de linhas arrojadas, diferente de todas as outras aeronaves. O amigo cartunista Sem desenhava aquela farta quantidade de personalidades, curvando-se para ouvir o franzino piloto brasileiro que, várias vezes, erguia-se nas pontas dos pés.

– Achei você! – bradou uma voz atrás de Caio.

– Olá, Tonio! Como é que está? Eu não tenho visto você.

– Eu estava com minha mãe. Ela chegou naquele dia do voo noturno.

– Chi! Eu devia ter ido lá pra ajudá-lo. Afinal, eu não deveria ter levado você... Ficou de castigo?

– Não houve nada. – riu o menino da preocupação de Caio. – Minha avó ficou tão contente com a chegada inesperada que não sobrou muita mãe nem para mim e nem para os meus irmãos.

– Então você não contou sobre sua grande aventura?

– Eu tentei, mas nunca ninguém me ouve, ninguém acredita em mim.

– Eu sei muito bem o que é isso – riu Caio. – Eu até já desisti de contar pra alguém qualquer coisa.

– Bem, a minha mãe, às vezes me escuta. Mas, agora, ela só quer saber dos preparativos para levar eu e o meu irmão para um colégio jesuíta que ela arranjou.

– Quando você vai?

– Minha mãe cismou que devemos ir depois de amanhã. Você já esteve numa escola, Caio?

– Já.

– Eu nunca estive. O seu colégio era bom?

– Tinha muita cobrança – recordava Caio. – Era prova e trabalho o tempo todo.

– Eu não entendo por que devo ir embora de casa. Minha mãe sempre contrata todos os nossos professores e eles dão aulas em nossa casa ou no jardim.

– Você gosta deles?

– Eu gosto muito da professora de música, mas eu não gosto da professora de botânica. Ela reclamou pra minha mãe por achar que fui eu que tinha colocado a minha tartaruga na cama dela. Eu disse pra minha mãe que não tinha culpa, mas ela me respondeu que não importava, que eu tinha de cuidar da minha tartaruga, pois, afinal de contas, eu sou responsável por tudo aquilo que cativo.

– E daí ela deixou você de castigo?

– Minha mãe não é como minha avó. Ela não acredita em bater ou deixar a gente abandonado no quarto. Ela acredita em abrir um livro e mostrar tudo o que está ali escondidinho. Eu aprendo muito mais com ela do que com qualquer outra pessoa do mundo todo. – o menino passou de toda aquela animação para um jeito desconsolado. – Eu não quero ir embora.

– Você tem sorte de ter uma mãe assim. Os pais sempre ficam dando ordens e dizendo o que tem e o que não tem que fazer.

– Mas você também não pode reclamar. Você anda por aí sozinho!

– Sou um viajante involuntário – suspirou Caio.– Agora, em vez de ter meus pais mandando em mim, quem diz pra onde e pra quando eu vou é o tempo.

– Eu já decidi que quando crescer eu vou ser piloto e desenhista. Vou desenhar tudo lá de cima.

– Não sabia que gostava de desenhar.

– Gosto, sim. Certa vez, quando tinha seis anos, vi num livro sobre a Floresta Virgem, "Histórias Vividas", uma gravura que me deixou impressionado sobre um animal sendo devorado por outro. Gostei tanto daquele livro que fiz os jardins lá de casa virarem uma grande selva e à noite eu fazia desenhos. – Tonio colocou a mão no bolso da calça curta e tirou duas folhas de papéis.

– Veja só minha obra-prima. Ela não dá medo? – disse o menino, entregando um desenho feito com lápis de cor. Caio olhou e comentou:

– Um chapéu! Por que um chapéu daria medo? – o olhar de Tonio se entristecia diante daquelas francas palavras. – Espera aí. – disse Caio, observando melhor os detalhes. – O que é isso? Tem um pontinho preto aqui na aba do chapéu... Que estranho. Esse formato do chapéu até parece... Será que é... Ah, então é isso! – começou Caio a rir.

– O que foi? O que você viu? – perguntou o menino com ar mais animado.

– Você desenhou uma elefante engolido por uma cobra, não foi?

– Você viu! Você entendeu! – vibrou o menino, mostrando um segundo desenho. – Eu sempre tenho que mostrar esse outro desenho aqui para as pessoas entenderem que não se trata de um simples chapéu.

Caio pegou a outra folha e deu mais uma pequena risada ao ver que era a figura do interior de uma jibóia, onde havia um triste elefante com grandes orelhas e longas presas de marfim.

– As pessoas crescidas sempre precisam de muitas explicações pra tudo... – reclamou Tonio. – Nunca compreendem nada sozinhas. É cansativo para as crianças darem sempre tantas explicações.

– Cara, não pode ser – assustou-se Caio, reparando bem nos detalhes dos dois desenhos. – Isso aqui tá igualzinho ao livro que tem lá em casa. Não, não pode ser, mas é igualzinho. E por que não? Eu sou um viajante do tempo. – Caio espalmou a mão sobre a testa. – Mas é claro! Tonio! É você!

– Eu sou Tonio, claro. Esqueceu?

– Você é o Pequeno Príncipe!

– Como o pequeno príncipe? Lá em casa todo mundo me chama de Rei Sol.

– Rei Sol?

– É por causa dos meus cabelos que brilham no sol. Foi mamãe que me deu esse apelido. Eu gosto mais de ser rei do que príncipe. Acho até que vou escrever uma história de um rei que vivia num planeta.

– E que foi visitado por um pequeno príncipe de outro planeta?

– Não sei se quero um príncipe na história. Eu queria também escrever sobre uma raposa que vi uma vez. Também sobre o meu carneirinho... Ih! Agora, eu fiquei confuso. Não sei mais como vai ser essa minha história.

– Deixe estar! – tranquilizou Caio, sustentando um sorriso matreiro. – Com o tempo você vai saber muito bem o que escrever. Aposto que as pessoas do mundo todo vão adorar.

– Ah, veja! – apontou o menino em direção ao andar térreo, onde uma senhora com um elegante vestido claro e chapéu de plumas, sorrindo, acenava com a ajuda de um pequeno lenço.

– É sua mãe?

– É, sim. – a mulher subiu a escada e abraçou o filho.

– Que bom que eu te encontrei, meu querido. Temos que ir.

– Por quê? Aqui tá tão bom. Eu não quero ir.

– Ah, Antoine, nem sempre fazemos o que queremos. Venha, eu preciso ir com você ao alfaiate para tirar as medidas para os novos uniformes.

– Não vou! Não quero ficar longe de casa. Não vou para nenhuma escola!

– Já conversamos sobre isso ontem e você já havia concordado.

– Eu não concordei, porque para isso vocês deveriam me escutar. Não vou para Mans! Não vou para esse tal colégio Notre-Dame de Sainte-Croix que você arranjou!

– Tonio, não vou estar longe e você sempre poderá me escrever. Sabe muito o quanto gosto de suas histórias.

– Madame Saint-Exupery! – chamou um homem uniformizado de motorista. – Monsieur Bayard pediu para avisá-la que a condução a espera.

– Diga que já estamos indo. – a mulher pegou a mão do filho entristecido. – Venha querido, mais tarde poderemos fazer um lindo passeio junto com seus irmãos.

– Mas eu não quero sair do meu mundo, mãe – resmungou o menino já sendo conduzido para as escadas. – Eu posso ficar aqui com meu amigo...

Quando Tonio virou a cabeça para trás sentiu um calafrio. Em vez de ver o seu amigo Caio, em seu lugar havia um clarão azulado que, logo, desapareceu.

A viagem no tempo não revelava a Caio uma sombra sequer de seu próximo destino. Ao trafegar pelos anos futuros, uma voz, que lembrava muito a de Tonio, mas num tom mais amadurecido, ecoou e disse:

"Nós não pedimos para ser eternos, mas apenas para não ver os atos e as coisas perderem subitamente o seu sentido. O vazio que nos rodeia faz-se então sentir."

(Antoine de Saint-Exupéry)

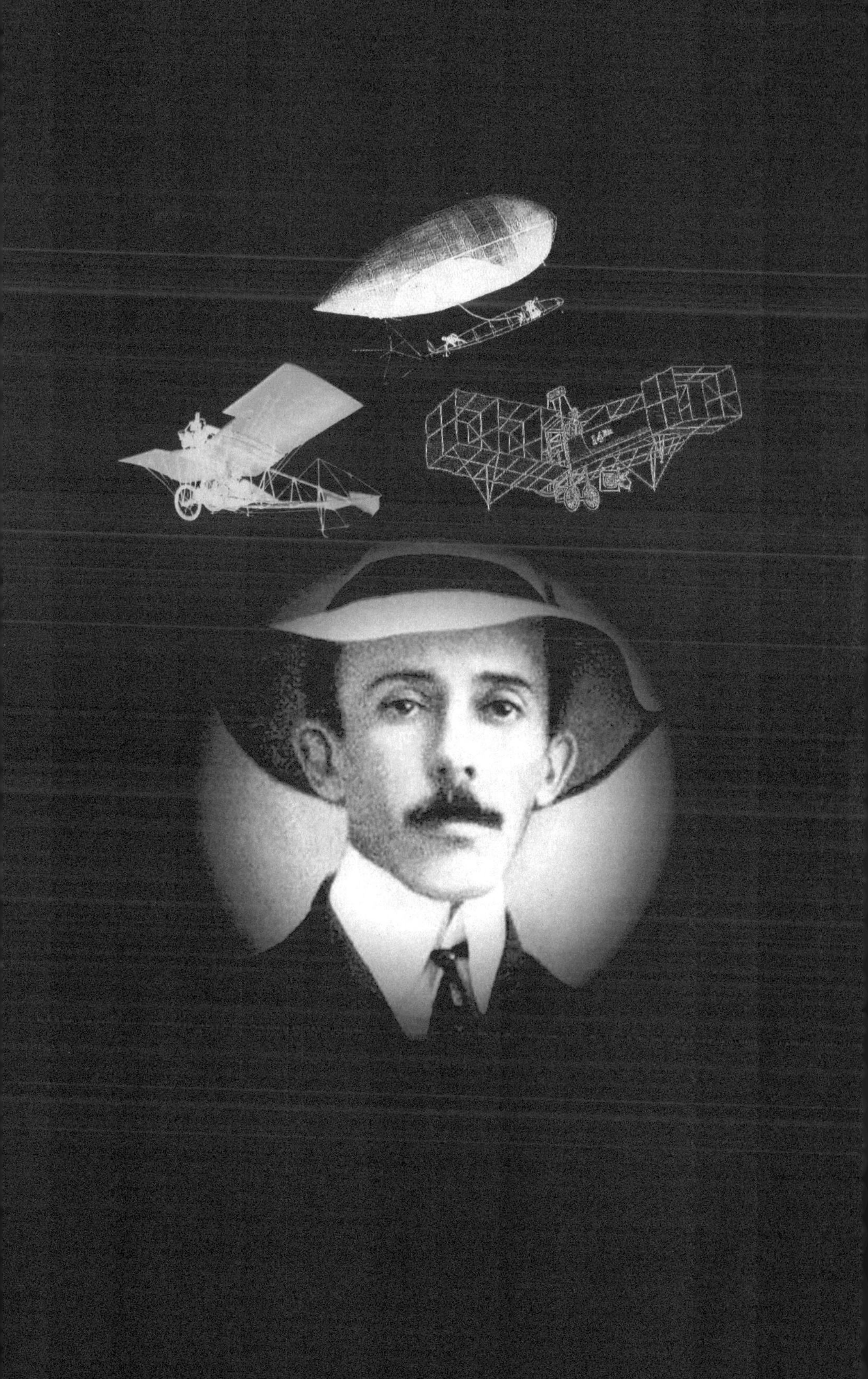

Precisamos apenas erguer os olhos para nos apaixonarmos pelo espaço e pela liberdade.

Alberto Santos = Dumont

SEGREDOS DO LIVRO

Senhor Gomes e sua filha Valquíria, Madame Lili, doutor Eugênio de Warlock e seu filho Leandro. Personagens fictícios.

Hélène Dutrieu (1877 -1961). Campeã mundial de ciclismo, foi motociclista, automobilista e pioneira da aviação francesa, nascida na Bélgica e naturalizada francesa. Corredora profissional, em 1898 ganhou o título "não oficial" de campeã mundial de velocidade em Ostend, onde ela adquiriu o apelido de "flecha humana". Em 1908, Dutrieu foi contratada por Clément-Bayard para se tornar piloto de testes e pilotou o avião Demoiselle, projetado por Santos Dumont. Primeira mulher aviadora a receber a *Légion d'honneur*.

Gustave Adolphe Clément-Bayard (1855-1928). Fabricante francês de bicicletas e automóveis, tornou-se fabricante de aeronaves, com um avião tipo Wright e logo depois com a Demoiselle de Santos Dumont. Construiu vários dirigíveis que voaram até o final da Primeira Guerra Mundial. O dirigível Clément-Bayard II foi o primeiro a voar de Paris a Londres, percorrendo 380 km, em 6 horas, no dia 16 de outubro de 1910.

Antoine Marie Jean-Baptiste Roger de Saint-Exupéry (1900-1944). Escritor, ilustrador e piloto francês na Segunda Guerra Mundial, foi o terceiro filho do conde Jean Saint-Exupéry e da condessa Marie Foscolombe. Quando criança, fez seus primeiros inventos: um motor para sua bicicleta voadora, que nunca conseguir decolar. Ele também reciclou um motor a gasolina, que explodiu ferindo seu irmão François na sobrancelha, pondo um fim a essas experiências. Esteve visitando a "Semana da Aviação", com apenas 9 anos.

Saint Exupéry já era famoso por seus livros “Correio do Sul”, “Voo Noturno” e “Terra dos Homens” quando, em 1939/1940, lutou contra os alemães como piloto. Após a derrota da França, foi para Nova York com o objetivo de convencer os estadunidenses a entrar na guerra e se tornou uma das vozes da resistência francesa. Voltando à ação, em um avião de reconhecimento aéreo desarmado, desapareceu perto de Marselha, costa da França mediterrânea, em 31 de julho de 1944. Os destroços de seu avião foram finalmente encontrados em 2000 e remontados e identificados em 2004. As circunstâncias de sua morte eram desconhecidas até que, em 2008, um antigo piloto da Luftwaffe, Horst Rippert, afirmou que, pilotando um *Messerschmitt Bf 109,* abateu um avião do tipo *P-38 Lightning,* naquela data, naquele local. O antigo piloto, que admirava o escritor, declarou: *“Se eu soubesse quem estava naquele avião, eu não teria atirado. Não nesse homem.”*.

Alguns trechos deste livro sobre Santos Dumont são inspirados no livro de Saint Exupéry “Voo Noturno”.

Balés Russos (*Ballets Russes*). Companhia que revolucionou a arte coreográfica do século XX, sendo responsável pelo nascimento do balé moderno. Teve início em 1909, apresentando-se em Paris, no *Théâtre du Châtelet*, e funcionou até 1929. Criada pelo notável empresário artístico Serguei Diaghilev, teve como integrantes o inspirado coreógrafo Mikhail Fokine, as bailarinas Anna Pavlova, lendária bailarina que fascinou o mundo da dança e mudou o ideal do corpo da bailarina de compacto e musculoso para gracioso e delicado, e Tamara Karsavina, a jovem bailarina preferida de Mikhail Fokin, o coreógrafo da temporada dos Balllets Russes em Paris, maior expoente da coreografia do século XX. A grande estrela era o jovem bailarino, Vaslav Nijinsky, que se tornou o maior bailarino de todos os tempos, o “deus da dança”, cujos saltos pareciam desafiar a Lei da gravidade. Bronislava Nijinska, irmã de Nijinsky, era a mais jovem do grupo. Entre outros contratados alguns dos maiores artistas do século XX: o compositor russo Igor Stravinsky, os compositores franceses Maurice Ravel e Claude Debussy, e os grandes pintores Pablo Picasso e Henri Matisse que criavam os cenários.

Marcel Proust (1871-1922). A obra mais conhecida do escritor francês Proust é “Em busca do tempo perdido”, um conjunto de sete novelas, uma das grandes obras da literatura do século XX. Alguns personagens de Proust que aparecem neste livro: madame Verdurin e o marido, doutor Cottard, barão de Charlus e Odette, a personagem que representa o “Amor de Swan”, um dos capítulos mais famosos do "Em Busca do Tempo Perdido".

Henri Matisse (1869-1954). Grande pintor, desenhista, gravurista e escultor francês. A sua arte baseia-se num método que, segundo ele próprio dizia, consiste em abordar separadamente cada elemento da obra - desenho, cor, composição - e em juntá-los numa síntese, "*sem que a eloquência de um deles seja diminuída pela presença dos outros*".

Sigmund Freud (1836-1959). Médico neurologista judeu-austríaco, o criador da psicanálise. Associado a Freud está o conceito do inconsciente, as teorias dos mecanismos de defesa, o desejo sexual como motivação primária da vida humana, e a interpretação dos sonhos e a livre associação como fontes do desejo humano.

Isadora Duncan (1877-1927). Nascida nos EUA, pioneira da dança moderna, causou polêmica ao ignorar todas as técnicas do balé clássico. Ela propôs uma dança livre de espartilhos, meias e sapatilhas de ponta, apresentando-se com trajes esvoaçantes, cabelos soltos e pés descalços, como nas figuras dos vasos gregos, em uma dança de movimentos improvisados, inspirados nos movimentos da natureza.

George Goursat (1863-1934). Famoso caricaturista francês da *Belle Époque*, conhecido como "Sem", era do círculo de amigos de Santos Dumont e, tal como o brasileiro, frequentava muito o restaurante Maxim's.

Ernesto Nazareth (1863-1934). Ernesto Júlio de Nazareth foi um pianista e compositor brasileiro, considerado um dos grandes nomes do Tango Brasileiro, um subgênero do choro. Apresentava-se como pianista em salas de cinema, bailes, reuniões e cerimônias sociais. Trabalhou na sala de espera do antigo Cinema Odeon, no Rio de Janeiro e foi em homenagem a essa sala de exibições que Nazareth batizou sua composição mais famosa, a peça "Odeon"

Gustave Eiffel (1832-1923). Engenheiro francês pioneiro na ciência da meteorologia e da moderna ciência da aerodinâmica, dois campos aos quais se dedicou em seus últimos 20 anos de vida. Usou a sua famosa torre para fazer estudos sobre queda livre e, em 1909, construiu um laboratório com um túnel de vento, que se situava no Champ-de-Mars na base da torre. Foram testados os modelos de asas de avião usados pelos principais pilotos da época.

Túnel de Vento de Gustave Eiffel

OS INVENTORES

AS PRIMEIRAS TENTATIVAS

No mundo grego antigo, por volta do ano 400 AC, o filósofo, matemático e astrônomo Archytas, construiu o que teria sido um aeroplano com forma de pássaro e com motor a vapor, que teria voado cerca de 200 m.

Na China antiga havia as lanternas voadoras, que eram pequenos balões com ar quente. Essas lanternas também serviam para assustar tropas inimigas, que viam luzes no ar e pensavam que fossem alguma coisa sobrenatural. No ano 559 DC, os chineses experimentaram uma grande pipa que carregava uma pessoa e era empinada a partir de uma torre.

Há alguns registros de tentativas de voo em planadores na idade média. No renascimento, Leonardo da Vinci projetou um planador que tinha até superfícies de controle de direção, embora não se tenha registro de que voou.

BARTOLOMEU DE GUSMÃO (1685-1724) – Brasil

Conhecido como "O Padre voador", Bartolomeu Lourenço de Gusmão foi um padre jesuíta nascido no Brasil, que inventou o primeiro balão operacional, a que deu o nome de "Passarola". Em 1709, em Lisboa, Bartolomeu de Gusmão pediu patente para um "*instrumento para se andar pelo ar*", depois conhecido como balão ou aeróstato. A notícia de tal aparelho espalhou-se pela Europa e começaram a fantasiar sobre o assunto, estampando-se gravuras com uma barca em formato de pássaro voando pelos ares. Fez várias experiências em Lisboa com balões inflados a ar quente, uma delas com a presença da corte portuguesa. Para a sua última experiência, em 3 de outubro de 1709, fez um balão de porte razoável, porém, ainda incapaz de transportar um homem, mas foi bem sucedida, pois subiu alto, flutuou por alguns minutos e pousou sem problemas. Gusmão pretendia construir um balão para carregar um homem, mas foi obrigado a parar com suas experiências, pois teve problemas com a inquisição. Acabou sendo acusado de praticar o judaísmo, tendo que fugir de Portugal, falecendo em Toledo, Espanha, em 1724. Seus projetos foram guardados por seu irmão, o cientista Alexandre de Gusmão. Dizem que Alexandre tinha um amigo em Paris que também era muito próximo da família Montgolfier, que assim ficaria conhecendo as ideias de Bartolomeu de Gusmão.

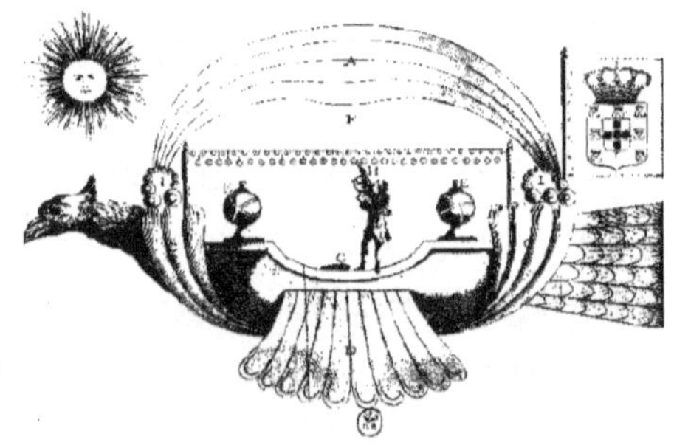

Ilustração fantasiosa da Passarola

IRMÂOS MONTGOLFIER – França

Os irmãos Montgolfier (Joseph-Michel e Jacques-Étienne) foram os responsáveis pelos primeiros voos de seres humanos, em um balão de ar quente. Em 4 de junho de 1783, eles fizeram sua primeira demonstração pública, ainda um voo não tripulado. Em 19 de setembro de 1783, perante os reis da França e uma multidão, houve o primeiro voo com seres vivos: uma ovelha, um pato e um galo, que aterrissaram em segurança. O terceiro balão, de 1.700 m³, em 15 de outubro de 1783, fez o primeiro voo com ser humano, o próprio Étienne Montgolfier, porém preso a uma corda. O primeiro voo livre com seres humanos aconteceu em 21 de novembro de 1783, com um balão Montgolfier tripulado por Pilatre de Rozier e François Laurent. Voou 9 km, a 910 m acima de Paris.

Desenho de Caude-Louis Desrais (1746-1816) sobre a subida de um balão Montgolfier em 1783.

A data de 21 de novembro de 1783 foi um momento marcante na História da Humanidade e, talvez, o mais importante na História da Aviação, em um sentido amplo, o começo de tudo, o momento em que finalmente o homem conseguiu soltar-se do chão do planeta terra.

JACQUES CHARLES E OS IRMÃOS ROBERT – França

Os irmãos Robert (Anne-Jean e Nicolas-Louis) e Jacques Charles trabalhavam em paralelo aos irmãos Montgolfier. Foram os primeiros a construir um balão inflado a gás hidrogênio, que fez seu primeiro voo não tripulado em 27 de agosto de 1783, em Paris, apenas dois meses após o voo do balão a ar quente dos irmãos Montgolfier. Em 1° de dezembro de 1783, Jacques Charles e Nicolas-Louis Robert fizeram o 1° voo tripulado em um balão a gás hidrogênio, durante 2 horas e 5 minutos, por 36 km, em seguida Jacques Charles voou sozinho atingindo uma altitude incrível, para a época, de 3.000 metros.

A partir daí houve intensa competição entre praticantes do balonismo e, apenas dois anos após o início da aviação, em 7 de janeiro de 1785, ocorreu a primeira travessia do Canal da Mancha. As distâncias foram aumentando para centenas de quilômetros e as altitudes cada vez maiores. Em 1862, os britânicos Glaisher e Coxwell atingiram 8.850 m de altitude em um balão, sem conhecer os efeitos da altitude, pois tiveram que abrir a válvula do balão com a boca já que suas mãos estavam congeladas.

GEORGE CAYLEY (1773-1857) – Grã-Bretanha

O engenheiro Cayley é considerado por muitos, em um julgamento mais imparcial e técnico, a pessoa mais importante na história da aviação, muitas vezes chamado de "Pai da Aviação" ou de "Pai da Aerodinâmica".

Cayley é o fundador da ciência da aeronáutica em 1810, com a publicação de "*On Aerial Navigation*", o primeiro trabalho científico da aviação. Descobriu e identificou as quatro forças aerodinâmicas do voo: peso, sustentação, arrasto e empuxo (*weight, lift, drag, and thrust*). Mesmos os aviões modernos são baseados nessa descoberta.

Foi o primeiro a criar controles aerodinâmicos — o leme vertical, o leme horizontal ou profundor, e a ideia de mudar a inclinação das asas. Foi também o primeiro a perceber que a forma das asas era importante para a elevação de um aeroplano, recomendando a utilização de asas de perfil curvo, e o primeiro a sugerir o uso de um motor de combustão interna para dar potência a um aeroplano, embora, não existindo os derivados de petróleo em sua época (a indústria de petróleo começou somente em 1850), sua ideia de combustível era a pólvora.

Em 1799, Cayley estabeleceu o conceito do avião moderno como uma máquina de voar de asa fixa com sistemas separados para elevação, propulsão e controle. Um projeto de Cayley de 1804 já era semelhante a um aeroplano moderno, apresentando um par de longas asas, como as utilizadas em monoplanos, e, na parte de trás, um estabilizador horizontal e um leme vertical.

Tinha pouco tempo para se dedicar à aviação, pois era um homem muito ocupado com outras atividades, como ser membro do parlamento britânico por 4 anos, fundador e diretor do Instituto Real Politécnico (atualmente Universidade de Westminster), fundador da Associação Britânica para o Desenvolvimento da Ciência, e era tão empreendedor que ainda conseguia tempo para se envolver em vários projetos, como barcos salva-vidas, rodas de bicicletas, lagartas para veículos, cinto de segurança, e até um protótipo de motor a explosão, entre outros.

Em 1853, Cayley finalmente resolveu construir um planador (que ele chamava de "paraquedas governável") e fazer **o primeiro voo tripulado de um planador da história**, embora de curto alcance (algumas dezenas de metros), pilotado pelo seu cocheiro.

WILLIAM S. HENSON e JOHN STRINGFELLOW – Grã-Bretanha

Em 1843, William Samuel Henson foi o primeiro a projetar um aeroplano com motor e hélices, o *Aerial Steam Carriage*, um grande avião com envergadura de 46 m, asas com perfil curvo, motor na fuselagem e trem de pouso de um triciclo, com motor a vapor de 30 HP, projetado por seu parceiro John Stringfellow. Em 1847, eles testaram um modelo com envergadura de 6 m que conseguia dar um pulo de poucos metros e fazer voos planados descendentes. Alguns historiadores consideram esse o primeiro voo motorizado não tripulado. Henson abandonou a aeronáutica e emigrou para os EUA enquanto seu parceiro Stringfellow continuava aperfeiçoando o projeto, até testar um triplano em 1868, mas com performance pouco superior ao modelo de 1847. Embora não sejam considerados voos bem sucedidos, seu projeto de 1843 era surpreendentemente moderno.

HENRI GIFFARD (1825-1882) – França

Em 1852, o engenheiro francês Baptiste Henri Jacques Giffard foi **o primeiro a fazer um voo tripulado motorizado**. Foi um voo em um dirigível inflado a hidrogênio, que dispunha de leme vertical, motor a vapor de 3 HP, peso de 180 kg, na distância de 27 km de Paris a Trappes, com velocidade de cerca de 10 km/h.

Giffard recebeu o título de *Chevalier de la Légion d'honneur* em 1863. Muito deprimido por não mais estar voando, suicidou-se em 1882.

FRANCIS HERBERT WENHAM (1857-1866) e **JOHN BROWNING** (1855-1926) – Grã-Bretanha

O engenheiro inglês Wenham foi um dos primeiros a estudar a diferença em performance entre as formas de asas e a projetar planadores com asas superpostas. Em 1866, ele escreveu *Aerial Locomotion* que se tornou um marco na História da Aviação. Ele confirmou a opinião de George Cayley de que as asas de perfil curvo (*cambered wing*) eram mais adequadas para o voo e que elas geravam a maior parte da sustentação no bordo de ataque. Isso sugeria que comparando asas de mesma área, as asas longas (grande envergadura) e estreitas (baixa corda) geravam melhor sustentação do que asas curtas (baixa envergadura) e largas (grande corda). Esta relação entre a envergadura e a corda da asa ficou conhecida como "abertura alar", em inglês *aspect ratio*, então as asas de maior abertura alar produzem mais sustentação.

Ele também propôs, assim como Mouillard mais tarde, que os pilotos deveriam primeiro praticar em planadores antes de tentar o voo motorizado, conselho seguido fielmente pelos irmãos Wright no século seguinte.

Em 1871, Wenham construiu, junto com John Browning, o primeiro túnel de vento do mundo, um aparelho simples, de apenas 3 metros de comprimento e 46 cm de largura, com um motor a vapor em uma extremidade que fazia funcionar um ventilador, criando uma corrente de ar de cerca de 64 km/h. Nesse aparelho, os dois realizaram muitos estudos comparativos sobre o formato das asas com diferentes cambagens (curvatura de uma seção transversal) e abertura alar.

O trabalho de Wenham foi fundamental para a aviação, pois provou a importância da cambagem, da abertura alar, com estudos sobre a relação *wingspan to chord* (comprimento/largura da asa), e da possibilidade de utilização de asas superpostas, como biplanos e triplanos.

JEAN-MARIE LE BRIS (1817-1872) – França

Jean-Marie Le Bris construiu planadores parecidos com os pássaros, principalmente o albatroz, que eram puxados por um cavalo e lançados de uma carroça em movimento. Estudou o albatroz e, em 1856, de acordo com testemunhas, já em seu primeiro voo atingiu uma distância de 180 metros, mas no segundo voo quebrou a perna e ficou algum tempo sem voar. Inventou controles de voo que variavam o ângulo das asas e da cauda, patenteado em 1857. Em 1868, construiu o primeiro planador do mundo com esses controles de voo, mas não conseguiu voos tão bem sucedidos quanto o do seu primeiro planador. Esse planador foi também o primeiro do mundo a ser fotografado, pelo famoso fotógrafo Félix Nadar.

FÉLIX DU TEMPLE DE LA CROIX (1857-1874) – França

Félix du Temple de la Croix foi o **primeiro a fazer um voo de um mais-pesado-que-o-ar motorizado, em 1857, com versão não tripulada, e em 1874, com versão tripulada**. É verdade que seus voos tiveram poucas testemunhas, mas os projetos foram patenteados e reconhece-se que, em 1874, ele conseguiu decolar com a força do motor e a ajuda de um plano inclinado, em seguida planar por algum tempo e pousar em segurança, dezenas de anos antes dos irmãos Wright. Não é consenso geral entre os historiadores que ele tenha realizado um voo prático, pois o motor não teria potência suficiente para manter o aparelho no ar e o voo teria sido de pequena duração. No entanto, o projeto de Du Temple de La Croix tinha uma **concepção geral incrivelmente moderna**, pois já contava com trem de pouso retrátil, hélice tratora, asas em diedro para mais estabilidade, compartimento para o piloto dirigir sentado e lemes horizontal e vertical na cauda, características não presentes, por exemplo, no aeroplano dos irmãos Wright, Flyer I, 29 anos mais tarde, que em seu voo de dezembro de 1903 também contava com um motor que não tinha a potência necessária para um voo autossustentado e dependia da força do vento, de trilhos e de um plano inclinado. A hélice era movimentada por um motor a vapor de 6 HP de projeto próprio, bastante compacto. O monoplano era feito basicamente de alumínio, pesava apenas 80 kg, sem o piloto e o motor, e tinha 13 metros de envergadura.

Félix, com seu irmão Louis, fez também vários aeromodelos com motor de mecanismo de relógio e também com motor a vapor miniatura. Du Temple de La Croix não tem o reconhecimento que merece por sua concepção de avião tão superior a dos primeiros aviadores do século XX. Se tivesse tido acesso aos motores leves e potentes a gasolina, que somente apareceram no início do século XX, a era dos aviões teria começado dezenas de anos mais cedo, em 1874.

FERDINAND D'ESTERNO – França

Em 1864, o conde Ferdinand d'Esterno publicou as primeiras observações dos efeitos do vento nas asas em seu trabalho *Du Vol des Oiseaux* (Do voo dos Pássaros). Chamou a atenção para o voo planado dos pássaros, observando o controle lateral por torção de asas, que seria a forma mais adequada para os homens aprenderem a voar. Projetou um planador e o patenteou, embora não se tenha registro de testes. Seu trabalho influenciou decisivamente todos os outros aviadores, como Mouillard e Lilienthal, que também escreveram obras fundamentais sobre o voo planado.

MATTHEW PIERS WATT BOULTON – Grã-Bretanha

Em 1868, Boulton patenteou um mecanismo de controle lateral do voo, que mais tarde seria conhecido como AILERON. Não houve aplicação prática de sua invenção na época e acabou sendo esquecida, tornando-se uma invenção perdida. Precedeu em 31 anos a patente de Mouillard e em 37 anos a patente dos irmãos Wright para mecanismos de controle lateral, que eram de concepção mais atrasada, pois baseados em *wing warping* (torção de asa). O aileron somente veio a ser redescoberto de forma independente pelo francês Esnault-Pelterie, em 1904. O aileron é uma superfície móvel de controle de voo, articulada, em geral instalada no bordo de fuga, perto da ponta das asas.

ALPHONSE PENAUD (1850-1880) – França

Em 1870, Penaud inventou o "motor de torção", baseado em elásticos de borracha torcidos, que tem sido usado como motor de aeromodelos até hoje. Ainda em 1870, ele desenvolveu um helicóptero com "motor de torção" e, em 1871, construiu um "planaphore", um aeromodelo também com motor de torção, que foi o primeiro na história a ter estabilidade longitudinal e lateral. Para alcançar a estabilidade, Penaud pôs as asas em um ângulo diedro, isto é, as asas inclinadas ligeiramente para cima da raiz às pontas. Em 1874, Penaud desenvolveu um aeromodelo Ornitóptero, que se elevava batendo asas de uma maneira similar à das aves.

Em 1876, Penaud projetou e patenteou, mas nunca construiu, uma aeronave de tamanho e sofisticação surpreendentes para a época. Era um anfíbio incorporando hélices contra-rotativas, trem de pouso retrátil, um cockpit de vidro fechado, controle de leme horizontal e vertical, e asas com partes móveis no bordo de fuga.

Infelizmente, desanimado por sua saúde precária e incapaz de conseguir financiamento para construir seu avião, Penaud se matou em 1880, aos 30 anos, e a humanidade perdeu um verdadeiro gênio. Antes de se suicidar, Penaud fez um pequeno caixão, colocou seus planos dentro, e o enviou ao patrono que ele estava tentando convencer a financiar o projeto.

Muitos aviadores, como Santos Dumont e os irmãos Wright, devem a Penaud boa parte de seu interesse na aviação, pois foram motivados e aprenderam muito com os aeromodelos de Penaud na infância.

LOUIS PIERRE MOUILLARD (1834 -1897) – França

Um dos pioneiros cujo mérito não foi até hoje devidamente reconhecido. Sua contribuição foi importante para o controle do voo planado ao escrever obras fundamentais da aviação. Seu livro *L'Empire de L'Air*, publicado em 1881, descrevia o voo planado dos grandes pássaros, como aqueles do norte da África, onde viveu grande parte da sua vida, no Egito. Foi traduzido para o inglês em uma versão condensada, em 1893, pelo Smithsonian Institute como *Empire of the Air*. No livro, ele defendia a sua tese de que os planadores deveriam basear-se no voo planado dos grandes pássaros, que incluía asas fixas com perfil curvo e o controle do voo por meio de torção de asa. Fez um estudo detalhado do voo dos grandes abutres e outros pássaros, mostrando que esses pássaros podiam ficar horas sem bater as asas, aproveitando as correntes de ar, e mudando rapidamente de direção, ao inclinarem a parte de trás das asas para cima ou para baixo. Também defendia a tese de que os aeronautas deveriam praticar bastante em planadores de forma a ganharem a habilidade necessária para pilotarem uma aeronave no ar e se tornarem aviadores experientes.

No final de sua vida trocava correspondência com o franco-estadunidense Octave Chanute, que o ajudou a obter a patente de um planador com um mecanismo de *wing warping* (torção de asa) nos EUA, em 1897, ano de sua morte, esquecido e pobre no Egito. Isto ocorreu seis anos antes dos irmãos Wright pedirem a patente do *wing warping* conjugado com o leme. Em 1891, Mouillard enviou a Chanute o manuscrito do seu livro "*Le Vol sans battement*" no qual ele confirma e completa as observações do seu primeiro livro. As ideias de Mouillard foram transmitidas pelo Smithsonian Institute e por Octave Chanute aos irmãos Wright, que, no entanto, não admitiram a influência de Mouillard para a sua patente de *wing warping*. Assim, embora não tendo o seu mérito devidamente reconhecido, o trabalho do francês Mouillard foi melhor aproveitado nos EUA do que na França.

ALEXANDER F. MOZHAISKY (1825-1890) – Rússia

Alexander Mozhaisky é considerado na Rússia o "Pai da Aviação". Foi capitão da marinha imperial e construiu um grande monoplano de 22,5 metros de envergadura. Em 1881 o governo russo deu-lhe uma quantia para comprar dois motores a vapor. Ele instalou um para girar uma hélice tratora no nariz do aeroplano e deixou o outro motor para girar duas hélices propulsoras instaladas no meio das asas. O monoplano foi testado em 1884 perto de São Petersburgo. A decolagem foi por meio de uma rampa em descida e voou por 30 metros até uma das asas cair e o avião espatifar-se no solo.

CHARLES RENARD (1847-1905) e **ARTHUR CONSTANTIN KREBS** (1850-1935) – França

Em 1884, os engenheiros Renard e Krebs construíram o dirigível *La France*, de 52 m de comprimento e 1.900 m^3, com motor elétrico de 7,5 CV que movia uma hélice tratora. O La France viajou 8 km de um local a outro e retornou ao local de origem 23 minutos depois, no que é considerado o primeiro voo controlado de uma aeronave. Não há confirmação, mas acredita-se que Charles Renard suicidou-se em seu laboratório, em 1905.

JOHN J. MONTGOMERY (1858-1911) – EUA

Em 1884, o professor e mestre em ciências John Montgomery foi o primeiro a realizar voos bem sucedidos de planador nos Estados Unidos da America, nos declives de Otay Mesa, Califórnia, uns 18 anos antes dos irmãos Wright. Montgomery fazia voos estáveis, com distâncias de até 200 m, e tinha bom controle de voo, por meio de uma alavanca que movimentava uma superfície na cauda do planador, aproveitando as condições do vento. Depois de um desastre que destruiu seu planador em 1886, abandonou seus testes e somente voltou a voar em 1903. Mas continuou estudando nos anos seguintes o efeito na sustentação de vários formatos de asas.

Em 1893, Montgomery visitou a exposição de Chicago, onde encontrou Octave Chanute, e apresentou a monografia *Discussions on the Various Papers on Soaring Flight.* Em 1894, Chanute resumiu o trabalho de Montgomery e de outros pesquisadores do voo em seu famoso livro *Progress in Flying*, assim fazendo Montgomery influenciar outros aviadores no futuro.

Voltando a praticar voos a partir de 1903, adotou a configuração tandem, antes utilizada por Samuel Langley. Em 1904 e 1905, Montgomery construiu planadores que eram lançados no ar a grandes altitudes, de até 1.300 m, por balões a ar quente, demonstrando um ótimo controle do planador, que aterrissava em um local pré-determinado a cerca de 1,2 km do local de origem. Foram os voos de planador mais bem sucedidos desde a época de Lilienthal. Lamentavelmente, em uma dessas demonstrações, o piloto Daniel Maloney não notou que o planador fora danificado enquanto era içado do chão; ao ser liberado a grande altitude, o planador danificado ficou fora de controle e desceu muito rápido, matando o piloto. Dizem que, na realidade, o piloto morrera de ataque cardíaco antes de atingir o solo e provavelmente sobreviveria se não fosse isso. Em 1910 Montgomery voltou a voar, até ele também falecer em um desastre quando estava testando um novo planador, em 1911. Suas últimas palavras foram: *"Como está a máquina?"*

OTTO LILIENTHAL (1848-1896) – Alemanha

No início da aviação, ninguém voou tanto em planador quanto o engenheiro Otto Lilienthal. Ele foi o primeiro a fazer testes exaustivos; antes dele, os inventores testavam poucas vezes seus planadores. No período 1890-1896 Lilienthal testou 15 monoplanos e 3 biplanos e fez mais de 2.000 voos. No início, até 1891, seus voos cobriam uma distância de apenas 24 m, mas em 1893, nas colinas Rhinow, com seu planador nº 6, alcançou distâncias de 350 m. As distâncias que Lilienthal fazia regularmente eram maiores do que as alcançadas pelos planadores dos irmãos Wright anos depois (1902/1903), e foram somente superadas por Montgomery em 1904, porém este fazia uso de balão para soltar o planador a grande altura.

Lilienthal escreveu uma das obras fundamentais da aviação, em 1889, vertida para o inglês como *Bird Flight as the Basis for Aviation,* em que ele colocou tabelas de sustentação e de arrasto, que influenciou muitos aeronautas.

Lilienthal lançava-se do alto de uma colina, mantinha uma razoável estabilidade do seu planador e dominava a técnica de fazer curvas avançando ou retrocedendo seu corpo ou movendo-se para os lados, realizando o controle lateral do voo. Deixou minuciosos relatos de cada um de seus voos.

Nem tudo era perfeito com Lilienthal. Seus planadores tinham uma tendência a embicar para baixo e uma das razões para isso era que ele ficava seguro em seu planador pelos ombros, em vez de ficar dependurado embaixo dele como numa asa delta moderna. Assim, somente a parte inferior de seu corpo podia ser movida para manobrar o planador, o que limitava o controle do voo. Curiosamente, durante um bom tempo ele teve o conceito errado de que o voo motorizado poderia ser alcançado em um aeroplano do tipo ornitóptero, isto é, com asas que batiam como nos pássaros.

Um dos motivos que tornou Lilienthal tão famoso é que ele fazia seus voos em público e as fotografias de seus voos apareciam frequentemente em revistas científicas e populares, sendo logo chamado de "Pai do voo".

No dia 9 de agosto de 1896, Lilienthal foi planar nas colinas Rhinow, como de costume. Seu primeiro voo atingiu 350 m, mas, no segundo voo, o planador estolou, e ele caiu de uma altura de 17 m, quebrando a espinha e morrendo no dia seguinte.

Projetava equipar um dos seus planadores com motor, mas, infelizmente não pode realizar seu plano. Estava começando a considerar equilibrar um planador de outro jeito além do simples deslocamento do corpo, esboçando projetos de planadores que podiam ser dirigidos por *wing warping* ou movendo o conjunto da cauda.

Assim como Santos Dumont pode ser chamado de "Pai do avião ultraleve", Lilienthal merece o título de "Pai da asa delta".

CLEMENT ADER (1841-1925) – França

O engenheiro Clement Ader é considerado na França o realizador do primeiro voo motorizado de um mais-pesado-que-o-ar, embora sem uso prático. Após estudos dos trabalhos de Louis Pierre Mouillard, em 1890, Ader resolveu testar seu avião, que batizou de Éole, e voou cerca de 50 metros a uma altura de 20 cm. O avião pesava 296 kg, utilizava um motor a vapor de projeto próprio, com potência de 20 CV, e as asas tinham envergadura de 14 m. O Éole foi o primeiro avião a decolar de terreno plano por seus próprios meios, embora a uma altura de apenas 20 cm.

Ader convenceu o Ministério da Guerra francês a financiar sua pesquisa e, em 1897, construiu um avião bimotor, que chamou de Avion III, e voou diante de observadores, oficiais do exército. Era um avião de 15 m de envergadura, com motor de 30 HP para cada uma das duas hélices tratoras, que parecia um gigantesco morcego.

Ader não conseguiu impressionar os militares e eles cortaram o financiamento. Quando Alberto Santos-Dumont fez seu voo no avião 14-Bis em Paris, em 1906, Ader reclamou que seu aparelho tinha voado 304 metros em 1897 e que já era equipado com um sistema de controle lateral tipo *wing warping* (torção de asa). No entanto, em 1910 os militares liberaram o relatório oficial do teste que dizia que o Avion III nunca deixara completamente o chão, embora uma ou duas de suas três rodas tivessem deixado o chão.

OCTAVE CHANUTE (1832-1910) – EUA

Octave Chanute foi um renomado engenheiro civil, especializado em estradas de ferro e construtor de pontes, nascido na França, que emigrou para os EUA com seus pais quando ele tinha apenas seis anos. Interessado em aviação, quando se aposentou começou a se corresponder com cientistas e inventores aeronáuticos de todo o mundo.

Em 1894, Chanute colocou todo o seu conhecimento em um livro chamado *Progress in flying machines*, que era o mais completo levantamento da aeronáutica até aquela data, sobre o mais-pesado-que-o-ar, de asas fixas, onde apresentava e discutia as ideias de Cayley, Wenham, D'Esterno, Mouillard, Lilienthal, Langley, Montgomery, e outros.

Apoiado em sua experiência de construtor de pontes, Chanute inventou uma estrutura de asa bastante reforçada, com um sistema de treliça (*strut-wire braced wing*), que se tornaria básica para os biplanos do futuro.

Estando já um pouco velho para tentar a aviação sozinho, Chanute apoiou intensamente o trabalho de jovens inventores. Em 1896, ele reuniu vários jovens investigadores e testaram com sucesso novos modelos de planadores nas dunas de areia em torno de Miller, Indiana.

Em 1903, Chanute deu uma palestra no Aeroclube da França, Paris, convidado pelos franceses Ferber, capitão do exército, e Archdeacon, um milionário promotor da aviação, onde falou sobre o desenvolvimento da aviação nos EUA, aproveitando para divulgar o projeto dos planadores dos irmãos Wright.

Chanute era uma pessoa formidável, generosa e altruísta, tendo uma abordagem bastante aberta, com a ideia de compartilhar o conhecimento sobre aviação com quem estivesse interessado, de uma maneira similar a de Santos Dumont. Mesmo assim, incentivava os outros a patentear suas invenções, como fez com Augustus Herring, com o francês Mouillard e depois com os irmãos Wright. Ajudou imensamente os irmãos Wright e é até mais conhecido pelas centenas de cartas trocadas com Wilbur Wright, de 1900 a 1910. Incentivava os Wright todo o tempo, seu livro foi a literatura básica deles. O tipo de asas biplanas de Chanute foi utilizado pelos irmãos Wright em todos os seus aeroplanos. A ideia de um local como Kitty Hawk para os testes dos planadores dos Wright partiu de Chanute que também falou a Wilbur Wright sobre o *wing warping* de Mouillard, inclusive enviando-lhe a cópia da patente de Mouillard de 1897. Enfim, o nome de Chanute foi importante para dar credibilidade aos irmãos Wright nos primeiros anos, facilitando contatos com pessoas importantes e difundindo o trabalho deles nos clubes de aviação.

No entanto, Chanute teve uma enorme decepção com os irmãos Wright ao fim de sua vida. Reprovava a ideia dos Wright de obter uma patente genérica para o controle lateral do voo, coisa que ele achava não patenteável e dizia que nenhum escritório de patente aceitaria conceder uma patente neste sentido. Quando os Wright conseguiram a patente genérica em 1906, Chanute ainda acreditava que nenhum juiz fosse dar razão aos Wright, e ficou muito chocado e decepcionado quando os irmãos ganharam a causa e começaram a partir de 1909 a exigir o pagamento de taxa de licença leonina aos outros aviadores, mesmo que nem utilizassem o mecanismo de *wing warping*, mas o aileron, como Curtiss, e a processar todos aqueles que se recusassem a pagar. Os juízes de primeira instância deram ganho de causa aos Wright, que haviam se tornado os “grandes heróis americanos”. E o *wing warping*, Chanute mais do que qualquer um sabia, nem era de concepção dos irmãos Wright, mas previsto por vários estudiosos no passado, inclusive existindo uma versão patenteada nos Estados Unidos pelo já falecido Mouillard.

Chanute foi uma pessoa formidável. Agia como se fosse um ás da Internet no final do século XIX e início do século XX, obviamente de uma forma muito mais lenta do que hoje em dia, mas ele era o nó principal de uma rede de informação mundial, recebendo e transmitindo ideias para seus correspondentes em todo o mundo, com a tecnologia da época, isto é, por meio de inúmeras cartas, artigos em periódicos, livros, palestras em clubes e associações, etc.

Existe uma carta de 1910, reproduzida a seguir, em que Chanute responde a Wilbur Wright mostrando toda a sua mágoa contra a ingratidão e o que ele considerava ambição exagerada dos irmãos Wright.

Chicago 23 de janeiro de 1910

Tendo sido extraviada, sua carta do dia 20 demorou um pouco para chegar até mim. Envio de volta o envelope. O recorte que você envia (devolvo em anexo) é o primeiro que eu vi do New York World, referindo-se a mim. Ficarei feliz em ver os outros.

Esta entrevista, que não foi de nenhuma maneira solicitada por mim, é tão precisa quanto tais coisas costumam ser. Em vez de discuti-la, prefiro discutir os principais princípios em questão.

Eu lhe disse em 1901 que o mecanismo pelo qual as suas superfícies eram torcidas era criação de vocês. Isso eu concordo, mas ***não segue daí que isso cobre o princípio geral de torcer ou curvar asas, propostas para fazer isso são antigas****. Você sabe, naturalmente, o que Pettigrew e Marey disseram sobre isso.* ***Por favor, veja meu livro, página 97, para o que d'Esterno disse sobre as leis de voo; a terceira é a torção das asas e a sexta, a torção da cauda.*** *Além disso, na página 106, Le Bris, movimento rotatório da borda dianteira das asas. As fontes originais das informações estão indicadas em notas de rodapé. Eu não expliquei o mecanismo porque eu não tinha os dados.*

Quando eu lhe dei uma cópia da patente de Mouillard, em 1901, acho que eu chamei a sua atenção para o seu método de torção da traseira das asas. *Se os tribunais decidirem que o propósito e os resultados eram completamente diferentes e que vocês foram os primeiros a conceber a torção das asas, melhor para vocês, mas meu julgamento é que vocês serão restritos ao método particular pelo qual fazem isso. Por isso eu lhe disse em Nova York que você estava cometendo um erro abstendo-se da disputa de prêmios, enquanto a curiosidade do público é ainda tão forte, e ao criar processos judiciais para evitar que outros o façam. Esta ainda é a minha opinião e eu* *tenho medo, meu amigo, que o seu juízo normalmente razoável tenha sido torcido pelo seu desejo de grande riqueza.*

Se, como eu posso deduzir de sua carta, as minhas opiniões criam uma mágoa em sua mente, lamento, mas isso me leva a dizer que eu também tenho algumas mágoas contra você.

Em seu discurso no jantar de Boston, 12 de janeiro, você começou dizendo que eu "apareci" em sua loja em Dayton, em 1901, e que você, então, me convidou para o seu acampamento. Isto deu a impressão de que eu fui atrás de vocês naquela época e omitiu o fato de que você foi o primeiro a me escrever, em 1900, pedindo informações que eu com prazer forneci, que muitas cartas se passaram entre nós, e que tanto em 1900 como em 1901 você havia escrito e me convidado a visitá-lo, antes que eu "aparecesse" em 1901. Isso, vindo depois de alguns comentários um tanto depreciativos sobre a utilidade que eu possa ter tido para vocês, atribuído a vocês por vários jornais franceses, que eu, é claro, desconsiderei como papo de jornal, tem me assombrado desde aquele jantar, e espero que, no futuro, você não passe a impressão de que eu fui o primeiro a querer conhecê-lo, ou me fará cumprimentos de pouco valor, tal como você disse que "às vezes o conselho de uma pessoa experiente era de grande valor para os homens mais jovens.

Sinceramente

Octave Chanute

LAWRENCE HARGRAVE (1850-1915) – Inglaterra/Austrália

O engenheiro Lawrence Hargrave começou a construir aeromodelos em 1885, movidos por pequenos motores de sua concepção. Em 1893, ele inventou a *Box Kite* (pipa caixa), conhecida como célula de Hargrave, uma asa muito estável e com bom poder de sustentação, que foi utilizada por muitos aviadores na década seguinte. O 14-Bis de Santos Dumont utilizava três células de Hargrave em cada asa e os aviões de Voisin, que montou a primeira fábrica de aviões do mundo, eram também baseados em Hargrave.

Hargrave inventou muitos dispositivos em sua carreira, mas, tal como Santos Dumont, ele nunca patenteou nada, por acreditar na comunicação científica para trazer o progresso. Ele escreveu em 1893:

A máquina de voar do futuro não nascerá totalmente desenvolvida e capaz de um voo de 1.000 milhas ou algo assim. Como tudo o mais, deve evoluir gradualmente.

HIRAM MAXIM (1840 - 1916) – EUA

Hiram Maxim é o inventor da metralhadora, arma que conseguiu negociar para o exército britânico, o que o estimulou a fixar residência na Inglaterra, onde realizou pesquisas em aviação. Em 1894, Maxim construiu um enorme avião biplano equipado com dois motores a vapor de 180 HP, que movimentavam duas hélices propulsoras, e o testou em trilhos de madeira especialmente projetados para segurar o aparelho, deixando-o subir somente alguns centímetros. O grande aparelho pesava quase 4 toneladas e tinha mais de 30 m de envergadura. Durante o teste, o sistema de restrição do voo não funcionou a contento e o aeroplano levantou voo a uma pequena altura com três pessoas a bordo, percorrendo algumas dezenas de metros até cair e ser seriamente danificado. Como controle de voo o aparelho tinha dois lemes de elevação, um na frente e outro atrás. Seu trabalho, com trilhos de madeira e leme de elevação na frente, influenciou os irmãos Wright.

SAMUEL LANGLEY (1834-1906) – EUA

O engenheiro, arquiteto e professor de astronomia e física Samuel Langley foi secretário do Instituto Smithsonian em Washington. Ele construiu um pequeno avião não tripulado que voou 1.219 metros em 1896, sobre o rio Potomac, ganhando reconhecimento mundial. Em 1898, Langley convenceu o governo a lhe dar US$ 50.000 para desenvolver um aparelho tripulado. Somente em 1903 ficou pronto e nas duas ocasiões em que foi testado, em outubro e dezembro, o avião caiu no rio logo após a decolagem. Langley foi o primeiro a utilizar catapulta para lançar um avião, mas as asas não eram suficientemente fortes para resistir ao esforço aplicado pela catapulta.

PERCY PILCHER (1866-1899) – Grã-Bretanha

O engenheiro escocês Percy Pilcher construiu seu primeiro planador em 1895, época em que visitou Lilienthal na Alemanha e ficou muito impressionado com o seu trabalho. Seu quarto planador, de 1896, chamado de Hawk, foi o seu primeiro sucesso, conseguindo voar a uma distância de 229 metros em 1897. Em 1898, Pilcher construiu seu próprio motor e fez um avião triplano incorporando as células de Hargrave. Em 1899, já tinha aprontado o avião para começar a fase de testes, que nunca ocorreu, pois ele morreu pouco antes dos testes do seu avião, ao atender um pedido de demonstração do seu planador Hawk, em 30 de setembro de 1899, tendo o mesmo destino de Lilienthal. Quase cem anos depois, uma equipe inglesa resolveu construir uma réplica do avião nunca testado de Pilcher e conseguiram constatar que ele teria voado, precisando de alguma assistência para a decolagem.

GUSTAVE ALBIN WHITEHEAD (1874-1927) – Alemanha/EUA

Whitehead, nascido Gustav Albin Weisskopf, foi um imigrante alemão nos Estados Unidos, que fez diversos projetos de planadores e aviões de 1897 a 1911. Foi marinheiro durante 4 anos na costa do Brasil, como mecânico a bordo. Sonhador, ele interessava-se pela aviação, aproveitava para estudar os pássaros do mar, e correspondia-se com Otto Lilienthal. Sobreviveu a 4 naufrágios, o último na costa da Flórida, quando então se radicou nos EUA. Por seus conhecimentos em aeronáutica, em 1897, ele foi contratado pela *Boston Aeronautical Society*. Em 1899, moveu-se para Pittsburgh, onde trabalhou como mineiro em minas de carvão, e no tempo livre fazia suas experiências de voo com planadores e chegou a fazer um avião para duas pessoas com motor a vapor, que decolou, subiu, percorreu uma distância desconhecida e caiu no telhado de uma loja, ferindo os dois tripulantes. Impopular com suas experiências, Whitehead depois se estabeleceu em 1900 em Bridgeport, Connecticut, conseguindo emprego de maquinista de fábrica. À noite, voltou a fazer planadores e depois dirigiu seus esforços ao voo motorizado.

Em 18 de agosto de 1901, Whitehead teria sido o primeiro a fazer um voo prático de aeroplano, dois anos antes dos Wright, e o primeiro a pousar na água, pois a fuselagem onde ficava o piloto tinha formato de barco. Há evidências de que teria realmente voado; as fotografias mostrando o avião no ar desapareceram, mas restaram algumas do avião no chão, tiradas em 1901, que mostram um avião monoplano de projeto correto, com asas em ângulo diedro, com cambagem e ângulo de incidência, com trem de pouso e com uso de dois motores a vapor de sua fabricação que moviam duas hélices tratoras. Além disso, havia uma cauda horizontal móvel como leme de profundidade e para mudar a direção e rolar acredita-se que ele possa ter usado o deslocamento do seu corpo, como num planador tipo *Hang Gider*, também algum mecanismo de torção de asas e até mesmo alternando a potência das hélices. Whitehead disse a um jornal em 1901 que o voo teria alcançado 800 m, com controle de direção e aterrisando em segurança, e havia algumas testemunhas na época.

Depois, Whitehead construiu um motor a diesel e com ele em seu aeroplano nº 22, de asas com estrutura em alumínio, teria feito um voo circular de 1 km (Whitehead dizia que alcançara 11 km a uma altura de 60m), em 17 de janeiro de 1902. Existem notícias desse evento em jornais dos Estados Unidos, França e Alemanha, mas Whitehead foi considerado como mais um dos inventores que regularmente alimentavam a imprensa com notícias de voos sem nenhuma evidência de terem ocorrido da forma relatada.

Sabe-se que sua oficina era aberta a todos e seus motores eram considerados ótimos, mas como ele não registrava patentes, eram copiados por outros. Em 1904, John J. Dvorak, professor de física de uma Universidade em St. Louis, anunciou que Whitehead estava mais adiantado no desenvolvimento de um aeroplano do que qualquer outro pesquisador.

Whitehead nunca conseguiu a cidadania estadunidense e ainda foi suspeito de ser simpatizante alemão na primeira guerra mundial. Morreu aos 57 anos e foi enterrado como indigente. Caiu no completo esquecimento até o ano de 1935, quando a revista *Popular Aviation* publicou um longo artigo sobre Whitehead, e desde então o assunto volta com alguma frequência à tona. Há dois livros de Stella Randolph sobre Whitehead: *Lost Flights of Gustave Whitehead* (1937) e *Before the Wrights Flew* (1966), este ultimo em parceria com o Major William J. O'Dwyer, um instrutor de voo na segunda guerra mundial, que pesquisou durante muitos anos. Além disso, O'Dwyer lançou outro livro, *History by Contract*, que foi publicado na Alemanha em 1978, fruto do esforço de O'Dwyer em conseguir cópia do contrato de 23 de novembro de 1948, entre os representantes de Orville Wright e o Instituto Smithsonian nos EUA. O'Dwyer entendeu que finalmente descobrira porque o Smithsonian não acreditava e não estava interessado em saber dos feitos de Whitehead. O contrato era datado de 23 de novembro de 1948 e dizia:

> "*Nem o Instituto Smithsonian, nem seus sucessores, nem qualquer museu, ou outra agência, ou instalações administradas pelos Estados Unidos da América, pelo Institutio Smithsonian ou seus sucessores, devem publicar ou permitir a exibição de uma instrução ou rótulo em conexão com ou a respeito de qualquer modelo de aeronave projetado em data anterior ao avião dos Wright, de 1903,*

alegando, com efeito, que tais aeronaves eram capazes de transportar um homem sob sua própria potência em voo controlado."

Muitos relatos de Whitehead eram exagerados, mas uma réplica do avião de Whitehead de 1901 feita nos EUA conseguiu voar 100 m, e outra na Alemanha chegou a 500 m.

Whitehead nunca obteve a cidadania estadunidense e ele era considerado suspeito de ser simpatizante da Alemanha durante a I Guerra Mundial. Morreu aos 57 anos e foi enterrado como indigente. Muitos relatos de Whitehead eram exagerados, mas uma réplica de seu avião de 1901 feita nos EUA conseguiu voar 100m e outro na Alemanha atingiu 500 m. Em 8 de março de 2013, *Jane's All the World's Aircraft*, uma publicação anual que é uma das mais importantes autoridades na história da aviação, formalmente reconheceu Gustave Whitehead como o primeiro homem a conseguir um voo tripulado, sustentável e controlável em um aparelho mais-pesado-que-o-ar.

EDSON FESSENDEN GALLAUDET (1871-1945) – EUA

Edson F. Gallaudet era professor de física na Universidade de Yale, quando, em 1898, projetou e construiu uma grande pipa biplana com asas em ângulo diedro e equipada com mecanismo de torção de asas (*wing warping*). Ele declarou que seu propósito com o mecanismo de torção de asas era o "controlar a posição lateral do aparelho no ar". Gallaudet não patenteou seu mecanismo de *wing warping* para o controle lateral, ficando assim aberto a outros usarem o princípio e até mesmo patenteá-lo. Seus superiores na Universidade lhe disseram que um professor de física não deveria ficar experimentando dispositivos aeronáuticos. Será que os irmãos Wright copiaram e patentearam o sistema de Gallaudet?

RICHARD W. PEARSE (1877 – 1953) – Nova Zelândia

Na Nova Zelândia, o fazendeiro e inventor Richard Pearse construiu um monoplano do tipo ultraleve que alçou voo em 31 de março de 1903. Existiram testemunhas que disseram que o voo de fato ocorreu. Embora haja relatos de voos de até quase 1 km, o mais plausível é um relato de uma distância percorrida de 140 m, a uma altura de 3 m, até bater em uma cerca. O motor de 20 HP foi fabricado pelo próprio Pearse e o aparelho decolava por seus próprios meios. Pearse teria desistido de continuar o desenvolvimento por falta de perspectivas de conseguir industrializar o aparelho na longínqua Nova Zelândia.

FERDINAND VON ZEPPELIN (1838-1917) – Alemanha

Ferdinand Adolf Heinrich August Graf von Zeppelin, Conde von Zeppelin, foi o pioneiro na fabricação de dirigíveis do tipo rígido e fundou a primeira companhia aérea do mundo, a DELAG, em 1909. O nome Zeppelin acabou confundindo-se com o dirigível rígido.

Em julho de 1900, Zeppelin fez o seu primeiro voo com o dirigível LZ 1, sobre o lago Constance, no sul da Alemanha, permanecendo no ar por apenas 20 minutos e danificando o aparelho ao aterrisar.

Em 1906, von Zeppelin fez dois voos bem sucedidos com velocidade de 48 km/h, e em 1907 atingiu velocidade de 58 km/h, excelentes para um dirigível, competindo com os aviões da época.

Até 1914 a DELAG transportou 37.250 pessoas em mais de 1.600 voos sem nenhum acidente e, assim, criou a era do transporte aéreo.

Os Zeppelins foram usados na primeira guerra mundial como aeronaves de bombardeio. Depois da morte de von Zeppelin, em 1917, e do fim da guerra, seus sucessores levaram o negócio adiante e os Zeppelins tornaram-se bastante populares nos anos 20 e principalmente nos anos 30, para o transporte de carga e passageiros na Europa e entre a Europa e os Estados Unidos e o Brasil. O desastre do Zeppelin Hindenburg em 1937 em Nova York, quando explodiu em chamas, e também os problemas políticos e de suprimento de gás hélio, acabaram com a carreira desses dirigíveis.

ROBERT ESNAULT-PELTERIE (1881-1957) – França

O engenheiro Robert Albert Charles Esnault-Pelterie foi um pioneiro da aviação que reinventou o aileron, de forma independente, na França, 36 anos depois do britânico Boulton, assim deixando uma grande contribuição na História da Aviação.

A descoberta aconteceu quando ele testava, em 1904, um planador "tipo Wright". Esnault-Pelterie não aprovou o método de torção de asas utilizado pelos Wright, considerando-o muito perigoso, e assim propôs em seu lugar o aileron ao longo do bordo de fuga das asas, que se tornou um padrão para o controle lateral nos aviões modernos.

Curiosamente, os autores de língua inglesa acreditam que o planador de Esnault-Pelterie era baseado em um entendimento incompleto do planador dos Wright, apesar de a História mostrar que ele tinha toda razão quanto ao perigo do método dos Wright. Também acreditam, equivocadamente, que o aileron foi desenvolvido de forma independente, em 1908, nos Estados Unidos da América, 2 anos depois de as imagens do voo do avião 14-Bis, de Santos Dumont, que utilizou os ailerons de Esnault-Pelterie em seu histórico voo de 12 de novembro de 1906, terem percorrido e entusiasmado o mundo.

Em 1906, conseguiu alcançar a distância de 500 m com planador e, em outubro de 1907, fez o seu primeiro voo motorizado. Ao final de 1909, seus aviões, junto com os aviões de Blériot, Levavasseur e Santos Dumont, este com a Demoiselle, ficavam em um grupo especial, com projeto moderno e superior aos demais. Esnault-Pelterie foi o inventor do controle de voo por joystick e, mais tarde, um renomado teórico da indústria aeroespacial.

GABRIEL VOISIN (1880-1973) – França

Gabriel Voisin começou na aviação trabalhando para Ernest Archdeacon, um rico entusiasta da aviação na França, membro do *Aero Club de France*, como piloto de um planador "tipo Wright", construído seguindo descrição de Octave Chanute, cujos resultados foram considerados insatisfatórios.

Depois ele construiu um planador de asas com células de Hargrave e colocou flutuadores para poder testá-lo no Rio Sena, puxado por uma lancha. Em 8 de junho de 1905, Gabriel Voisin voou com êxito uma distância de 600 m. Logo Blériot pediu-lhe que fizesse um planador similar, que também voou com êxito e, animado pelo sucesso, os dois formaram uma parceria para construir aeronaves. Santos Dumont assistiu os testes de Voisin no Sena e foi por ele influenciado a utilizar as células de Hargrave, uma configuração muito estável, meses depois, no projeto do 14-Bis.

Em 1906 Voisin construiu para Blériot um modelo motorizado, o Blériot III, um biplano em tandem com motor Antoinette dirigindo duas hélices tratoras, com as asas em formato de elipse. Não deu certo e então os dois resolveram modificá-lo, lançando o Blériot IV, em que as asas da frente assumiram uma configuração biplana convencional, mantendo a elipse nas asas de trás. O avião foi destruído em um acidente quando taxiava em Bagatelle na manhã de 12 de novembro de 1906, mesmo dia em que, também em Bagatelle, Santos Dumont conseguiu voar o 14-Bis a uma distância de 220 metros. Após o fracasso do Blériot IV, a parceria com Blériot foi dissolvida e Voisin montou uma companhia com seu irmão Charles Voisin para projetar e fabricar aviões.

Assim começou a primeira fábrica de aviões do mundo. Nos primeiros anos da aviação ela construiu os aviões da maioria dos pilotos franceses e até fabricava os projetos dos outros, como vários aviões de projeto de Blériot e as asas do 14-Bis de projeto de Santos Dumont. Durante a Primeira Guerra Mundial, Voisin tornou-se um dos principais produtores de aviões militares.

O avião Voisin voou pela primeira vez em março de 1907, na distância de apenas 60 metros, alguns meses depois de Santos Dumont. Seu avião foi sendo aperfeiçoado e, em 13 de janeiro de 1908, entrou para a História da Aviação, quando um avião de seu projeto e fabricação, pilotado por Henri Farman, fez o primeiro voo homologado de mais de 1 km em circuito fechado. Também foi em um avião Voisin que Henri Farman fez o primeiro voo duplo da História, em 29 de março de 1908, levando outro aviador, Leon Delagrange, e, em 30 de outubro de 1908, fez o primeiro voo *cross country* de um avião na História, entre as cidades de Châlons e Rheims, um percurso de 27 km em 20 minutos.

É interessante ver a matéria publicada no jornal New York Times, em 2 de fevereiro de 1908, sobre o voo de Farman com avião Voisin, de 13 de janeiro de 1908, e constatar que, mesmo nessa data, nos Estados Unidos ainda não se acreditava nos feitos dos irmãos Wright. A manchete era: "*RESULTADO DE MUITOS EXPERIMENTOS, SEU VOO DE QUASE UMA MILHA, UM FEITO SEM PARALELO*". E continuava: *"Pela primeira vez na História Mundial, um homem subiu da terra em uma máquina mais pesada que o ar, e depois de cumprir um voo de 1.630 jardas retornou a seu ponto de partida. (...) A seguinte declaração assinada foi preparada por Mr. Farman ao anoitecer do dia em que seu recorde foi feito, 13 de janeiro de 1908, uma data memorável nos anais da aviação"*. Farman dizia na declaração que já se preparava para esse desafio há algum tempo: "*Isto foi algum tempo antes de* ***Mr. Santos Dumont ter provado ao mundo inteiro que o voo do mais-pesado-que-o-ar era possível.*** *Eu vi Mr. Santos Dumont quando ele voou acima de 200 metros em Bagatelle em novembro de 1906. Eu então decidi cuidar do problema eu mesmo novamente"*.

Desde o primeiro momento Gabriel Voisin foi um crítico ferrenho do avião dos irmãos Wright. Voisin viu as primeiras demonstrações de Wilbur Wright, em agosto de 1908, na França, e logo deu entrevista ao jornal Le Matin, explicando que o avião dos Wright era ágil nas curvas, porém muito perigoso, tal que somente um acrobata poderia pilotá-lo, e ele achava que um avião deveria ser construído para que qualquer pessoa pudesse pilotá-lo em segurança, e até com pouco treinamento. Achava um absurdo a instabilidade do projeto dos Wright, que ao menor descuido do piloto levaria a um acidente fatal, e a necessidade de auxílio externo para a decolagem. Voisin estava revoltado com o fato de os franceses dirigirem toda a atenção para Wilbur Wright, que tinha o suporte de milionários dos Estados Unidos e da França, e se beneficiava de uma intensa campanha de marketing na mídia. Dizia que o avião Wright *"não é e não será jamais utilizável. Um engenho de esporte, talvez, um produto industrial, jamais"*.

Os escritores de língua inglesa equivocadamente acham que os projetos de Voisin eram baseados em um fraco entendimento do projeto dos irmãos Wright, por isso usava as asas com "cortinas verticais" (células de Hargrave). O que eles não entendem é que Voisin era obcecado pela segurança e estabilidade do avião, proporcionada pela célula de Hargrave, e se negava a utilizar controle de rolagem enquanto não fosse seguro.

Nos anos de 1907 e 1908, Voisin fabricou mais aviões do que todo o mundo junto, sem nenhum acidente grave, e somente em 1910 achou seguro começar a utilizar mecanismo de controle lateral (aileron). Como construía seu avião visando à máxima estabilidade, não se importava em fazer as curvas bem mais abertas, dependendo somente do leme de direção. Era comum aqueles que compravam seu avião colocarem por conta própria os ailerons junto às asas. Voisin ficava furioso quando em uma competição os irmãos Wright utilizavam auxílio externo para a decolagem e levavam vantagem no ar por não terem que carregar o pesado chassi com trem de pouso dos outros aviões; achava que os aviões Wright deveriam ser desclassificados, chegando mesmo a liderar um abaixo assinado nesse sentido no 1° torneio internacional da aviação em Rheims, França, em agosto de 1909.

Gabriel Voisin era amigo e admirava Santos Dumont. Escreveu um livro importante para a História da Aviação: "*Mes dix milles cerfs-volants*".

LOUIS BLÉRIOT (1872-1936) - França

Louis Charles Joseph Blériot era um engenheiro e empresário francês bem sucedido na indústria automobilística quando decidiu dedicar-se ao ramo da aeronáutica. Propôs a Gabriel Voisin que terminasse de trabalhar com Archdeacon e entrasse em sociedade com ele, então fundaram uma companhia que funcionou de 1905 ao final de 1906 e construiu dois aviões que não foram bem sucedidos, o Blériot III e o Blériot IV. Este último foi danificado ao tentar decolar em 12 de novembro de 1906, em Bagatelle, após Santos Dumont lhe ceder a vez para tentar o prêmio *Aero Club de France*, para quem voasse mais de 100 m, no final daquela tarde conquistado por Santos Dumont com o seu 14-Bis. Depois desse fracasso, Blériot terminou a parceria com Gabriel Voisin e fundou sua própria companhia, *Recherches Aéronautiques Louis Blériot*, onde testou várias configurações.

Somente em abril de 1907 ele conseguiu fazer seu monoplano Blériot V deixar o solo por alguns metros. A maior dificuldade era que, para os franceses, um avião tinha que ter a capacidade de decolar sem auxílio externo, e era nesse quesito que residia o primeiro desafio do voo. Blériot concentrou seus esforços em monoplanos e, assim, criou o primeiro avião monoplano considerado bem sucedido da História da Aviação, o Blériot VII, que começou a voar em novembro de 1907, na mesma época em que também a Demoiselle de Santos Dumont começou a voar. Em dezembro voou mais de 500 m, conseguindo fazer um percurso de ida e volta.

Blériot assistiu a primeira demonstração de Wilbur Wright, em agosto de 1908 na França, e ficou impressionado com a facilidade de fazer manobras do Flyer A de Wilbur, mas disse que logo os franceses iriam igualar ou superar. Achava o sistema de ailerons que ele já utilizava mais prático e mais seguro que *o wing warping* dos Wright e a concepção geral do seu projeto superior. Já nessa época os aviões fanceses eram de concepção muito mais moderna do que o avião dos Wright, principalmente o seu Blériot VIII e o REP II de Esnault-Pelterie.

Com um Blériot VIII, em 31 de outubro de 1908, ele conseguiu fazer um percurso de ida e volta de Toury para Artenyon, com 28 km, sendo o segundo *cross country* da História da Aviação, pois Henri Farman havia voado de Châlons para Reims um dia antes, com um Voisin. As distâncias eram a metade das que Wilbur Wright estava conseguindo com seu Flyer A em Le Mans, mas os feitos dos franceses eram mais práticos, voando em uma situação real, sujeita às variações do clima, vento e temperatura, levando o peso do chassi com trem de pouso, e não em um circuito fechado e protegido.

Em 12 de junho de 1909, Blériot, com o seu Blériot XII, foi o primeiro aeronauta na História a fazer um voo triplo, levando ele e mais dois passageiros, um dos quais era Santos Dumont. Em 25 de julho de 1909, Blériot fez a histórica travessia do Canal da Mancha, pilotando o avião Blériot XI. Depois, tornou-se presidente da empresa *Société Pour Aviation et ses Dérivés* (SPAD). Durante a primeira guerra mundial, a SPAD construiu mais de 5.600 aeronaves.

Blériot fez os melhores aviões do mundo por alguns anos a partir de 1909. Ele foi muito amigo de Santos Dumont, e é difícil saber até onde um influenciou o outro no início da aviação.

GLENN HAMMOND CURTISS (1878-1930) – EUA

Glenn Curtiss fez o primeiro voo de avião homologado e em público nos EUA, no seu avião June Bug, em 4 de julho de 1908. Também fez o primeiro voo de longa distância nos EUA e foi o fundador da primeira indústria de aviões nesse país, a Curtiss Aeroplane and Motor Company. Ele começou sua carreira como construtor de bicicletas e depois de motocicletas, que usavam seu próprio motor de um cilindro, ganhando prêmios como piloto de corridas de motocicletas, estabelecendo o recorde de 103 km/h para a distância de uma milha, em 1903. Passou a oferecer seus motores leves e potentes para a aviação, inicialmente para dirigíveis, em 1906. Nesse mesmo ano, em maio, ofereceu seus motores para os irmãos Wright, que recusaram a oferta.

Em 1908, convidado por Granham Bell, juntou-se à *Aerial Experiment Association* (AEA) para pesquisar e construir máquinas voadoras, onde realizou o voo do June Bug, em público, voando cerca de 1.500 metros.

Curtiss alcançou a fama mundial ao conquistar, entre os diversos prêmios oferecidos, o prêmio Gordon Benett de velocidade em circuito fechado de 20 km, na primeira semana internacional da aviação de Rheims, França, agosto de 1909. Seu avião parecia feito a partir de um avião Wright, porém bastante aperfeiçoado, com dimensões menores, mais bem construído, e utilizando trem de pouso com rodas para decolagem, em lugar de catapulta e trilhos, e ailerons, em lugar do *wing warping* dos Wright.

A maior contribuição de Curtiss foi na aviação naval, onde seus experimentos com hidroaviões o levou a ser considerado o "Pai da Aviação Naval dos Estados Unidos", e na construção de uma indústria aeronáutica nos EUA. Os irmãos Wright processaram Curtiss por infringir sua patente, em uma batalha que levou vários anos e atrasou a aviação nos EUA.

ORVILLE & WILBUR WRIGHT (1867-1912, 1871-1948) – Os irmãos estadunidenses são considerados, pela corrente dominante de historiadores, como os realizadores do primeiro voo do mais-pesado-que-o-ar motorizado, controlado e sustentável, no avião Flyer I, em dezembro de 1903, nos EUA, embora em voo não homologado, não público, usando auxílio externo para a decolagem e vento forte.

Os irmãos Wright, em uma primeira fase, testaram um modelo de pipa, em 1899, planadores, de 1900 a 1903, e aviões, de dezembro de 1903 a outubro de 1905. Os testes foram realizados, até 1903, em local afastado dos grandes centros, em Kill Devil Hills, na localidade praiana de Kitty Hawk, Carolina do Norte, costa leste dos EUA, e também em Huffman Prairie, perto de Dayton, Ohio, estado interiorano, de 1904 a 1905.

Apesar de não terem terminado o segundo grau, tiveram uma abordagem bastante técnica do problema do voo, priorizaram o controle do aparelho no ar e utilizaram um pequeno túnel de vento, primitivo até para aquela época, mas que ajudou no projeto das asas e das hélices.

O trabalho dos irmãos Wright teve ênfase no controle lateral do voo, controle feito no eixo longitudinal, ou eixo de rolagem, utilizando um mecanismo que altera a geometria das asas, o mecanismo de wing warping (torção de asas). O controle lateral ou de "rolagem" permite fazer curvas com um bastante menor raio de giro do que o controle feito exclusivamente no eixo vertical, por meio de leme de direção. Ficaram conhecidos como inventores do conceito do controle de rolagem e do mecanismo de wing warping. No entanto, o controle no eixo longitudinal já era bastante conhecido de alguns entusiastas de planadores, como Lilienthal e Pilcher, que em muitos modelos de planadores somente tinham justamente o controle de rolagem para fazer curvas, porém esses planadores não utilizassem mecanismos especiais, mas sim o deslocamento do corpo, mudando o centro de gravidade e fazendo uma asa baixar e a outra levantar, assim inclinando o planador para a esquerda ou direita no eixo longitudinal.

Uma crítica que se faz com muita razão aos aparelhos dos Wright é que eram muito instáveis, a ponto de o voo ser quase impossível em seus dois primeiros modelos, e muito difícil e perigoso em seu terceiro modelo.

Para o controle no eixo horizontal, os Wright colocavam o leme de elevação na frente do aparelho, tal como Hiram Maxim alguns anos antes, enquanto os outros inventores costumavam colocá-lo atrás, na cauda junto com o leme de direção. Para as asas, os irmãos Wright adotaram o sistema biplano de planadores de Chanute, enquanto a curvatura das asas foi fundada nos cálculos de Lilienthal.

De dezembro de 1903 a outubro de 1905, os Wright teriam feito seus pioneiros voos motorizados. No entanto, para essa primeira fase, há grande polêmica sobre os resultados efetivamente alcançados nesses voos motorizados, não homologados, sem testemunhas confiáveis e, principalmente, não comprovados nas réplicas atualmente construídas.

Estranhamente, os irmãos teriam ficado dois e meio anos sem voar, então começa a segunda fase, finalmente uma fase pública e documentada, mas agora utilizando motores franceses, com testes a partir de maio de 1908, e depois com as demonstrações públicas bem sucedidas de Wilbur Wright na França, a partir de agosto de 1908, dois anos após o voo do 14-Bis de Santos Dumont. Os aviões dos Wright necessitavam de ajuda externa para a decolagem, porém, uma vez no ar, conseguiam fazer curvas com mais facilidade que os aviões franceses e quebrar recordes de distância, porém em circuito fechado, em ambiente controlado.

Há bastante controvérsia a respeito de seus feitos, pois todas as réplicas de seu primeiro avião não conseguem voar. Para aumentar essa controvérsia, os vídeos de seus voos de 1908 são exibidos como se fossem dos voos do período 1903-1905. Além disso, seus aviões eram instáveis e causaram a morte de inúmeros pilotos, sendo, por isso, descartados do corpo aéreo do exército dos Estados Unidos em 1913, por deficiência de projeto. Eles tiveram enorme suporte financeiro e de marketing para tentar forçar seu modelo de avião como o padrão mundial, porém fracassaram devido às graves deficiências do projeto. Como contribuição valiosa eles ressaltaram a importância do controle do voo no eixo longitudinal, porém, em vez de um mecanismo de controle, patentearam a própria ideia de controle lateral, que já era antiga, exigiram taxas de licença leoninas e entraram em guerra judicial contra outros pilotos, como contra o notável Glenn Curtiss, fundador da primeira indústria de aviões dos EUA, atrasando a aviação nesse país em muitos anos. Por isso, os EUA passaram vergonha quando entraram na 1ª guerra mundial, pois não tinham um avião competitivo e tiveram que utilizar aviões franceses.

ALBERTO SANTOS DUMONT (1873-1932) – Brasil

Santos Dumont foi o mais famoso homem do ar do início do século 20, no período 1900–1907, com uma série de inovações. Demonstrou o total controle dos balões dirigíveis, fez o primeiro voo de um avião, com decolagem sem auxílio externo, em público e homologado por uma comissão de especialistas – o voo do 14-Bis – em outubro e novembro de 1906, em Paris. O voo do 14-Bis é um dos marcos fundamentais da História da Aviação, pois disparou uma explosão de interesse no mundo inteiro que fez efetivamente começar a era dos aviões. Santos Dumont fez também o primeiro avião ultraleve bem sucedido da História, o Demoiselle. Trabalhava com espírito altruísta, nunca pedindo patente de nada, mas sim tornando público seus projetos. Uma profunda depressão o fez parar de voar em 1910 e, após muitos anos de sofrimento, cometer suicídio em 1932. É triste e estranho ver que nos dias atuais Santos Dumont, o mais famoso aeronauta no início da aviação, seja praticamente desconhecido fora do Brasil e da França. Seus feitos com dirigíveis são admirados por estudiosos da aviação, mas seus feitos com aviões – o-mais-pesado-que-o-ar – são usualmente ignorados pelos autores de língua inglesa. **Capítulo à parte neste livro**.

OS PRINCÍPIOS DO VOO

Não há muitas dificuldades em entender o voo dos balões e dirigíveis e, de qualquer forma, no texto mais adiante sobre Santos Dumont ficará bastante claro os princípios do controle dos dirigíveis. Mas para os planadores e aviões é importante primeiro destinar algum tempo explicando os princípios do voo do mais-pesado-que-o-ar de forma a entendermos as dificuldades e as realizações dos principais inventores, assunto do próximo capítulo.

As Forças Aerodinâmicas do Voo de um Aeroplano

As quatro forças aerodinâmicas do voo, na condição de cruzeiro, isto é, nivelado e com velocidade constante são: Peso (*W – Weight*) , Sustentação (*L – Lift*), Arrasto (*D – Drag*) e Empuxo (*T –* Thrust). No equilíbrio, a resultante dessas forças é zero e então ocorre o movimento retilíneo uniforme, de acordo com a 1ª lei de Newton, ou "lei da inércia". Essas forças foram descritas a primeira vez pelo notável engenheiro inglês George Cayley, em sua obra publicada em 1810, com o título *On Aerial Navigation.*

O diagrama abaixo mostra essas forças atuando em um avião.

O Controle da Dinâmica do Voo

O controle da dinâmica do voo ocorre nos três eixos em torno do centro de gravidade do veículo. São os seguintes controles:

Arfagem (*Pitch*) é o movimento em torno do eixo horizontal (ou lateral ou transversal), é o popular "levantar e abaixar o nariz", feito com o leme horizontal, também chamado de leme de profundidade ou de elevação ou simplesmente profundor (*elevator*).

Rolagem (*Roll, Bank*) é o movimento em torno do eixo logitudinal (eixo da cauda ao nariz), feito com a movimentação do aileron.

Guinada (*Yaw*) é o movimento em torno do eixo vertical, feito com o leme vertical, ou leme de direção (*rudder*).

Principais termos do voo nos aeroplanos

Aerofólio (*airfoil):* é a seção transversal da asa. Normalmente os aerofólios são curvos, sendo mais curvos na parte superior da asa, e a quantidade de curvatura do aerofólio é chamado de "cambagem" (*camber*). A curvatura na parte superior da asa força o ar a passar mais rápido do que na parte inferior da asa e, de acordo com o princípio de Bernoulli, o ar mais rápido gera uma pressão mais baixa do ar na parte superior da asa o que contribui para dar sustentação ao aeroplano. Por isso, o aerofólio costuma ter a forma de uma gota alongada. O aerofólio é também chamado de perfil alar, ou seção de asa (*foil, wing profile*).

Obs.: O princípio de Bernoulli afirma que, para um fluxo sem viscosidade, um aumento na velocidade do fluido ocorre simultaneamente com uma diminuição na pressão ou uma diminuição na energia potencial do fluido.

Aeronave (*aircraft*): todo veículo feito pelo homem para o voo atmosférico. Incluem-se balões, dirigíveis, planadores, aviões, helicópteros, etc.

Ailerons: são superfícies móveis montadas no bordo de fuga de cada asa, que atuam no movimento do aeroplano no eixo longitudinal ou de rolagem, levando o aeroplano a fazer curva. Em geral atuam em conjunto e em sentidos opostos; quando o aileron esquerdo se levanta o direito se abaixa. O aileron levantado reduz a sustentação naquela asa esquerda, fazendo-a cair, e o aileron abaixado aumenta a sustentação na asa direita, fazendo-a subir. Essa situação faz a aeronave "rolar" para a esquerda e começar a virar para a esquerda. Uma alternativa ao aileron seria o mecanismo de torção de asas (*wing warping*), porém muito primitivo, sendo abandonado logo no início da aviação.

Obs.: O aileron foi patenteado pelo inglês Boulton em 1868, e caiu no esquecimento, sendo redescoberto pelo francês Esnault-Pelterie em 1904. O wing warping era um conceito conhecido da observação do voo dos pássaros e o primeiro a patentear um dispositivo assim foi o francês Mouillard nos EUA, em 1897, ano de seu falecimento, para uso em pequenos planadores. O estadunidense Edson F. Gallaudet também desenvolveu um mecanismo de wing warping para controle lateral, em 1898, mas não o patenteou e, em 1900/1903, os irmãos Wright testaram e conseguiram uma patente em 1906 de um mecanismo de wing warping muito parecido com o de Gallaudet.

Anedro: é a inclinação para baixo das asas, observando da raíz até a ponta das asas. Aviões com asas em anedro são instáveis e exigem a intervenção contínua do piloto nos controles de voo, e foram condenados logo no início da aviação. Hoje, as asas em anedro são comuns nos jatos de caça, porque estão disponíveis controles eletrônicos especiais para manter a estabilidade de forma automática. O oposto a anedro é diedro.

Ângulo de ataque *(angle of attack)***:** ângulo formado entre o fluxo de ar e o aerofólio.

Ângulo de incidência (*angle of incidence*): ângulo formado entre o aerofólio e um eixo de referência (o horizonte).

Bordo de Ataque: o bordo por onde o vento chega quando em contato com a asa, ou seja, a parte da frente da asa. Para gerar sustentação do aeroplano, o bordo de ataque fica ligeiramente acima do bordo de fuga.

Bordo de Fuga: o bordo por onde o vento escapa quando em contato com a asa, ou seja, a parte de trás da asa do aeroplano.

Corda (chord): distância entre o bordo de ataque e o bordo de fuga de um aerofólio.

Canard: superfície dianteira fixa ou controlável, semelhante a uma pequena asa ou a um estabilizador horizontal, localizado à frente do centro de gravidade. O termo se refere também à arquitetura da aeronave que faz uso do canard. Usada em alguns aviões no início da aviação, quando as velocidades eram muito baixas, para evitar o estol e por se acreditar que ajudava na decolagem, por nomes como Hiram Maxim, Irmãos Wright e Santos Dumont (o 14-Bis era o mais "canard" de todos esses), logo foi abandonada por ser muito perigosa ao trazer instabilidade ao avião. Somente dezenas de anos mais tarde, com o advento dos avançados controles de direção eletrônicos, essa configuração foi adotada em alguns jatos de caça, por tornar o avião mais "nervoso" para mudanças bruscas de direção.

Diedro: é a inclinação para cima das asas, observando da raíz até a ponta das asas. Aviões com asas em diedro tendem a ser estáveis. O oposto a diedro é anedro.

Envergadura da asa: é a distância entre as pontas das asas de um aeroplano.

Estol (*stall*): é a perda total de sustentação do aeroplano, quando entra em queda livre. Quando o aeroplano vai estolar, porque o ângulo de ataque das asas está muito alto e o ar deixa de fluir por cima das asas, ou porque a velocidade está muito baixa, em ambos os casos perdendo sustentação, o piloto deve rapidamente adotar algumas medidas para estabilizá-lo e recuperar o horizonte.

Trem de pouso: é um dos principais componentes do avião. Tem a função de manobrar o aeroplano nos processos de decolagem, pouso e taxiamento. É composto de chassis, amortecedor e rodas.

SANTOS DUMONT

O brasileiro Alberto dos Santos Dumont (20.7.1873 – 23.7.1932) desde jovem mostrava talento para a mecânica. Sonhava com as aventuras dos livros de Júlio Verne e construía pipas voadoras. Era um dos 8 filhos de Henrique Dumont, engenheiro brasileiro, filho de francês, um homem que ficou rico com plantações de café. Santos Dumont foi viver na França aos 18 anos, em 1891, após seu pai ter adiantado sua parte na herança.

Em seus primeiros anos na Europa, Santos Dumont seguiu cursos como ouvinte em Universidades da França (Sorbonne) e da Inglaterra (um ano em Bristol). Também teve aulas particulares de física, química e matemática com professor particular, enquanto participava de corridas de triciclos, bicicletas e automóveis.

Em 1897, Santos Dumont ficou tão encantado quando voou pela primeira vez em um balão que, no ano seguinte, projetou seu próprio balão, o Brasil, que era o menor balão do mundo e utilizava, pela primeira vez, a seda japonesa envernizada, material leve e forte, a primeira inovação de Santos Dumont, ideia genial que surpreendeu os experientes mecânicos donos da oficina que construía os balões em Paris. Os fabricantes lhe propuseram um balão de no mínimo 750 m^3, como estavam acostumados a fazer, mas Santos Dumont queria um balão de apenas 100 m^3. Mas esse volume era inconcebível para os fabricantes! O volume de 100m^3 de ar pesa 130 kg e 100 m^3 de hidrogênio pesa 10 kg: a diferença de 120 kg teria que cobrir todo o peso do material do balão e mais o piloto. Aparentemente isso seria impossível, pois o material empregado no envelope do balão era pesado, uma tela dupla emborrachada. Mas, então, Santos Dumont mostra aos donos da oficina um pedaço de seda japonesa envernizada e pede aos mecânicos que façam um teste sobre o material. Os mecânicos constatam, espantados, que a resistência daquele material, atingindo 700 Kg, era até melhor do que a da pesada tela dupla emborrachada que eles utilizavam. Ao final, eles fabricaram um balão de 118 m³, cujo envelope, já envernizado, não pesava mais que 14 kg, a barquinha de vime já com o encordoamento e o lastro, uns 22 kg, e mais 51 kg do piloto. O lançamento em 4 de julho de 1898 foi um sucesso, muita gente veio assistir e o balão se elevou rapidamente a 300 m sobre Paris. Santos Dumont revolucionou o balonismo com a introdução da seda japonesa. Cansado de voo solo, seu próximo balão, o América, foi bem maior, com 500 m³, podendo levar vários convidados.

Em seguida, Santos Dumont criou uma série de modelos de dirigíveis. Seus feitos em balões dirigíveis o tornaram uma das pessoas mais famosas do mundo nos primeiros anos do século XX, sendo recebido por reis, rainhas, presidentes e grandes personalidades dos países mais importantes do mundo.

Em seu primeiro dirigível, o SD1, de 1898, de 186 m³, Santos Dumont continuou com a seda japonesa envernizada, mas foi cheio de outras inovações. Ele teve a audácia e a coragem de ser o primeiro a utilizar motor à explosão nos dirigíveis e provar que isso seria seguro com um projeto adequado, enfrentando críticos que o chamavam de louco, por utilizar esse tipo de motor em um aparelho cheio de hidrogênio, um gás altamente inflamável, uma verdadeira "bomba voadora". Essa foi a sua segunda grande inovação. A cesta com o piloto e o motor ficava bem embaixo, o mais longe possível do envelope cheio de gás, e o escapamento de gases do motor era conduzido para longe por um longo cano de descarga apontado para baixo.

O seu primeiro dirigível ainda contou com outras duas grandes inovações. Havia um sério problema que era a deformação do balão de acordo com as variações de temperatura ambiente e de pressão atmosférica. Quando o aparelho sobe, a pressão atmosférica diminui, então o hidrogênio no balão se expande e é necessário liberar algum gás; para o aparelho não descer, joga-se lastro fora. A temperatura aumentando com o calor do sol também faz o gás se expandir e novamente a mesma situação, a necessidade de soltar mais gás. Quando o dirigível baixa a altitude, ocorre o contrário, a pressão atmosférica aumenta e a temperatura cai, contribuindo para contrair o gás, em consequência o dirigível é deformado, podendo dobrar-se ao meio. Quando passa uma nuvem que interrompe os raios solares, também a temperatura cai, outra vez deformando o envelope do dirigível. Assim, em sua terceira inovação, ele colocou um balonete cheio de ar dentro do balão principal, equipado com uma bomba de ar e uma vávula de controle, tal que ele simplesmente injetaria ou retiraria ar do balonete, mantendo a forma do balão principal, assegurando a rigidez do invólucro de hidrogênio.

A quarta inovação de Santos Dumont foi a maneira de fazer o controle da elevação. Utilizou contrapesos que deslizavam em uma barra, assim bastava jogá-los para a popa se quisesse fazer o aparelho subir, e para a proa se quisesse fazê-lo descer.

Foi tanta inovação em um dirigível tão pequeno, com motor a combustão, sem a utilização de lastro, e com maneiras simples e criativas de resolver o problema da contração/expansão do hidrogênio e fazer o controle de subida e descida, que uma multidão e muitos repórteres ficaram surpresos ao ver o aparelho elevar- se a 300 m, no dia 18 de setembro de 1898. Santos Dumont foi consagrado mais uma vez, por suas inovações que são utilizadas até hoje nos dirigíveis modernos.

As inovações do dirigível SD1 foram aperfeiçoadas em seus aparelhos posteriores. No seu SD5, de 1901, mais uma inovação: Santos Dumont substituiu as grossas e pesadas cordas da suspensão da quilha do dirigível por cordas de piano, que apresentam alto coeficiente de ruptura e pequena espessura (8mm), tornando o conjunto mais leve e com menor resistência ao avanço no ar. Mas o maior feito de Santos Dumont, antes do voo do avião 14-Bis, aquele que lhe deu enorme prestígio internacional, foi ter criado a primeira aeronave dirigível realmente considerada prática, e cumprir um circuito pré-estabelecido, partindo de um local em Paris, contornando a Torre Eiffel e voltando ao local de origem, com seu dirigível SD6, em 19 de outubro de 1901. Tudo sob o testemunho de uma comissão do Aeroclube da França e toda a cidade de Paris acompanhando o evento. Esse feito lhe valeu o valioso Prêmio Deutsch, que havia sido criado 1 ano e meio antes, em 24 de março de 1900, pelo milionário francês Henri Deutsch de la Meurthe, no valor de 100.000 francos, equivalente a 20.000 dólares da época, ou cerca de 500.000 dólares de hoje. A distância percorrida foi de 11 quilômetros em meia hora (velocidade de 22 km/h). Houve contestação, pois embora Santos Dumont tivesse passado pelo local de chegada antes dos 30 minutos estipulados, seu pessoal de terra teve dificuldades em segurar a corda guia e fazer estacionar o aparelho, o que ocorreu alguns segundos depois. Então houve divergências entre os membros do aeroclube, uns interpretando que o fundamental era que o dirigível havia completado o percurso em menos de 30 minutos, enquanto outros membros diziam que como nesse tempo ele não estava em repouso, não teria direito ao prêmio. Somente duas semanas depois, em 4 de novembro, sob pressão popular, Santos Dumont foi declarado vencedor e distribuiu todo o prêmio entre seus mecânicos e a população pobre de Paris. Magoado com tanta polêmica, deixou de ser membro do Aeroclube da França.

Santos Dumont com o SD6 contornando a Torre Eiffel

Esse feito tornou Santos Dumont, durante os próximos meses, a pessoa mais famosa do mundo, sendo convidado a viajar à Grã-Bretanha e aos Estados Unidos, onde se encontrou, em 1902, com Thomas Edison e o Presidente Theodore Roosevelt. Na conversa com Roosevelt, este lhe perguntou quando iria trabalhar com o mais-pesado-que-o-ar, ao que Santos Dumont respondeu:

> *"Tenho a mais profunda convicção que os aeroplanos podem muito bem ser o futuro da navegação aérea (...) No estado atual das coisas, os avanços do motor a petróleo ainda não apresentam suficiente confiança para inspirar a construção de uma máquina voadora mais pesada que o ar".*

Santos Dumont poderia ter tentado desenvolver planadores enquanto não surgisse o motor adequado. Mas, vendo por um lado prático, por que ele iria abandonar o trabalho com dirigíveis, que lhe permitia ir aonde quisesse, a quilômetros de distância, a alturas de centenas de metros e, no final, ainda estacionar em frente a sua residência? Por que ele iria trocar tudo isso por voos, em planadores, que voavam a no máximo 15 metros do solo a distâncias de até 300 metros, como Lilienthal na década anterior, ou a distâncias de até 200 m, como os irmãos Wright, nesse mesmo ano de 1902, que a cada voo tinham de subir um morro para voltar a tomar impulso lá de cima. Naquela época, o voo com planador ainda estava muito atrasado, era um esporte limitado e muito cansativo. Estava muito longe a realização do grande sonho de Louis Pierre Mouillard, que em 1881 escrevia que um dia o homem poderia realizar voos planados, como os grandes pássaros, por horas e a distâncias de centenas de quilômetros, sem o auxílio de um motor, somente planando e aproveitando as correntes de ar. Esse sonho de Mouillard, de planar por centenas de quilômetros, somente ocorreu 20 anos depois, com planadores na Alemanha, na década de 1920. Santos Dumont era da corrente de pensamento predominante na França, país onde ocorreu o desenvolvimento da fase final do avião, que acreditava que uma vez desenvolvido o motor adequado, em muito pouco tempo o desafio de fazer voar um mais-pesado-que-o-ar motorizado seria vencido, consistindo o voo em decolar sem auxílio externo, sustentar-se no ar, sem a ajuda de ventos, e aterrisar em segurança, e isso sem a necessidade de árduo treinamento durante meses em planadores.

Em dezembro de 1903, os irmãos Wright fizeram, segundo a corrente de historiadores dominante, o primeiro voo motorizado. Esse voo não pode ser considerado tecnicamente um voo de avião, mas sim de planador, uma vez que precisou do auxílio de plano inclinado, trilhos e fortes ventos para decolar e se manter no ar. Mas Santos Dumont tinha se tornado tão famoso no mundo e nos EUA, que o jornal de Dayton que noticiou esse voo utilizou na reportagem o seguinte título:

"Rapazes de Dayton imitam o grande Santos Dumont."

Em 1904, Santos Dumont enviou seu dirigível SD7 para St. Louis, EUA, a fim de voar na Exposição da Louisiana e competir a um fabuloso prêmio de US$ 100.000 (US$ 2.500.000 atualmente) para aeronave de qualquer tipo, dirigível ou avião, que conseguisse fazer 3 voltas em um circuito de 15 milhas a uma velocidade de no mínimo 15 milhas/hora. No entanto, após a chegada a St. Louis, Santos Dumont encontrou o invólucro de gás do seu dirigível irreparavelmente danificado. Pensou-se em sabotagem, porém nada foi provado. Sem lógica, começaram, absurdamente, a desconfiar do próprio

Santos Dumont, embora ele mesmo fosse o principal prejudicado, e ele, indignado, voltou imediatamente para a França. Na verdade, já ocorrera um incidente semelhante nos EUA, em Boston. Além disso, muitos inventores sofriam com as alfândegas que submetiam seus frágeis inventos a maus tratos, que depois eram liberados, e, então, os pioneiros, como Santos Dumont e Wilbur Wright, constatavam sérias avarias em seus inventos.

No entanto, há livros nos EUA que levantam a hipótese de que o próprio Santos Dumont teria cortado o balão do seu dirigível, como o de Paul Hoffman, traduzido como “Asas da Loucura”, que influenciou autores no Brasil que aceitam como verdade tudo o que vem dos EUA, sem nenhuma análise crítica. Um desses autores brasileiros, que fez um livro que virou um best seller, entra no campo do besteirol quando chega ao ponto de induzir o leitor a acreditar que Santos Dumont era um “picareta” que rasgou seu balão em Saint Louis, e que, para arrecadar dinheiro, promovia a utilidade de seus balões junto ao governo japonês para jogar explosivos de alta potência sobre as forças russas na costa do Pacífico na guerra russo-japonesa de 1904/1905. Delírio mal intencionado ou não do autor, na verdade, a oferta dos japoneses foi recusada por Santos Dumont, e quanto ao episódio de Saint Louis, ele ficou muito revoltado com as desconfianças e se defendia alegando que não teria nenhuma lógica prejudicar-se rasgando seu próprio balão dirigível.

Depois, Santos Dumont construiu o SD8, que foi vendido para o futuro presidente do Aeroclube da América, Mister Boyce. O aparelho foi destruído por mãos inábeis ao final do seu primeiro voo. Muitos autores desconhecem esse fato e acham que Santos Dumont era supersticioso contra o nº 8 e teria "pulado" do nº 7 para o "9".

Santos Dumont queria provar que o balão dirigível podia ser um meio de transporte prático, um carro aéreo. Ele foi o único no mundo, até hoje, que teve a sua máquina voadora, o dirigível SD9, podendo estacionar em qualquer ponto da cidade. Tinha o prazer de deixar seu veículo aéreo estacionado em frente ao seu restaurante preferido ou em frente ao seu edifício, amarrado a um poste de iluminação. Ele gostava de viajar também à noite e, para isso, seu amigo Louis Blériot desenvolvera um farol especial para o SD9.

Santos Dumont pilotando o SD9 Baladeuse.

O SD10 foi um projeto ambicioso, um dirigível-ônibus para o transporte de 10 passageiros que chegou a voar com 4 pessoas. Santos Dumont tentou vendê-lo, mas não conseguiu comprador, e depois esse aparelho foi esquecido. O SD11 ficou somente no projeto, era um avião monoplano. O SD12 era um projeto de um helicóptero que, por falta de motor suficientemente potente e leve, ficou somente na prancheta. O SD13 era um dirigível com uma configuração perigosa, pois usaria o envelope exterior cheio de gás de iluminação e um balão no interior a ar quente, numa tentativa de ganhar mais autonomia, mas era muito grande para caber no hangar e, ao final, um vento forte rasgou o envelope e o destruiu. Então veio o SD14, que foi alterado duas vezes, a última para ser utilizado junto com o avião 14-Bis em ensaios de voo.

O Voo do 14-Bis

No segundo semestre de 1906, Santos Dumont voltou a realizar uma façanha memorável, que o tornou, por alguns meses, novamente a pessoa mais famosa do mundo, tal como quando ele ganhou o prêmio Deutsch. Em 1905, o Aeroclube da França lançou um desafio: oferecia um prêmio para o primeiro que decolasse por seus próprios meios, percorresse uma distância de 100 m e aterrizasse em segurança. Um dos membros do aeroclube, Ernest Archdeacon, ofereceu também um prêmio para quem fizesse a mesma coisa, porém em uma distância mais curta, de apenas 25 m. Acreditava-se que era chegada a hora, pois já havia a tecnologia para motores leves e potentes o suficiente para levantar e sustentar um avião no ar. Possivelmente contribuíu também para apressar a decisão do aeroclube, o fato de ter chegado ao conhecimento deles que os irmãos Wright nos EUA diziam que já teriam conseguido voar, e eles tentavam oferecer seu invento para o governo dos EUA e também para governos estrangeiros, embora não se acreditasse na veracidade dos relatos dos irmãos, que se recusavam a fazer demonstrações.

Após alguns estudos e observações em 1905, somente em 1906 Santos Dumont começou realmente a trabalhar com afinco no mais-pesado-que-o-ar e, nesse mesmo ano, ele venceu o grande desafio. Santos Dumont entendeu que a maior dificuldade seria fazer decolar o aeroplano e, por isso, projetou uma máquina bastante diferente do que já tinha sido realizado até então. Para facilitar a decolagem, construiu o avião ao contrário, em uma configuração em que as asas ficavam num extremo, na parte de trás do aeroplano, e os lemes de direção e profundidade ficavam na frente, no outro extremo. Ninguém tinha projetado essa configuração antes. Muitos escritores dos EUA, em uma lamentável e clara tentativa de depreciar o feito de Santos Dumont, divulgam, equivocadamente, que o 14-Bis era cópia dos aparelhos dos irmãos Wright, mas Santos Dumont não demonstrou interesse nesses aparelhos Wright, que por sua vez eram inspirados em aparelhos de outros inventores. As asas com células tipo *Box-kite* do 14-Bis seguiam as ideias do australiano Hargrave, que Santos Dumont vira funcionar em experiência conduzida por seu amigo Voisin em planador puxado por lancha no Rio Sena, em 1905, e as asas em diedro, para mais estabilidade, era influência de Pénaud, falecido décadas antes.

Na fase de testes, Santos Dumont inovou, testando o aparelho em uma situação bem próxima da realidade. Primeiro ele achou mais prático, nos testes para verificar a estabilidade do aparelho, observá-lo enquanto deslizava em um cabo esticado entre dois mastros, sendo um mastro bem mais alto que o outro. Depois, testou com o dirigível SD14 que levantava voo com o 14-Bis acoplado a ele, assim Santos Dumont podia observar melhor o seu comportamento.

Os jornalistas e o público ficaram tão impressionados com a forma do 14-Bis que o chamaram de *Oiseau de Proie* (Ave de Rapina). O nome *canard* (pato), que alguns se referem ao 14-Bis com a intenção de depreciá-lo, somente pegou em 1909, embora inventado antes por seu amigo Gabriel Voisin, para todos os projetos que tivessem leme à frente das asas, inclusive o dos irmãos Wright, que efetivamente é uma configuração canard.

O dia 23 de outubro de 1906 ficou na História. Foi um voo de apenas 60 metros, mas foi feito em frente a uma multidão e foi devidamente homologado, fotografado e filmado. Parece pouco os 60 metros, mas era condição imprescindível para que o voo fosse homologado que percorresse um mínimo de 25 metros e que a decolagem fosse feita por meios próprios. E o desafio, que fazia jus ao prêmio Archdeacon, já estava lançado há mais de um ano e ninguém conseguira superá-lo, justamente por causa da dificuldade da decolagem. Ficou definitivamente provado que o voo autossustentado do mais-pesado-que-o-ar era possível e começava a era do avião.

A notícia se espalhou pelo mundo como um raio e vários jornais nos Estados Unidos e Europa mostraram em manchetes que finalmente estava resolvido o problema do mais-pesado-que-o-ar. Possivelmente, outros, como Whitehead, em 1901, e Pearse, em 1903, já teriam conseguido decolar por meios próprios e se sustentar durante um tempo razoável no ar, mas esses, infelizmente, não foram voos públicos, permaneceram desconhecidos em sua época, perderam-se no tempo, e não influenciaram o mundo com os seus trabalhos. Wilbur Wright, o cabeça dos irmãos Wright, soube do voo de 60 metros de Santos Dumont e então escreveu uma carta para o seu incentivador Octave Chanute, em que afirmava, com certa arrogância:

> *"Quando alguém passar de trezentos pés (aprox. 100m) e aterrissar com segurança em um vento de sete ou oito milhas, aí será importante para nós fazer alguma coisa. Até agora não vemos nenhuma indicação de que isso será obtido nos próximos anos. Existe toda a diferença do mundo entre saltar e voar. Nós nunca consideramos que motores leves fossem o ponto importante na solução do problema do vôo." (sic)*

Motores leves e potentes eram justamente o ponto chave para o voo. Era a única coisa que faltava há décadas para começar a era do avião. Tivesse Félix Du temple de La Croix um motor potente e leve, a era do avião teria começado em 1874.

Alguns dias depois, em 12 de novembro, Santos Dumont voou no mesmo local, em outro voo homologado e filmado, na frente de público numeroso, uma distância não de 100 m do prêmio, mas de 220 m, a 6 m do solo. Este voo poderia ter ido a uma distância muito maior, já foi construída uma réplica que consegue voar mais de 1 km, mas Santos Dumont pressentiu o perigo e desligou o motor de 50 CV ao ver a multidão numerosa (mais de mil pessoas) se colocar no percurso do avião. Uma novidade do voo, Santos Dumont usou pela primeira vez na História o aileron em um avião, uma solução redescoberta e testada em planador pelo francês Esnault-Pelterie, em 1904, para dar estabilidade lateral.

No primeiro voo de Santos-Dumont, milhares de pessoas encontravam-se no Campo de Bagatelle, que para lá correram ao ouvir as notícias divulgadas pela imprensa local. Esse voo foi amplamente fotografado e filmado pela companhia cinematográfica Pathé. No voo do 14-Bis todos os preparativos foram fotografados e a vitória alcançada por Santos-Dumont foi noticiada pelos mais importantes jornais do mundo.

https://www.youtube.com/watch?v=rGdqZQzegws

Foto do 14-Bis em 23.10.1906. Tinha 9,6 m de comprimento, envergadura de 11,46 m, peso de 290 kg e motor de 50 CV. À direita, QR Code e link para vídeo do voo histórico.

O fantástico voo do frágil 14-Bis foi uma fagulha que disparou uma explosão de interesse por aviões no mundo inteiro. Saiu nas manchetes dos jornais de todo o mundo. A notícia chegou aos irmãos Wright que de imediato escreveram ao capitão Ferber, em Paris:

> *"Já vimos pela imagem no New York Herald que o avião se apóia em três rodas e deduzimos disso que Mr. Santos Dumont, a fim de efetuar sua decolagem, primeiro tem que correr sobre um longo terreno. Com a ajuda da catapulta que usamos, Orville e Eu rapidamente vamos ao ar de uma maneira muito mais prática."* (sic)

No entanto, é realmente estranho que o voo de 220 m do 14-Bis seja ignorado e até ridicularizado nos EUA, que dizem que não passou de um pulo e sempre o comparam ao suposto voo dos irmãos Wright de 39 km em outubro de 1905, ou até mesmo com o de dezembro de 1903, que teria sido de 260 m. Isso é motivo de intensa briga entre brasileiros e estadunidenses na web. Os brasileiros, em geral, dizem que faltava a decolagem por meios próprios no avião dos Wright e, alguns brasileiros mais instruídos no assunto, que para decolar e se manter no ar, em 1903 eles precisaram de plano inclinado e ventania e, em 1905, de catapulta e ventos favoráveis, no que eles têm toda razão. Além disso, esses voos dos Wright foram considerados na época na Europa e nos EUA como mais um exagero, entre os inúmeros que existiam naqueles anos, e na ocasião em que um grande grupo da imprensa foi convidado para uma demonstração, em abril de 1904, durante cinco dias simplesmente os voos não aconteceram, provavelmente por falta de ventos "adequados". Aconteceram anos depois, com as demonstrações em Paris no segundo semestre de 1908 com outro aparelho, o Flyer A, parecido com o Flyer III, porém aperfeiçoado e equipado com um ótimo motor francês especialmente desenvolvido para eles durante meses. É para tirar essas dúvidas que se constroem réplicas, mas as réplicas do Flyer I e II não voam, a não ser em um pulo com vento favorável, e as do Flyer III mostram uma capacidade de voo muito limitada, praticamente se arrastando pelo chão por uns 200 m. As réplicas do 14-Bis conseguem superar bastante o voo de 220 m de novembro de 1906, pois alcançam 1 km a vários metros do chão.

Outro erro que se comete nos EUA para depreciar Santos Dumont e que se espalha na web é dizer que o projeto do 14-Bis era de Gabriel Voisin junto com Esnault Pelterie, e que esses inventores romperam com Santos Dumont por causa da autoria do projeto. Não é verdade, pois o projeto do 14-Bis era todo de Santos Dumont, logicamente com influência de inventores do passado, como o projeto das asas de Hargrave, para as quais ele apenas pediu ao seu amigo Voisin, que tinha uma fábrica, construi-las seguindo seu projeto, enquanto o resto do avião era fabricado na oficina de Santos Dumont. O próprio Voisin, em suas memórias, diz que sua contribuição no 14-Bis foi pequena e vários inventores também contrataram a fábrica de Voisin para produzir seus projetos, inclusive Blériot até 1908. Também não houve nada de mais entre Santos Dumont e Esnault-Pelterie, que redescobriu os ailerons em voo de planador, em 1904. Santos Dumont certamente foi influenciado por ele quando decidiu utilizar pequenos ailerons octogonais posicionados entre as asas no voo de 12 de novembro, para controlar a estabilidade lateral do voo.

Gabriel Voisin era amigo e respeitava tanto Santos Dumont que escreveu um artigo sobre ele para a revista *Europe Amérique Latine*, em 1952, a seguir:

"Conheci, na intimidade, este homem excepcional. Sua elegância em todas as coisas tornava-o irresistível. Sua coragem era proverbial; quanto à coragem, seria necessário tê-lo visto ocupando a barquinha de vime, ao lado de um motor, de escapamento livre, que vomitava chamas sob um balão primitivo cheio de hidrogênio... Seguíamos nosso amigo com interesse, pois ele dispunha de respeitável elemento: a rapidez de realização. Esta rapidez era uma espécie de milagre. Auxiliado por um excelente mecânico, Chapet, construía em oito dias o que nos custaria três meses de esforços. Como podia ele executar seus estudos, suas experiências? Nunca desvendei tal mistério, mas eu o imagino perfeitamente, passando suas noites a enegrecer o papel, antes de levar ao hangar, que lhe servia de atelier, o projeto que ele executava sem perda de um minuto. Este homem de sociedade era um artesão de uma consumada habilidade. Não dispondo de instrumentos adequados, ele modelava a matéria como uma fada manobrando sua varinha de condão; e as soluções que escolhia eram sempre as melhores. Sua construção, apesar de primitiva, era exatamente a que devia ser adotada na época. Enquanto nós perdíamos um tempo precioso em ajustamentos inúteis, nosso amigo serrava bambus, reunia-os com chapas de zinco, construía sua máquina, experimentava-a, modificava-a em algumas horas e, finalmente, nos deixava boquiabertos ante os resultados obtidos. Contavam-se sobre nosso amigo brasileiro várias lendas. Diziam que possuía uma fortuna imensa! Ora, esta fortuna era somente uma situação remediada. Mas como explicar o gesto deste homem que distribuía prêmios concedidos em performances a instituições de caridade? Estas liberalidades não podiam, aos olhos do público, apoiar-se senão sobre uma fortuna fabulosa. Nada disso: Santos Dumont era a própria generosidade, a elegância inata, a bondade e a retidão. Dava sem contar e sem prever, movido por uma virtude irresistível... Não deixou como herança senão o seu nome gravado em nossos corações. Os que o conheceram não puderam deixar de amá-lo."

Durante alguns meses Santos Dumont foi chamado de "O Pai da Aviação" pelos franceses por causa da sua façanha com o avião 14-Bis e de sua contribuição nos dirigíveis. Ele carrega esse título no Brasil até hoje, embora haja também exagero dos brasileiros em chamar Santos Dumont de pai da aviação, mesmo considerando sua contribuição ímpar à aviação. A aviação teve contribuições importantes de vários cientistas e inventores desde o primeiro voo da humanidade em balão Montgolfier no século XVIII. Muito antes de Santos Dumont e dos irmãos Wright, o inglês George Cayley fundou a ciência da aeronáutica, no início do século XIX ao enunciar suas leis básicas.

É também verdade que se não fosse o voo de Santos Dumont, em alguns meses o primeiro voo em público e homologado de um avião iria acontecer de qualquer jeito com outro inventor, pois o ponto chave há décadas era precisamente o aparecimento de motores a petróleo leves e potentes.

Mas o voo do 14-Bis foi um exemplo para todos. Foi a partir do voo do 14-Bis que outros pioneiros conseguiram ânimo e recursos para levar adiante seus projetos. Pode parecer incrível, mas um exemplo é o dos próprios irmãos Wright: Charles R. Flint, um dos mais poderosos empresários do mundo, vislumbrou com o voo do 14-Bis uma excelente oportunidade de negócio nessa área, e já em dezembro de 1906 iniciou negociações e mais tarde fechou um contrato com os Wright, tal que sua companhia de investimentos passou a bancá-los e a difundir o seu projeto de avião no mundo, dando aos Wright o maior suporte financeiro e de marketing que um inventor jamais poderia sonhar, fazendo o projeto realmente acontecer em meados de 1908. Vários pioneiros franceses, como Voisin, Blériot e Esnault-Pelterie, conseguiram voar já em 1907. Farman, com um avião Voisin, em janeiro de 1908, fez o primeiro voo público e homologado em circuito fechado de 1 km do mundo. O crescimento da aviação foi vertiginoso nos anos seguintes.

Santos Dumont tinha conhecimento das limitações da configuração canard do 14-Bis, segundo ele, uma flecha ao contrário. Assim, em março de 1907, ele fez o avião SD15, invertendo o 14-Bis, mantendo as mesmas asas, mas colocando os lemes na parte de trás do avião, o que traria uma melhor estabilidade. Segundo Henrique Lins de Barros, um notável pesquisador de Santos Dumont, o projeto estava na direção certa, porém, ele deveria ter reprojetado o trem de pouso, assim, infelizmente, não conseguiu decolar e correu até danificar seriamente o aparelho. Um mês depois, em abril, voltou a insistir com o 14-Bis, mas em um voo curto ele caiu e despedaçou-se. Em seguida, Santos Dumont perdeu um tempo precioso, meses em projetos diferentes, construindo uma aeronave que era um misto de dirigível com avião e, motivado por um desafio, um hidroplanador. Assim, durante meses, por ter interesses muito abrangentes, ele perdera o foco no que seria o objetivo principal daquele ano e que lhe traria a consagração definitiva, aprontar um avião para outro prêmio do Aeroclube da França, o voo de 1 km em circuito fechado, vencido por Henri Farman em janeiro de 1908, com um avião Voisin.

A Demoiselle

Finalmente, em novembro de 1907, após passar o mês anterior trabalhando no projeto, Santos Dumont apresentou um aparelho moderno e revolucionário: o pequeno avião monoplano Demoiselle. Voou por apenas 200 m porque a estrutura era frágil para voos maiores e faltava potência ao motor. Infelizmente, ele demorou muito a ajustar a Demoiselle em 1908, é bem possível que tenha sofrido de depressão já nesse ano. Mais animado em 1909, lançou um modelo em março que funcionou satisfatoriamente, e continuou trabalhando até chegar à versão final que foi sua obra-prima, em setembro de 1909, e ainda mais uma última versão em novembro, SD22, fabricado pela empresa Clément-Bayard. Santos Dumont perseguia um sonho maravilhoso: tal como fez em seu dirigível SD9, acreditava no pequeno avião para o transporte próprio no cotidiano, e queria vê-lo na garagem de cada família competindo com o automóvel.

Santos Dumont leva a Demoiselle em seu automóvel. O monoplano utilizava motores de 25 a 50 CV e tinha 6,40 m de envergadura e 6,75 m de comprimento.

A Demoiselle era o menor avião do mundo, atualmente considerada o primeiro avião ultraleve da História. Começou sendo vendida por apenas 7.500 francos, uns US$ 1.500, o mesmo que se cobrava por um automóvel de tamanho médio, enquanto os outros inventores e fabricantes cobravam pelo menos umas 3 vezes mais. Podia ser construída até por um cidadão comum, que tivesse habilidades mecânicas, em sua garagem, em menos de 15 dias. Possuía um ótimo desempenho, velocidade de mais de 100 Km/h e era facilmente manobrável. Influenciou muitos outros aviões e muita gente famosa aprendeu a voar pilotando uma. Foi o primeiro avião a ser fabricado em série no mundo, acredita-se que mais de 300 foram produzidos e empresas venderam desenhos e peças para Demoiselles durante muitos anos.

Não se tem registro de um único acidente fatal com alguém pilotando uma Demoiselle. Santos Dumont era tão altruísta que cedeu os desenhos da Demoiselle de graça, pensando que a aviação seria o condutor de uma era de prosperidade para a humanidade. Além disso, milhares de aviões inspirados na Demoiselle foram construídos, pois fabricantes copiaram a Demoiselle, fizeram algumas pequenas modificações e depois patentearam os projetos como se fossem deles. O holandês Anton Fokker, famoso construtor de aviões para a força aérea alemã na primeira guerra mundial, em 1910, construiu seu primeiro avião, o *Spin* (aranha) baseado na Demoiselle.

Nos Estados Unidos, a revista Popular Mechanics publicou os planos de construção da Demoiselle, na edição de junho 1910, liberados pelo próprio inventor, e assim se pronunciou sobre o avião:

> *"Milhares de pessoas nos Estados Unidos estão intensamente interessadas no assunto do voo aéreo, mas até o momento nada de natureza tangível foi apresentada de forma a permitir que se comece a trabalhar com a perspectiva de razoável sucesso. É com grande satisfação que tornamos acessíveis os desenhos de trabalho do maravilhoso monoplano inventado pelo senhor Santos Dumont. O aeroplano é melhor do que qualquer outro que já tenha sido construído, para aqueles que desejam alcançar resultados com o mínimo possível de gasto e com um mínimo de experiência".*

Santos Dumont preso na terra

Em 4 de janeiro de 1910, Santos Dumont sofreu um sério acidente ao pilotar a Demoiselle, uma das asas se rompeu e ele caiu de uma altura de 30 m. Milagrosamente, sofreu apenas algumas escoriações. Em março de 1910, ele teve um grave esgotamento nervoso e se retirou para sempre da aviação. Apresentava sintomas de doença neurológica há algum tempo, pois às vezes reclamava de visão dupla, vertigens e de mãos trêmulas. Os médicos diagnosticaram uma esclerose múltipla e lhe proibiram de voar, pois isso seria um perigo para ele e para os outros. Hoje, esse diagnóstico é contestado e a maioria acredita mais em depressão crônica, e alguns acreditam em transtorno bipolar, doença que alterna momentos de depressão com outros de euforia.

Retirou-se para uma casa à beira do Oceano Atlântico, onde gostava de passar o tempo olhando as estrelas com um telescópio alemão Zeiss instalado no telhado. Quando começou a guerra, os vizinhos acharam estranho aquele estrangeiro que poderia estar enviando mensagens a submarinos alemães e avisaram a polícia, que revistou a sua casa, nada encontrou, mas requisitou o seu automóvel para o esforço de guerra. Quando a polícia saiu, em um momento de revolta e desespero pela humilhação sofrida, Santos Dumont jogou todos os seus documentos e desenhos sobre aviação no fogo.

Durante a guerra, Santos Dumont saiu da França, passou pelos Estados Unidos, Chile, Argentina, várias cidades do Brasil e construiu sua casa em Petrópolis, em 1918. Depois ficou viajando de novo por vários países, internou-se em casas de saúde com os nervos abalados, voltou ao Brasil, continuou com os nervos abalados e em 1932 foi descansar em um hotel no Guarujá, litoral de São Paulo. Estourou uma revolta contra o governo Vargas e os aviões participaram das lutas. Uma esquadrilha de aviões, partindo do Rio de Janeiro, havia bombardeado o campo de Marte, em São Paulo. Santos Dumont desabafa pelo telefone com um amigo:

> *"Meu Deus! Meu Deus! Não haverá meio de evitar derramamento de sangue de irmãos? Por que fiz eu esta invenção que, em vez de concorrer para o amor entre os homens, se transformou numa arma maldita de guerra? Horrorizam-me estes aeroplanos que estão constantemente pairando sobre Santos."*

Em 23 de julho de 1932, Santos Dumont enforcou-se no quarto do seu hotel no Guarujá, devido ao desespero de ver a aviação transformada em arma de destruição em sua pátria. Foi sepultado no cemitério São João Batista, no Rio de Janeiro.

Santos Dumont recebeu todas as honrarias possíveis na França: a ordem de Cavaleiro da Legião de Honra, em 1904, Oficial, em 1909, Comendador, em 1913, e Grande Oficial da Legião de Honra, em 1929.

Peter Wykeham, em seu livro "Santos Dumont O Retrato de uma Obsessão" diz: "*Charles Dollfus, um dos mais importantes historiadores da aviação em todo o mundo, declara: "É de caráter permanente a importância do trabalho técnico de Santos Dumont, porque a ele nós devemos o uso de novos materiais e dispositivos adotados por todos os seus sucessores." Seu trabalho com a aerostação e os dirigíveis (matéria que os Wright jamais estudaram) teve grande e prolongado alcance.* ***Alberto mostrou pela primeira vez que um homem poderia navegar pelo ar, sob controle, indo para onde quisesse.*** *Santos Dumont quebrou o encanto que parecia ter sido atirado como bruxaria sobre toda a humanidade, prendendo os homens à superfície da terra, ou condenando-os a derivar como folhas secas à mercê dos ventos; um encantamento tão forte que parecia uma ímpia irreverência alguém sonhar em alçar-se aos céus, dominando os ares e neles viajar ao seu talante."*

Suas filosofias de projeto ainda são válidas hoje. O projeto da Demoiselle tem lições de leveza e simplicidade que todos os engenheiros devem ter em mente. Seu uso de um checklist pré-voo tornou-se um procedimento de operação padrão. Sua avaliação cuidadosa e metódica do que deu errado em um acidente continua a guiar os investigadores de acidentes aéreos até hoje. Santos Dumont foi o principal divulgador do voo no início do século XX, foi o primeiro a demonstrar o total controle de uma máquina aérea e o único a contribuir decisivamente em vários tipos de máquinas aéreas em seu tempo: balões, dirigíveis e aviões, e ainda se aventurou em projetos de helicóptero e hidroplanador. Estas realizações deveriam garantir a Santos-Dumont um lugar de destaque entre os gigantes da aviação, no entanto, atualmente ele é uma figura quase esquecida fora do Brasil.

O fantástico aeronauta fancês Louis Blériot batizou o último modelo produzido por sua empresa, em 1933, um grande hidroavião destinado a fazer a rota do Atlântico Sul, com o nome de "Santos Dumont", em homenagem ao amigo falecido. Vale a pena repetir as palavras de Blériot, após sua histórica travessia do Canal da Mancha, em 1909, ao agradecer as congratulações de Santos Dumont:

> *"Não fiz mais do que segui-lo e imitá-lo. Seu nome para os aviadores é uma bandeira. Você é o nosso líder."*

Muito prazer, eu sou Santos Dumont

"*Muito prazer, eu sou Santos Dumont, peso 51 kg sem meus sapatos, mas com minhas luvas.*" Assim se apresentava Santos Dumont. Ele assinava sempre Santos = Dumont, com um sinal de igual entre seus sobrenomes em vez de um hífen, para demonstrar igual respeito pela etnia francesa de seu pai e a etnia brasileira de sua mãe.

Atribuem-se a Santos Dumont algumas coisas que ele não fez. Santos Dumont não inventou o hangar da aviação, pois o dirigível La France, de Charles Renard e Arthur Krebs, de 1884, já era guardado em um hangar aberto. Mas Santos Dumont foi o primeiro a projetar e construir um hangar com gigantescas portas corrediças.

O relógio de pulso também não é uma invenção de Santos Dumont. O que se pode dizer é que Santos Dumont lançou a moda do relógio de pulso masculino, antes somente as mulheres o usavam. Ele precisava ter as mãos livres para mexer nos controles das suas máquinas aéreas e simultaneamente controlar o tempo. Assim, em 1904, pediu a seu amigo Louis Cartier para criar um relógio de pulso para ele, e a *Maison Cartier* mantém até hoje uma linha *Santos Dumont*, de relógios sofisticados e muito apreciados no mercado, com preços que variam de 10 a 45 mil dólares. Existe um espetacular vídeo promocional da Cartier sobre essa linha de relógios dedicada a Santos Dumont, que pode ser visto na web no *www.youtube.com.* A peça promocional é chamada de *L'Odyssée de Cartier*. É imperdível, emocionante, o acesso direto pode ser no QR Code ou link abaixo:

https://www.youtube.com/watch?v=ogHOIDyMmaw

A fama de Santos Dumont no mundo foi tão grande que diversos produtos foram lançados explorando sua imagem. Joias, bijuterias, souvenirs com desenhos de seus dirigíveis e aviões, biscoitos e até pirulitos eram vendidos no mundo todo com o seu rosto portando o chapéu panamá, sem que o inventor ganhasse alguma coisa com tudo isso. Lançava moda, pois todos queriam imitá-lo, como a do chapéu Panamá, do cabelo gomalizado repartido ao meio, dos ternos listrados, do colarinho alto e dos calçados com saltos mais altos que os usuais, tudo para disfarçar a sua baixa altura, o que é bastante compreensível. Santos Dumont era tímido, hipersensível de temperamento e franzino de corpo, de altura muito baixa, por volta de 1,52 m. Como muitos gênios, de inteligência rebelde, criativa e sensível, ele desenvolveu alguma tendência a fantasiar e sofreu crises de depressão que foram piorando ao longo dos anos.

É compreensível que seus nervos tenham sido afetados estando em uma atividade tão perigosa, ano após ano. Especialmente o ano de 1902 foi muito difícil para Santos Dumont. Quase perdera a vida no ano anterior, em agosto, quando seu SD5 caíra sobre o Hotel Trocadero e ficou pendurado em uma das paredes do hotel. Depois, em fevereiro de 1902, em demonstrações em Mônaco, também quase perdera a vida afogado, quando seu dirigível caiu nas águas do Mediterrâneo. Em maio, foi um choque quando perdeu seu amigo brasileiro, Augusto Severo, outro entusiasta dos dirigíveis, que explodiu nos céus de Paris, a centenas de metros, em seu enorme dirigível de nome PAX. Um choque terrível aconteceu em 22 de junho, ao receber a notícia que a sua mãe suicidara-se na cidade do Porto, Portugal, anunciando, 30 anos antes, o destino trágico do seu filho.

Introvertido, o comportamento de Santos Dumont mudava quando se falava de aviação, aí sentia-se à vontade. Junto com Otto Lilienthal, que voou uma década antes em planadores, Santos Dumont foi o inventor que mais estimulou a aviação. No entanto, é estranho que no exterior todo o mundo já tenha ouvido falar de Otto Lilienthal, enquanto poucos conhecem Santos Dumont.

O problema é que, lamentavelmente, nos EUA, com raras exceções, adota-se dois comportamentos sobre Santos Dumont: ignoram-no totalmente ou procuram depreciá-lo. Os estadunidenses têm uma estranha obsessão de reduzir a importância de suas realizações e de ressaltar uma suposta homossexualidade. Entre eles é comum a afirmação de que Santos Dumont era "um dândi milionário homosexual" e proliferam na web sites dos EUA nesse sentido.

Antigamente os brasileiros não admitiriam a hipótese de Santos Dumont ser gay. Hoje, já se conversa sobre opção sexual abertamente e depois da tradução do livro de Paul Hoffman, "Asas da Loucura", em 2003, e de outros que se basearam nele, quando se fala de Santos Dumont, logo vem a pergunta: *É verdade que ele era gay?* Há uma enorme curiosidade em saber se ele era gay e livros foram escritos sobre o assunto, com abordagens opostas. Uns dizem que Santos Dumont era um galanteador que teve romances com várias mulheres interessantes, o que parece ser verdade, pois existem inúmeros recortes de jornais de época sobre seus romances. Há até mesmo livros e artigos apresentando evidências de que ele frequentava bordéis. Outros dizem o contrário, que ele era asexuado ou um gay não-assumido.

O livro do estadunidense Paul Hoffman, atraído pela ideia de Santos Dumont ser gay, perde bastante a credibilidade não só por isso, pois uma leitura atenta por alguém que conheça a História da Aviação constata que, quando se trata do mais-pesado-que-o-ar, ele faz questão de diminuir os feitos de Santos Dumont e dos franceses o tempo todo, parece até uma obsessão, chegando ao ponto de cometer erros absurdos, invertendo completamente os fatos. Por exemplo, é assombroso, e até risível, quando Hoffman diz que o francês Blériot cruzou o Canal da Mancha com um "*monoplano com células em forma de caixa*" (sic), configuração impossível, pois células em *box kite* já configura um biplano, não um monoplano. Blériot cruzou o Canal da Mancha em 1909, com seu famosíssimo monoplano Blériot XI, e ele é o aviador que projetou e produziu os melhores aviões do mundo no período 1908 a 1914. É também surpreendente quando ele diz que os EUA lideraram a aviação nos anos imediatamente antes da primeira guerra mundial. Isso é totalmente falso, a França foi o país líder absoluto da aviação nesse período e o modelo de avião dos irmãos Wright, que fora importante na fase de pioneirismo dos anos anteriores, tornou-se um fracasso, os poucos produzidos para o exército dos EUA caíram matando seus pilotos ou foram encostados após acidentes graves e o avião Wright se tornou conhecido como *Man Killer.* Foi um fiasco, e piorou durante a guerra, tendo os EUA que passar a vergonha de utilizar aviões franceses quando entraram na guerra, em 1917. Quem realmente deu uma contribuição importante naquele imenso mercado na década de 1910, principalmente na aviação naval, foi o inimigo nº 1 dos irmãos Wright: Glenn Curtiss!

Que diferença faz se Santos Dumont era ou não gay? Na História da Humanidade há muita gente importante que era gay e ninguém se importa com isso. Por que o pessoal dos EUA tem uma fixação em ressaltar uma suposta homosexualidade em Santos Dumont? Por que não fazem o mesmo com os irmãos Wright e admitem a possibilidade de eles terem sido gays? Eles não se casaram e nunca foram vistos cortejando uma mulher. Curiosamente, nos EUA, especular sobre a opção sexual dos irmãos Wright é tabu, qualquer iniciativa nesse sentido é logo cortada, mas quando se trata de Santos Dumont, parece que eles fazem questão de escolher sua opção sexual. E pela análise dos fatos há mais possibilidades de os irmãos Wright terem sido gays do que Santos Dumont!

Os argumentos de Paul Hoffman são frágeis, pois se baseiam em comentários que dão margem a dupla interpretação, publicados numa imprensa sensacionalista, e na amizade de Santos Dumont pelo excepcional cartunista George Goursat, conhecido como SEM, que era gay. Qual é o problema nisso?

Santos Dumont tinha muitos amigos e certamente alguns eram gays. Hoffman acredita em alguns repórteres sensacionalistas dos EUA que exageraram na descrição da roupa de Santos Dumont, implicaram com o sapato alto e inventaram que ele usava um monte de anéis nos dedos. Implicaram até com a pulseira que Santos Dumont usava, que era seu amuleto da sorte, a corrente com a medalha de São Bento que a bondosa e patriota princesa Isabel lhe dera, em 1901, para protegê-lo contra acidentes, e que ele achara mais prático e seguro usá-la no pulso do que no pescoço.

Havia dois jornais de Nova York que publicavam tudo sobre Santos Dumont, pois ele era uma das maiores celebridades da época. Um pertencia ao seu amigo James Gordon Bennett, um ricaço estadunidense que vivia em Paris, dono do *New York Herald*, que testemunhava e publicava tudo a favor de Santos Dumont, suas realizações com as máquinas aéreas e com as mulheres; o segundo jornal, que competia ferozmente com o primeiro, o *New York Mail and Express*, ao contrário, publicava o que pudesse para diminuir os feitos de Santos Dumont e inventava reportagens sobre sua suposta homosexualidade. Um repórter desse segundo jornal teria supostamente visitado o apartamento de Santos Dumont e descreveu-o longamente como se fosse o apartamento de uma donzela. O relato do repórter é tão fantasioso que parece que veio de alguém que precisava mesmo encher uma matéria sensacionalista, não importando como. Tudo falso, pois as inúmeras fotografias de Santos Dumont, das suas mãos, do seu apartamento e os relatos de seus amigos mostram o contrário do que está nessa reportagem, que, incrivelmente, Hoffman reproduziu em seu livro com a aparência de verdade. Em certo trecho, o repórter diz: "*O serviço de chá fica em um canto da sala e lá ele bebe com frequência essa bebida social e feminina. Tudo na sala é de extremo bom gosto, e nada indica, por um momento, um toque masculino*". Será que Hofmmann e seu repórter preferido acham que os ingleses e os asiáticos são homosexuais por consumirem chá? E, afinal, é tão importante assim saber sobre a preferência sexual de um excêntrico inventor?

Outro caso curioso é o de outro repórter que Hoffman relata em seu livro e que diz sobre Santos Dumont: "*sua voz grave e suave transmite, de algum modo, uma feminilidade perceptível*". Há gravações da voz de Santos Dumont e não se percebe a tal feminilidade perceptível. E as vozes de Wilbur e Orville teriam a tal feminilidade perceptível? O Instituto Smithsonian diz em seu site na web: "*Não se conhecem gravações das vozes de Wilbur e Orville Wright, apesar de ambos os homens terem vivido bem na era do som gravado*". Como é possível? Por que será que não existe? Orville viveu até 1948!

Santos Dumont de fato teve suas paixões por jovens mulheres, a dúvida poderia estar em saber se essas paixões foram ardentes ou platônicas. O caso mais famoso é o de Aida de Acosta, belíssima jovem e rica socialite estadunidense de origem espanhola e cubana, cujo retrato ficou junto a sua mesa de trabalho na sua residência por muitos anos. Aida teve aulas de pilotagem com Santos Dumont e ela foi a primeira mulher a pilotar sozinha um dirigível, o SD9 *Baladeuse*. A imprensa criticou Santos Dumont por ter permitido uma mulher voar sozinha. Os pais de Aida ficaram horrorizados com a publicidade e não queriam o nome de sua filha nos jornais. O pai fez Santos Dumont prometer que nunca revelaria a identidade da mulher, mas Santos Dumont acabou registrando o evento em seu livro "Dans L'Air", que se tornou um sucesso mundial.

Paixão de Santos Dumont, a bela Aida de Acosta, a primeira mulher a controlar sozinha uma aeronave.

São famosos também os casos com as estadunidenses Edna Powers e Lurline Spreckels, filhas de empresários de sucesso, e os casos com várias francesas, a brasileira Yolanda Penteado e a chilena Luiza Villagran, cujo retrato decorava sua casa de veraneio, em Petrópolis. Até houve um amor tardio, quando ele já tinha 53 anos, ao pedir ao amigo e pioneiro francês Gabriel Voisin a mão de sua filha, uma linda garota de 17 anos, o que foi educadamente recusado.

O pesquisador Henrique Lins de Barros, um dos que mais estudou a vida de Santos Dumont e suas realizações, e é o autor do ótimo livro "Santos Dumont e a invenção do voo", disse o seguinte sobre a possibilidade de Santos Dumont ser gay: "*Não há qualquer referência ou dado bibliográfico que referende essa conclusão*".

O livro de Antonio Sodré, "Santos=Dumont um herói brasileiro", vai fundo nessa questão, faz sua avaliação e apresenta inúmeras provas de que Santos Dumont teve seus casos e que frequentava bordéis, como nessas passagens: *"Os hábitos severos, a grande timidez, um gosto apurado no vestuário e o seu comportamento, em alguns aspectos pouco usual, levaram um praticamente desconhecido jornalista americano, que escrevia colunas sociais, a concluir que Santos=Dumont não gostava de mulher. Tirou suas conclusões considerando a forma de trajar, a decoração de sua casa, o fato de ele beber chá e de não ter se casado e, por esse caminho, traçou o perfil de um homem que seria homosexual. (...) A verdade é que essa conclusão errônea e precipitada foi repetida por alguns de seus biógrafos e, como uma pedra que cai num lago, repetida em ondas sucessivas, embora a mera suposição não coincida com os fatos. (...) Sem dúvida, todas as evidências são de que ele gostava de mulheres, especialmente as mais jovens. Teve muitas amantes e gostava de namorar. Não se casou porque tinha uma obsessão: voar. A essa obsessão dedicou grande parte da sua vida e entendia que ter mulher e filhos, constituir uma família, naquela fase da vida, não era a melhor opção. Primeiro, porque não seria justo com a família por colocar sua vida em risco constantemente e, segundo, porque desviaria sua atenção do grande projeto de sua vida. Mas não deixou de aproveitar os prazeres do sexo. Frequentava a noite parisiense, saindo com as mulheres que quis, uma vez que era inteligente e simpático, além de ser rico e famoso. Entretanto, não se envolveu com nenhuma mulher a ponto de se apaixonar e mudar o rumo de sua vida."*

Santos Dumont ficava irritado quando chegava ao seu conhecimento comentários fantasiosos sobre sua vida particular. Uma vez ele respondeu a um casal amigo, os Tissandier, que fez uma brincadeira sobre esses comentários: "*Eu gostaria que pensassem que sou viúvo e parassem de inventar histórias e me perguntar tolices*". Outras vezes, na insistência de jornalistas de saberem por que não se casava, ele respondia que a aviação tomava todo o seu tempo e que essa era uma atividade muito perigosa e ele não queria deixar uma viúva.

Outro ponto importante a esclarecer sobre Santos Dumont é a ideia de que ele era um milionário. Ao contrário do que se diz, a fortuna de Santos Dumont, a herança adiantada por seu pai, não era ilimitada, nem milionário ele seria, já que a herança do pai que ele recebera adiantada, segundo o livro de Hoffman, correspondia ao valor de meio milhão de dólares, recurso suficiente para viver confortavelmente em Paris o resto de sua vida, mas ele tinha que administrar bem esse recurso para ainda bancar todos os seus inventos, pagando funcionários e oficina. Já os irmãos Wright são marketeados como pobres empreendedores, mas eram donos de um negócio próspero no interior dos EUA e a partir de 1907 tiveram os recursos mais poderosos do mundo a sua disposição, dos mais ricos empresários dos EUA e Europa.

O Pacifista

Santos Dumont era um pacifista, acreditava que a aviação poderia ser um instrumento de paz e de integração dos povos. Por outro lado, ele não era ingênuo e sabia da necessidade de utilização militar da aviação para a defesa de um país. Acreditava que suas aeronaves poderiam ajudar no trabalho de reconhecimento das posições de um exército atacante e também para caçar armas de ataque mortíferas como o submarino.

Ele pôs à disposição da França seus dirigíveis em caso de guerra com algum país não americano. A preocupação maior era a possibilidade de uma guerra no futuro contra a Alemanha, um país militarizado que tinha imposto uma derrota à França em 1870, quando levou o território da Alsácia Lorena. Relatou, em uma carta, que recusou uma proposta milionária dos japoneses para se juntar as suas forças na Coreia, durante a guerra russo-japonesa (1904-1905), como chefe do serviço de balões, e levar o seu dirigível SD7 à frente de batalha para tentar jogar explosivos de alta potência sobre as forças russas em Port Arthur, no Pacífico. Para o Brasil, Santos Dumont acreditava que a aviação seria importante para patrulhar a imensa costa brasileira.

Santos Dumont ficou seriamente afetado ao ver o uso dos aviões na primeira guerra mundial contra pessoas indefesas. Sua posição pacifista fica clara no trecho a seguir do seu livro "*O que eu vi, o que nós veremos*", de 1918:

> *"ESTA CARTA veio encher de legítima alegria o meu coração que, há já quatro anos, sofre com as notícias da mortandade terrível causada,*

na Europa, pela aeronáutica. Nós, os fundadores da locomoção aérea no fim do século passado, tínhamos sonhado um futuroso caminho de glória pacífica para esta filha dos nossos desvelos. Lembro-me perfeitamente que naquele fim de século e nos primeiros anos do atual, no Aero Club de França que foi, pode-se dizer, "O ninho da aeronáutica" e que era o ponto de reunião de todos os inventores que se ocupavam desta ciência, pouco se falou em guerra; previamos que os aeronautas poderiam, talvez, no futuro, servir de esclarecedores para os Estados-Maiores dos exércitos, nunca, porém, nos veio a ideia de que eles pudessem desempenhar funções destruidoras nos combates. Bastante conheci todos esses sonhadores, centenas dos quais deram a vida pela nossa ideia, para poder agora afirmar que jamais nos passou pela mente, pudessem, no futuro, os nossos sucessores, ser "mandados" a atacar cidades indefesas, cheias de crianças, mulheres e velhos e, o que é mais, atacar hospitais onde a abnegação e o humanitarismo dos rivais reúne, sob o mesmo teto e o mesmo carinho, os feridos e moribundos dos dois campos. Pois bem, isso se repete há quatro longos anos; e quem o "manda fazer"? O Kaiser!"

RÉPLICAS

Os irmãos Wright realizaram um trabalho importante e pioneiro na aviação, mas não foram os únicos, outros também realizaram um trabalho tão importante quanto o deles, alguns até mais.

Na historiografia dos Wright, no período de dezembro de 1903 a maio de 1908, existem lacunas que precisam ser esclarecidas com uma pesquisa neutra, objetiva e baseada na análise lógica dos fatos, e não impregnada por simpatia ou patriotismo.

Em sites na web pessoas dos EUA chamam aqueles que contestam a supremacia dos Wright de fanáticos que ignoram ou alteram a História. Dizem que historiadores constroem a História que se ajusta aos fatos, enquanto fanáticos constroem os fatos que se ajustam à História.

Quais são os "fatos" da História dos Wright? Teriam voado 260 metros com o Flyer I, com motor de 12 HP, em dezembro de 1903; teriam voado longos círculos em 1904 com o Flyer II, que era um aparelho igual ao Flyer I, porém com motor de no máximo 16 HP; e teriam voado 39 km em meia hora com o Flyer III, com motor de 18 HP. Esses são pseudofatos ou podem ser comprovados?

Em Ciência, se você não consegue comprovar um desempenho ao repetir a experiência, mantidas as mesmas condições, então o desempenho anterior não é válido.

Ocorre que as réplicas dos aviões dos irmãos Wright nem de longe apresentam a performance declarada por eles, enquanto as réplicas dos dois aviões de Santos Dumont, o 14-Bis, de 1906, e a Demoiselle, no modelo de 1909, superam com facilidade a performance registrada na História.

Por que então a Federação de Aviação Internacional – FAI reconhece como verdadeiro o desempenho declarado pelos irmãos Wright para o avião Flyer I? Por que fica como "o momento histórico da aviação" o voo dos irmãos Wright de 17 de dezembro de 1903, se ele não pode ser repetido? Várias vezes engenheiros especialistas dos EUA analisaram em profundidade a questão e declararam que o aparelho Flyer I era tão instável que não sabem como esse aeroplano poderia ter feito um voo controlável.

Flyer III

Em uma página no site da NASA, há informação sobre Mr. Mark Dusenberry, que pesquisou durante 7 anos e construiu uma réplica "historicamente precisa" do Flyer III (aquele modelo que teria voado 39 km em 1905). Mas essa réplica somente consegue voar raspando o solo algumas dezenas de metros, por uns 20 segundos. O link da NASA com informações é o seguinte:

http://wright.nasa.gov/gallery/markplane/flight.AVI

É incrível ver que esses voos de 20 segundos são intensamente festejados, o que é muito estranho para um aparelho que deveria ser capaz de voar 39 km. Esses fatos são comuns nos EUA, ao longo das décadas foram feitas dezenas de réplicas precisas por engenheiros especialistas, e ninguém conseguiu voar mais que uns 200 metros com réplicas, quem sabe se melhores que o original, do Flyer III. E esses voos ainda contam com a ajuda do "efeito solo", que é um aumento na força de sustentação, quando se voa muito perto do solo, devido à formação de um colchão de ar comprimido entre as asas e o chão.

É possível que os Wright tenham realizado voos de até algumas centenas de metros em 1905, se contaram com a ajuda de ventos favoráveis, mas não com o desempenho fantástico (39 km) que eles relataram. Esse ponto é crucial, pois é com base nele que os estadunidenses costumam ignorar ou ridicularizar o voo de 220 metros do 14-Bis de novembro de 1906. Afinal, por que dar importância a um voo de 220 m em 1906 quando os Wright voavam 39 km 1 ano antes? Só porque os Wright não faziam demonstrações e precisavam de auxílio de catapulta, 6 homens para armá-la, e trilhos para a decolagem?

Em outubro de 2005, por ocasião do centenário do voo de 39 km de 1905, com direito a discursos de autoridades e de um dos biógrafos dos Wright (Tom Crouch), uma réplica feita por Mark Dusenberry foi especialmente preparada para a celebração. O link a seguir mostra a celebração, com um voo de apenas 21 segundos, algo como uns 200 metros de distância percorrida. Uma decepção para um aparelho que voaria 39 km! Em seguida ao voo, Tom Crouch faz um discurso de alguns minutos contando a história dos Wright e, ao mesmo tempo, aparece um voo mais consistente, com filmagem de dentro do avião, mais adiante no discurso, com filmagem de fora do avião, agora sim um voo convincente, a uma boa altura e desenvolvendo bem. No entanto, esse último voo convincente não é do Flyer III de 1905, mas sim do Flyer B, modelo lançado em 1910 e bastante inferior aos europeus da época. É só notar que os aparelhos são diferentes, o último aparelho usa rodas em vez de esquis e o profundor está localizado na cauda! Além disso, há uma maneira muito fácil de identificar um aparelho Wright anterior ao 14-Bis de Santos Dumont: o piloto dirige deitado!

http://www.youtube.com/watch?v=A84-FiKSKP0&feature=youtu.be

É comum essa confusão entre os modelos e a apresentação de vídeos de voos de 1908/1910 como se fossem de 1903/1905. Pode ficar a impressão que a confusão é proposital, tendo a função de iludir o público. Esses vídeos são exibidos no sistema educacional dos EUA e para o público em geral do mundo todo.

O Flyer III de 1905 é um aperfeiçoamento dos Flyers I e II, reduzindo a grave instabilidade dos dois primeiros aparelhos, ao tirar o ângulo anedro das asas e ao alongar o aeroplano. Segundo a linha de historiadores dominante, o

Flyer III teria sido o primeiro avião prático do mundo, mesmo com a decolagem por catapulta. No entanto, os estudos e as réplicas mostram que, até 1905, os Wright não tinham um motor forte o suficiente para realizar um voo prático, o que somente mudou em 1908, quando eles colocaram um ótimo motor francês de 30 a 35 CV.

Flyer I

Se o Flyer III foi decepcionante, o que se pode esperar do primeiro Flyer, aquele do voo histórico? Vejamos a demonstração da réplica, aliás o melhor voo de réplica Flyer I que se conseguiu até a data ("*On November 20, 2003, Dr. Kevin Kochersberger piloted the 1903 Wright Experience Replica Flyer. With 15-18 mph winds he flew a distance of nearly 100 feet.*"), um voo de apenas 30 metros (tocando uma vez no chão) sob o efeito solo:

http://www.youtube.com/watch?v=SP2ynZr8_kc

Pulos de 30 metros com decolagem artificial foram obtidos por alguns inventores dezenas de anos antes dos Wright. Então, por que o voo de 17 de dezembro de 1903 é considerado pelos historiadores de língua inglesa o grande marco na História da Aviação? Se o megaempresário Flint não estivesse por trás dos Wright montando um negócio com várias empresas e bancando suas passagens e estadias na França, em 1907, para contatos comerciais e desenvolvimento de um bom motor, e, finalmente, em 1908, para as primeiras demonstrações públicas, os Wright teriam tido todo esse reconhecimento na História? O voo de 1903 teria sido importante?

Agora, vamos ver o voo das comemorações do centenário do voo de 1903, na frente do presidente George Bush. Um verdadeiro vexame.

http://www.youtube.com/watch?v=9yb68q--aDY --aDY

Nas ocasiões festivas, como as comemorações dos 50 anos e as dos 100 anos do "primeiro voo", sempre ocorre uma febre de construção de réplicas, e nenhuma delas sequer chega perto do desempenho alegado pelos irmãos Wright.

Em 1953, a edição de dezembro do *National Geografic Magazine* ressaltou que várias organizações decidiram construir réplicas em tamanho natural do Flyer I. **Os projetos foram abandonados porque ninguém, nem mesmo um dos grupos que tinha 10 engenheiros aeronáuticos indicados para o trabalho, conseguiu fazê-lo voar.**

Em 2002, o especialista construtor de réplicas do primeiro Flyer, Ken Hyde, em uma entrevista para um jornal da Carolina do Norte, EUA, declarou que "**nós sabemos como colocar alguém na Lua, mas não temos tido sucesso em voar um verdadeiro aeroplano Wright**".

Avião modelo 21 de Gustave Whitehead (Gustav Weisskopf)

No link a seguir, podemos ver um voo da réplica do avião modelo 21 de Gustave Whitehead, aquele que voou em 18 de agosto de 1901, no aeroporto de Manching (Bavaria, Alemanha) em 4 de outubro de 1997, provando que esse avião de Whitehead podia efetivamente voar.

https://www.youtube.com/watch?v=Ucm80BYUXEE

Assim, Whitehead foi o primeiro a fazer um voo "prático" de avião, dois anos antes do polêmico voo dos irmãos Wright, mas infelizmente seu voo caiu no esquecimento e acabou não influenciando outros pilotos. A construção da réplica foi baseada nos desenhos de Anton Pruckner, assistente de Whitehead, e confirmado por transposição fotométrica de perspectivas mostradas nas fotografias do avião original.

14-Bis e Demoiselle

Agora, vamos imaginar se fosse no Brasil e as réplicas do 14-Bis e da Demoiselle apresentassem um desempenho medíocre? Seria uma catátrofe, não é verdade? Então, vamos acompanhar um voo de réplica do 14-Bis escoltado por duas Demoiselles:

http://www.youtube.com/watch?v=IbvLOwkM_Fo

Voou mais do que o esperado e sem a ajuda do efeito solo. Precisa dizer mais alguma coisa?

QUEM INVENTOU O AVIÃO?

Quem inventou o avião? Na maior parte do mundo, e mais intensamente nos Estados Unidos, Santos Dumont e a maioria dos outros inventores são desconhecidos e se acredita piamente que os irmãos Wright inventaram o avião, que seus voos de 1903 a 1905 ocorreram exatamente como eles relataram, e que tudo isso é inquestionável e pouco importa se as réplicas de seus aviões não confirmem seus relatos. Há uma extensa literatura que ignora a contribuição de muitos outros participantes ao enorme esforço para a invenção do avião e que não percebe problema algum no fato de os irmãos terem recorrido a auxílio externo na decolagem e ignora a alta quantidade de mortes nos voos dos aviões Wright. Além disso, vídeos educacionais nos Estados Unidos mostram filmes dos voos dos irmãos Wright de 1908 induzindo o espectador a acreditar que seriam do voo de 1903. Os irmãos Wright foram importantes para o desenvolvimento da aviação, mas é preciso relativizar sua contribuição. Seus voos não foram homologados e não foram públicos, a menos que se aceite integralmente o testemunho de alguns leigos. Eles voaram em 1905, um ano antes de Santos Dumont, com o modelo Flyer III, recorrendo a auxílio externo na decolagem, mas é inaceitável o desempenho relatado por eles. Provavelmente seus voos, na falta de motor adequado, eram curtos e ocorriam em condições de vento favoráveis, caracterizando mais um voo planado do que motorizado. É só verificar os vídeos disponíveis no youtube, há vídeo até no site da NASA, e todos mostram o mau desempenho das réplicas fiéis ou até mesmo aperfeiçoadas dos seus planadores e primeiros aviões. Neste sentido, é bastante reveladora a declaração do especialista Ken Hyde quando se refere aos primeiros modelos de avião dos Wright: "Nós sabemos como colocar alguém na Lua, mas não temos tido sucesso em voar um verdadeiro aeroplano Wright."

A teoria do voo já estava bastante madura antes de os irmãos Wright aparecerem. O que faltava para o avião deslanchar era um motor leve e potente, como Santos Dumont disse em 1902 para o presidente Theodor Roosevelt, que surgiu primeiro na França, antes do voo do 14-Bis.

Há, também, inventores que provavelmente voaram no mais-pesado-que-o-ar motorizado antes de Santos Dumont e dos irmãos Wright, como Whitehead, em 1901, que continuaram desconhecidos, e outros que, dezenas de anos antes, fizeram projetos avançados e somente voaram um pulo de alguns metros porque não tinham os motores leves e potentes disponibilizados mais tarde, como é o caso do francês Félix du Temple de La Croix, que em 1874 apresentou um avião incrivelmente moderno.

As dúvidas quanto a se tal inventor realmente voou e o quanto voou persistirão para sempre, enquanto não for criada uma comissão de algum instituto devidamente qualificado para construir e testar réplicas. O Instituto teria que ser imparcial, pois seria ótimo sanar oficialmente de uma vez por todas as dúvidas quanto aos desempenhos dos aviões Wright Flyers I, II e III, e também verificar as possibilidades dos aparelhos mais antigos se equipados com um motor leve e potente.

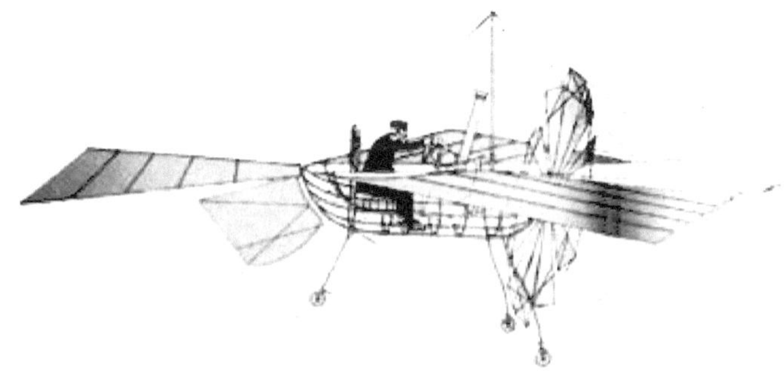

Avião do francês Félix Du Temple de La Croix, de concepção superior a muitos dos primeiros aviões do século XX, pois já contava com trem de pouso retrátil, hélice tratora, asas em diedro para mais estabilidade, compartimento para o piloto dirigir sentado e lemes horizontal e vertical na cauda.

Gustave Whitehead, emigrante alemão nos EUA, com a filha ao colo, e o seu avião monoplano de 1901. Uma réplica foi construída na Alemanha e voou 500 m, outra nos EUA voou 100 m.

Os escritores pró-Wright se esquecem de mencionar que eles seriam praticamente desconhecidos se não fosse o suporte empresarial de Charles R. Flint, considerado em sua época o *father of trusts* (pai dos cartéis), que tentou armar uma combinação de empresas, contando com uma cobertura ampla e favorável de uma enorme mídia alinhada a seus interesses, para que o avião dos Wright dominasse a aviação mundial, mas seus esforços acabaram redundando em fracasso, devido às graves deficiências desse modelo de avião. Impor à aviação em seu início o sistema de cartel a teria condenado irremediavelmente ao atraso.

É surpreendente saber que, paradoxalmente, a contribuição dos irmãos Wright foi negativa em seu próprio país, onde a aviação pouco avançou enquanto eles processavam judicialmente quem não pagasse a taxa de licença leonina de uma patente equivocadamente genérica obtida por eles, que tentava monopolizar o voo. Por isso, quando os Estados Unidos entraram na primeira guerra mundial, em 1917, passaram a vergonha de não ter um avião em condições de competir com os outros e, assim, tiveram que utilizar aviões franceses. Se os Wright tivessem vencido a batalha de patentes na Europa e, pior ainda, se também tivessem imposto o seu modelo de avião, com a instável configuração canard de profundor todo à frente, as hélices propulsoras em vez de tratoras, a perigosa torção nos dois bordos das asas em vez de ailerons, e a anacrônica catapulta, teriam atrasado a aviação no mundo todo por muitos anos. Certo estava o notável pioneiro francês Gabriel Voisin que, logo que viu a primeira demonstração de Wilbur Wright com o Flyer A, em agosto de 1908, disse que aquele aparelho não era prático e somente um acrobata poderia pilotá-lo.

Gabriel Voisin tinha toda a razão. Em 1910, os irmãos Wright decidiram formar um grupo de nove pilotos para mostrar ao público seus aviões e ganhar dinheiro. O grupo foi desfeito em novembro de 1911, devido à alta taxa de acidentes fatais, pois seis dos nove pilotos morreram pilotando o avião Flyer modelo B, com apenas um ano e meio de trabalho. Em 1913, os oficiais do *Signal Corps* (o Departamento de Aviação do exército dos Estados Unidos) e também os oficiais da marinha consideraram o avião dos irmãos Wright, construídos no princípio de wing warping (torção de asas), estruturalmente defeituosos. Os aviões dos irmãos Wright tornaram-se conhecidos como *Man Killer*. O *Signal Corps* tinha comprado seis desses aviões em 1912 e cinco deles logo caíram matando seis pilotos. Uma investigação foi conduzida e concluiu que a causa dos acidentes foi “erro de projeto”.

Nem os irmãos Wright nem Santos Dumont foram “os inventores do avião”. Esta é uma área em que há incríveis nacionalismos envolvidos. Nenhum aparelho recebeu tantas contribuições de várias fontes ao longo de um grande período quanto o avião. Nenhum pode ser considerado como uma invenção tão coletiva quanto o avião. Mas, nos Estados Unidos há toda uma mídia e um sistema educacional creditando aos irmãos Wright a invenção do avião, esquecendo-se dos outros pioneiros, alguns que contribuíram tanto ou mais. Além de Gustave Whitehead e Santos Dumont, esquece-se de falar dos fantásticos inventores, pilotos e pequenos industriais franceses que efetivamente desenvolveram o avião moderno tal como o conhecemos, como Esnault-Pelterie, Voisin, Blériot, Farman e outros.

Não se deve basear a História em um prisma patriótico, porque isso distorce a própria História. Se perguntarmos a qualquer pessoa que se julga culta quem foi o primeiro a atravessar o Oceano Atlântico em um avião, a resposta é, quase sempre, o “americano” Lindbergh, em 1927, não é mesmo? Mas essa honra máxima é devida aos inglês John Alcock com a ajuda de seu copiloto Arthur W. Brown, em 1919, oito anos antes, e, até mesmo, há os heroicos portugueses Sacadura Cabral e Gago Coutinho, que fizeram a primeira travessia do Atlântico Sul, em 1922, de Lisboa ao Rio de Janeiro, com escalas, 5 anos antes.

Lindbergh fez o primeiro voo solo, um feito espetacular, que teve uma fantástica cobertura midiática daquela época até os nossos dias, mas jamais tão importante quanto a primeira travessia do Atlântico. Então, por que festejamos o estadunidense Lindbergh em vez dos ingleses Alcock e Brown?

Qual desses aviões de 1908 tem o projeto mais avançado e qual o mais atrasado? O 1º é um Wright Flyer A demonstrado na França e nos EUA no 2º semestre de 1908. Os outros são da mesma época, pela ordem: Blériot VIII, Voisin clássico de 1908, Esnault-Pelterie REP II, Antoinette IV, e Santos-Dumont Demoiselle (ultraleve). Os concorrentes na França eram de concepção muito mais avançada que o avião Wright. Representam o modelo de avião que prosperou na História da Aviação, já com trem de pouso em lugar da anacrônica catapulta, motor frontal, hélice tratora, profundor na cauda, e utilização de ailerons no Blériot, REP e Antoinette. Os franceses privilegiavam a decolagem por meios próprios, a segurança e a estabilidade do voo, e voos em condições reais, ligando cidades, em vez de grandes distâncias em campo protegido.

O avião é uma invenção essencialmente coletiva, em que cada um contribuiu com um pedaço importante desse grande sonho da humanidade.

Não há um pai da aviação, mas diversos pais, e Santos Dumont foi um deles. Outros pioneiros fizeram um avião voar, mesmo que de forma mais limitada, antes de Santos Dumont e dos irmãos Wright.

De qualquer forma, como brasileiros, podemos ter muito orgulho de Santos Dumont, pois ele contribuiu com um pedaço muito importante desse sonho e foi, de fato, o pioneiro que mais influenciou e contribuiu para o entusiasmo na aviação no início do século XX. Demonstrou a dirigibilidade total das naves aéreas como ninguém mais, e o fantástico voo do 14-Bis não pode ser esquecido, pois foi um voo público e homologado, amplamente divulgado em todos os jornais do mundo, tornando-se a fagulha que disparou uma explosão de interesse em aviões no mundo inteiro, beneficiando todos os outros inventores, inclusive os irmãos Wright. Santos Dumont conseguiu viver seu sonho em uma época muito especial, uma época de magia. Seu comportamento foi exemplar, trabalhava com espírito altruísta, nunca pedindo patente de nada, mas sim tornando público seus projetos, em uma abordagem moderna e aberta, sonhando com o tema deste romance:

VOAR É PARA TODOS!

LINHA DO TEMPO DA AVIAÇÂO

1510 – Leonardo da Vinci – projeto um planador que tinha até superfícies de controle de direção.

1709 – Bartolomeu de Gusmão – patente para um "instrumento para se andar pelo ar", experiências em público com balões inflados a ar quente.

1783 – Irmâos Montgolfier – **primeiro** voo tripulado (voo livre de balão Montgolfier inflado a ar quente) – voo de 9 km, a 910 m acima de Paris – começo de febre de balões pela Europa, seguido de balão inflado a hidrogênio, com voos que logo alcançaram centenas de quilômetros de distância e milhares de metros de altitude. Este acontecimento de 21 de novembro de 1783 constitui o **marco fundamental da aviação.**

1799 – George Cayley – conceito do avião moderno com asa fixa e sistemas separados para elevação, propulsão e controle – criação de controles aerodinâmicos (leme vertical, leme horizontal ou profundor, mudança da inclinação das asas) – recomendação de utilização de asas de perfil curvo – sugestão de uso de motor de combustão interna.

1810 – George Cayley – fundação da ciência da aeronáutica, com a publicação de *On Aerial Navigation*, o primeiro trabalho científico da aviação – identificação das quatro forças aerodinâmicas do voo (peso, sustentação, arrasto e empuxo – *weight*, *lif,t*, *drag* and *thrust*). "Pai da Aerodinâmica".

1852 – Henri Giffard – França – **primeiro** voo tripulado motorizado de dirigível (motor a vapor, dirigível na forma de charuto, inflado a hidrogênio, distância de 27 km).

1853 – George Cayley – **primeiro** voo tripulado de planador.

1857 – Félix du Temple de la Croix – **primeiro** voo não tripulado motorizado de aeroplano, com decolagem assistida (plano inclinado).

1864 – Ferdinand d'Esterno – publicação de *Du Vol des Oiseaux* – voo planado dos pássaros com controle lateral por torção de asas.

1866 – Francis Herbert Wenham – publicação de *Aerial Locomotion, c*onfirmando a opinião de George Cayley sobre as asas de perfil curvo (*cambered wing*).

1868 – Jean-Marie le Bris – **primeiro** voo tripulado de planador com controles de voo (variação do ângulo das asas e da cauda, distâncias de 180 metros).

1868 – Matthew Piers Watt Boulton – patente de mecanismo de controle lateral do voo, mais tarde conhecido como aileron – invenção esquecida até ser redescoberta de forma independente pelo francês Esnault-Pelterie, em 1904.

1870 – Alphonse Penaud – invenção do "motor de torção", baseado em elásticos de borracha torcidos, e diversos aeromodelos, que influenciaram os inventores à frente.

1871 – Francis Herbert Wenham – **primeiro** túnel de vento, para estudos comparativos sobre o formato das asas com diferentes cambagens e abertura alar, junto com John Browning.

1874 – Félix du Temple de la Croix – **primeiro** voo tripulado motorizado de aeroplano, com decolagem assistida (plano inclinado).

1881 – Louis Pierre Mouillard – publicação de *L'Empire de L'Air*, sobre o voo planado dos grandes pássaros, no qual os planadores deveriam basear-se, com asas fixas de perfil curvo e controle do voo por meio de torção de asa, e tese de que os aeronautas deveriam antes praticar bastante em planadores.

1884 – Charles Renard e Arthur Constantin Krebs – **primeiro** voo motorizado controlado de um dirigível (percurso de ida e volta, motor elétrico).

1884/1886 – John J. Montgomery – voos de planadores bem sucedidos nos EUA, com controle de direção.

1889 – Otto Lilienthal – publicação de *Bird Flight as the Basis for Aviation, com* tabelas de sustentação e de arrasto, livro que influenciou muitos aeronautas.

1890 – Clement Ader – **primeiro** avião a decolar de terreno plano por seus próprios meios – **polêmico** (voo não público, altura de apenas 20 cm, possível ajuda de ventos).

1890-1896 – Otto Lilienthal – **primeiros** voos exaustivos em planadores, a distâncias de até 300 m, em público – fotografias dos voos aparecem frequentemente em revistas científicas e populares.

1893 – Lawrence Hargrave – invenção da *Box Kite*, conhecida como célula de Hargrave – asa muito utilizada na década seguinte pela boa sustentabilidade e ótima estabilidade.

1894 – Octave Chanute – publicação de *Progress in flying machines*, o mais completo levantamento da aeronáutica até essa data sobre o mais-pesado-que-o-ar de asas fixas.

1894 – Hiram Maxim – voo tripulado motorizado de enorme biplano (4 toneladas e 30 m de envergadura), com decolagem em trilhos de madeira, com leme de profundidade na frente e atrás (percurso de alguns metros, danificando-se).

1896 – Octave Chanute – invenção de estrutura de asa biplana reforçada com sistema de treliça (*strut-wire braced wing*), que se tornaria básica para os biplanos do futuro.

1897 – Louis Pierre Mouillard – **primeira** patente de planador com mecanismo de torção da borda de fuga de asa, nos EUA.

1898 – Edson Fessenden Gallaudet – **primeira demonstração** de grande pipa com mecanismo de torção simultânea da borda de ataque e de fuga de asa (patenteado depois pelos irmãos Wright em 1903/1906), nos EUA.

1901 – Alberto Santos-Dumont – **primeiro** voo tripulado motorizado prático de dirigível (motor à petróleo – contorno da Torre Eiffel).

1901 – Gustave Albin Whitehead (Gustav Weisskopf) – **primeiro** voo tripulado motorizado prático de aeroplano, com decolagem própria – não homologado (há evidências de que teria ocorrido).

1902 – Wilbur & Orville Wright – voos exaustivos em planadores, a distâncias de até 200 m, com controle de torção de asa (réplicas mostram voos curtos e instáveis).

1903 – Samuel Langley – **primeira** utilização de catapulta em barcaça para impulsionar avião – tentativa fracassada de voo tripulado motorizado de aeroplano (estrutura frágil).

1903 – Wilbur & Orville Wright – **primeiro** voo tripulado motorizado de aeroplano com controle de rolagem (torção de asas), com decolagem assistida (plano inclinado, trilhos e vento) – não homologado – **polêmico** (conforme estudos e testes de réplicas o voo era instável e não era autossustentado, precisando de ventos fortes para se manter no ar devido à motorização insuficiente).

1904/1905 – Alberto Santos-Dumont – uso diário de dirigível para se movimentar em grande cidade (Paris, dirigível SD9).

1904 – Robert Esnault-Pelterie – **primeiro** voo de planador com aileron.

1905 – Wilbur & Orville Wright – voos tripulados motorizados práticos de aeroplano com controle de rolagem por torção de asas, com posição de pilotar deitada e decolagem assistida (catapulta e trilhos) – não homologado – **polêmico** (conforme estudos e testes de réplicas, o voo precisava de ventos para se sustentar no ar devido à motorização insuficiente,).

1906 – Alberto Santos-Dumont – **primeiro** voo homologado e público de avião, com utilização de ailerons e decolagem por meios próprios (voo do 14-Bis, distância de 220 m e altitude de 6 m, em 12 de novembro, precedido de voo de 60 m em 23 de outubro de 1906) – explosão de interesse no mundo inteiro levando ao **começo efetivo da era dos aviões.**

1907 – Gabriel Voisin – **primeira** fábrica de aviões do mundo (biplanos e triplanos).

1907 – Robert Esnault-Pelterie – **primeiro** voo de avião monoplano, **primeiro** voo de avião com estrutura metálica.

1907 – Alberto Santos-Dumont – **primeiro** avião ultraleve (Demoiselle, projeto definitivo em 1909).

1908 – Gabriel Voisin – **primeiro** voo homologado e público de avião em circuito com ida/volta, na distância de 1 km (pilotado por Henri Farman, em 13 de janeiro).

1908 – Gabriel Voisin – **primeiro** voo duplo homologado e público de avião (pilotado por Henri Farman).

1908 – Robert Esnault-Pelterie – **primeiro** voo de avião com controle tipo *joy-stick.*

1908 – Glenn Hammond Curtiss – voo de avião nos EUA homologado e em público, com controle lateral por ailerons.

1908 – Wilbur & Orville Wright – diversos voos tripulados motorizados de avião com controle de rolagem por torção de asas – único avião ainda com decolagem assistida (catapulta e trilhos) – voos na França de enorme sucesso devido às distâncias maiores (em local protegido), ao controle de rolagem mais ágil, e ao forte e amplo suporte empresarial de magnatas estadunidenses e franceses – polêmica com o sistema de decolagem e a insegurança do voo.

1908 – Gabriel Voisin – **primeiro** voo *cross country* de avião (entre as cidades de Châlons e Rheims, percurso de 27 km em 20 minutos).

1908 – Wilbur & Orville Wright – **primeira** escola de pilotos (em Pau/França, conforme exigência contratual).

1909 – Louis Blériot – **primeiro** voo sobre o mar – histórica travessia do Canal da Mancha, com o avião Blériot XI, o avião de maior sucesso no início da aviação.

1909 – Grande Semana da Aviação de Champagne – **primeiro** torneio internacional de aviação (Reims/França) – consolidação do avião como produto.

1909 – Exposição Internacional da Aviação – **primeira** exposição internacional aérea, no Grand Palais, Paris. Atualmente bienal no aeroporto Le Bourget, Paris, sendo a maior e mais importante exposição aérea do mundo. Na primeira exposição, as estrelas do show foram os aviões Blériot XI e

Demoiselle.

1909 – Ferdinand von Zeppelin – **primeira** companhia aérea do mundo, a DELAG, baseada em voo de dirigível do tipo rígido.

1914/1918 – Primeira Guerra Mundial – utilização de milhares de aviões como arma de guerra.

1919 – John Alcock & Arthur W. Brown – **primeira** travessia do Oceano Atlântico.

Os autores

REGINA GONÇALVES é graduada em Matemática e pós-graduada em Análise de Sistemas. **REGIS L. A. ROSA** é graduado em engenharia e pós-graduado em marketing, economia e finanças. Regis e Regina são apaixonados por Arte, Ciência e História Mundial, paixão que os levou a serem os autores da série de livros "Caio Zip, o Viajante do Tempo", que tem muita aventura, mistério, desafios e diversão.

www.ingramcontent.com/pod-product-compliance
Lightning Source LLC
LaVergne TN
LVHW101939220826
846093LV00006B/55